CARTAS BRASILEIRAS

organização SÉRGIO RODRIGUES

CARTAS BRASILEIRAS

Correspondências históricas, políticas, célebres, hilárias e inesquecíveis que marcaram o país

Companhia Das Letras

GRAFIA ATUALIZADA SEGUNDO O ACORDO ORTOGRÁFICO DA LÍNGUA PORTUGUESA DE 1990, QUE ENTROU EM VIGOR NO BRASIL EM 2009.

PROJETO GRÁFICO E CAPA
RAUL LOUREIRO

FOTO DE CAPA
ACIMA: ACERVO PESSOAL DE LUIZ SCHWARCZ
ABAIXO: CORTESIA EDITORA 34

PESQUISA ICONOGRÁFICA
ANA LAURA SOUZA

ASSESSORIA JURÍDICA
MARIA LUIZA DE FREITAS VALLE EGEA

ASSISTÊNCIA EDITORIAL
HELOISA FISCHER

PREPARAÇÃO
SILVIA MASSIMINI FELIX

REVISÃO
ANA MARIA BARBOSA
ANGELA DAS NEVES

1ª REIMPRESSÃO

[2022]

EDITORA SCHWARCZ S.A.
RUA BANDEIRA PAULISTA, 702, CJ. 32
04532-002 — SÃO PAULO — SP
TELEFONE: (11) 3707-3500
WWW.COMPANHIADASLETRAS.COM.BR
WWW.BLOGDACOMPANHIA.COM.BR
FACEBOOK.COM/COMPANHIADASLETRAS
INSTAGRAM.COM/COMPANHIADASLETRAS
TWITTER.COM/CIALETRAS

Dados Internacionais de Catalogação na Publicação (CIP)
(Câmara Brasileira do Livro, SP, Brasil)

Rodrigues, Sérgio
Cartas brasileiras : correspondências históricas, políticas, célebres, hilárias e inesquecíveis que marcaram o país / Sérgio Rodrigues — 1ª ed. — São Paulo: Companhia das Letras, 2017.

ISBN 978-85-359-2779-5

1. Cartas 2. Cartas brasileiras 3. Cartas — História e crítica I. Título.

17-07834 CDD-808.8

Índice para catálogo sistemático:
1. Cartas — História 808.8

SUMÁRIO

APRESENTAÇÃO

Caro leitor,

"Espero que esta o encontre bem."

Esse é um dos clichês mais marcantes entre aqueles que, durante séculos, os missivistas usavam para iniciar suas cartas. Quando havia missivistas, claro. Quando havia cartas. Todas eram um exercício de esperança que deixava entrever certa angústia: muita coisa podia acontecer — e acontecia — entre escrita e leitura.

O tempo das cartas passou, levado pelo tsunami digital que varreu o mundo, mas a velha correspondência manuscrita ou datilografada conserva seu poder mágico de máquina do tempo. Poucas coisas são tão capazes de nos transportar inteiros, cabeça e coração, para outras eras, outros mundos e mentalidades.

Nada mais justo. A relação íntima com o tempo está na substância das cartas. A lentidão era o hábitat dos missivistas. "Espero que esta o encontre bem" era uma fórmula cerimoniosa demais para vingar na informalidade da comunicação digital, mas era antes de tudo um gesto dirigido ao futuro incerto em que a mensagem chegaria ao destino — se chegasse.

O e-mail e outras mensagens digitais são filhos do telegrama, não das cartas. Sua instantaneidade debocha do tempo, quer derrotá-lo. As cartas têm com o tempo uma relação de simbiose: são inseparáveis dele, embebem-se dele e, desse modo, o conservam.

Inspirado no belo *Cartas extraordinárias*, de Shaun Usher, publicado por esta editora, *Cartas brasileiras* é uma seleção eclética de missivas brasileiras incríveis que se destacam como cápsulas de tempo. Escritores consagrados e amadores anônimos, grandes personagens históricos e artistas populares, homens e mulheres de épocas e profissões diversas nos contam como era o mundo visto de sua janela. Como era estar vivo e... escrevendo uma carta.

Há a menina que pede uma forcinha em seu trabalho escolar ao presidente da República. Os congregados marianos que, no auge da ditadura militar, cobram do ministro da Justiça mais censura. A linda carta de Elis Regina ao filho bebê, que chegou ao destino com décadas de atraso. O bilhete semianalfabeto de Lampião ao prefeito da cidade que se preparava para saquear. O deslumbramento de Charles Darwin com a paisagem brasileira. Um libelo feminista de Bertha Lutz. O pedido de ajuda de um inconfidente ao americano Thomas Jefferson. E muito mais.

Sempre que possível, a transcrição do texto vem acompanhada da reprodução do original, com as marcas deixadas pela passagem do tempo. A pesquisa iconográfica e a diagramação lúdica ajudam a ampliar a experiência sensorial de navegar por estas páginas. Você vai descobrir, leitor, um mosaico divertido, comovente, informativo, inspirador. E também uma espécie de história alternativa do Brasil.

Se a variedade é parte do banquete, a maioria dos textos tem um traço em comum: a sinceridade. Sigilo e intimidade costumam ser inseparáveis da ideia de carta (uma das exceções é o gênero "carta aberta", também representado aqui), que assim revela coisas que nenhuma outra fonte consegue mostrar. É como se espiássemos a História pelo buraco da fechadura.

Infelizmente, nem sempre a fresta está aberta. Algumas cartas importantes de nossa seleção inicial não puderam entrar no livro devido a entraves burocráticos ou ao veto dos detentores de seus direitos.

Mas chega de preâmbulos. Para ativar a máquina do tempo, é só virar a página — e boa viagem!*

Com o abraço afetuoso e protestos de elevada estima e consideração do

SÉRGIO RODRIGUES

* A transcrição das cartas foi atualizada e, quando foi possível, procurou-se manter a fidelidade aos originais, mantendo os eventuais erros de ortografia. (N. E.)

1

SEI QUÃO OCUPADO É UM PRESIDENTE
DE ARCELINA HELENA PUBLIO DIAS PARA JUSCELINO KUBITSCHEK
2 JUL. 1959

Em meados de 1959, a construção de Brasília ia chegando ao fim quando uma adolescente paulistana da quarta série ginasial — correspondente ao último ano do ensino fundamental — empacou numa lição de casa sobre a futura capital. Havia pouco material sobre o assunto. A solução que encontrou foi ousada: pedir ajuda ao presidente da República, de forma educada mas firme, com "um pouco de urgência". A carta de Arcelina Helena, que mais tarde se tornaria jornalista, é uma das joias desenterradas pela pesquisadora Ivany Câmara Neiva na volumosa correspondência enviada a JK, que só não recebeu pedido de milagre — todo o resto, de empregos a doação de terras, está lá.

Exelentissimo Sr. Dr.
Jucelino Kubitschek de Oliveira
Nosso querido Presidente

Sinceras saudações

Pretendo ser breve nesta missiva, pois eu sei quão ocupado é um presidente da República.

Quem está lhe escrevendo é uma estudante da 4.ª série ginasial, do Colégio Cristo Rei em São Paulo e o meu nome é Jucelina Helena Publio Dias.

A minha professora de Geografia querendo instruir-nos sôbre nossa vida, nosso país e nossas riquezas deu-nos um trabalho de férias, cujo tema geral seria: "O BRASIL", tomado nos seus diversos aspectos: político, geográfico, econômico, etc. Cada uma das alunas escolheria então, o assunto que mais lhe agradasse e interessasse. Pedi para minha professora que me deixasse escrever sôbre Brasilia, pois a Novacap me fascinou desde o início da sua realização.

Estando desprovida de conhecimentos fixos e concretos, pois apesar do meu imenso desejo de conhecer Brasilia ainda não tive esta oportunidade. Nas bibliotecas de S. Paulo o material informativo sôbre esta gigantesca obra é nulo ou então muito deficente ainda, e o que pude conseguir até agora foram simples comentários de jornais, muitas vêzes oposicionistas e folhetos de companhias de aviação

Minha irmã sugeriu-me então, que eu me dirigis-
se diretamente ao "Pai de Brasília", dizendo-me que o
senhor não se negaria ajudar-me.

Como ainda não pude ir a Brasília para obter foto-
grafias para o meu trabalho, peço-lhe então, que me
envie vistas e tudo mais que o senhor tiver de interes-
sante e concreto sôbre Brasília.

Eu me esforçarei o mais possível para fazer um
bom trabalho, não só para conseguir uma boa nota,
mas também, para mostrar às minhas colegas
o que é e o que será a "Nova Capital do Brasil".

Quero pedir-lhe ainda, se não for abusar muito
de sua generosidade um pouco de urgência, pois como
lhe expliquei é um trabalho de férias.

Antecipadamente agradeço,

Ercelina Helena Publio Dias, sincera admi-
radora de sua grande obra.

S. Paulo 2. VII - 1959.

P. S. Meu enderêço é: Rua Aurea 333. Vila Mariana
São Paulo. Telefone: 704043

2

VAI "AVER" MUITO ESTRAGO
DE LAMPIÃO PARA RODOLFO FERNANDES

12 JUL. 1927

A tentativa de saquear Mossoró (RN) é uma das maiores derrotas de Virgulino Ferreira da Silva, o Lampião, que nas décadas de 1920 e 1930 angariou o título informal de "Rei do Cangaço" e deixou no Nordeste um rastro de terror e admiração. Bandido cruel ou Robin Hood do sertão? O prefeito Rodolfo Fernandes escolheu a primeira alternativa ao receber um bilhete manuscrito cheio de erros, mas com mensagem clara: se não pagasse resgate (de quatrocentos contos de réis, segundo outra fonte), Mossoró seria atacada. Fernandes recusou o trato e reuniu cerca de duzentos voluntários que no dia seguinte, depois de uma hora e meia de escaramuças e tiroteio, puseram em fuga os oitenta homens de Lampião.

Cel Rodopho,

Entrando Eu até aqui pretendo dr [dinheiro]. já foi um aviso, ahi pa osinhoris, si por acauso rezolver mi a mandar, será a importança queaqui nos pedi. Eu envito di Entrada ahi porem não vindo esta emportança eu entrarei, ate ahi penço qui adeus querer, eu entro e vai aver muito estrago, por isto si vir o dr. eu não entro, ahi mas nos resposte logo.

Cap^ão^ Lampião

3

O MUNDO NÃO VAI ACABAR!
DE RENATO RUSSO PARA
MAURÍCIO VALLADARES

DEZ. 1983

Renato Russo já era famoso no mundo do rock de Brasília quando, aos 23 anos, enviou votos de feliz 1984 ao DJ e fotógrafo Maurício Valladares, um dos programadores da rádio Fluminense FM, de Niterói, que no dia 22 de julho de 1983 tinha lançado a primeira demo da banda em seu programa *Rock Alive*.
A onda do rock brasileiro não parava de crescer. Naquele verão, os Paralamas do Sucesso começavam a se tornar conhecidos na mesma rádio, principal plataforma de lançamento do movimento, e abriam portas para outros talentos do Distrito Federal. Entre estes, a banda de maior brilho era a de Renato, que em 1985 tomaria o país de assalto. O mundo não ia mesmo acabar — não antes de ouvir falar da Legião Urbana.

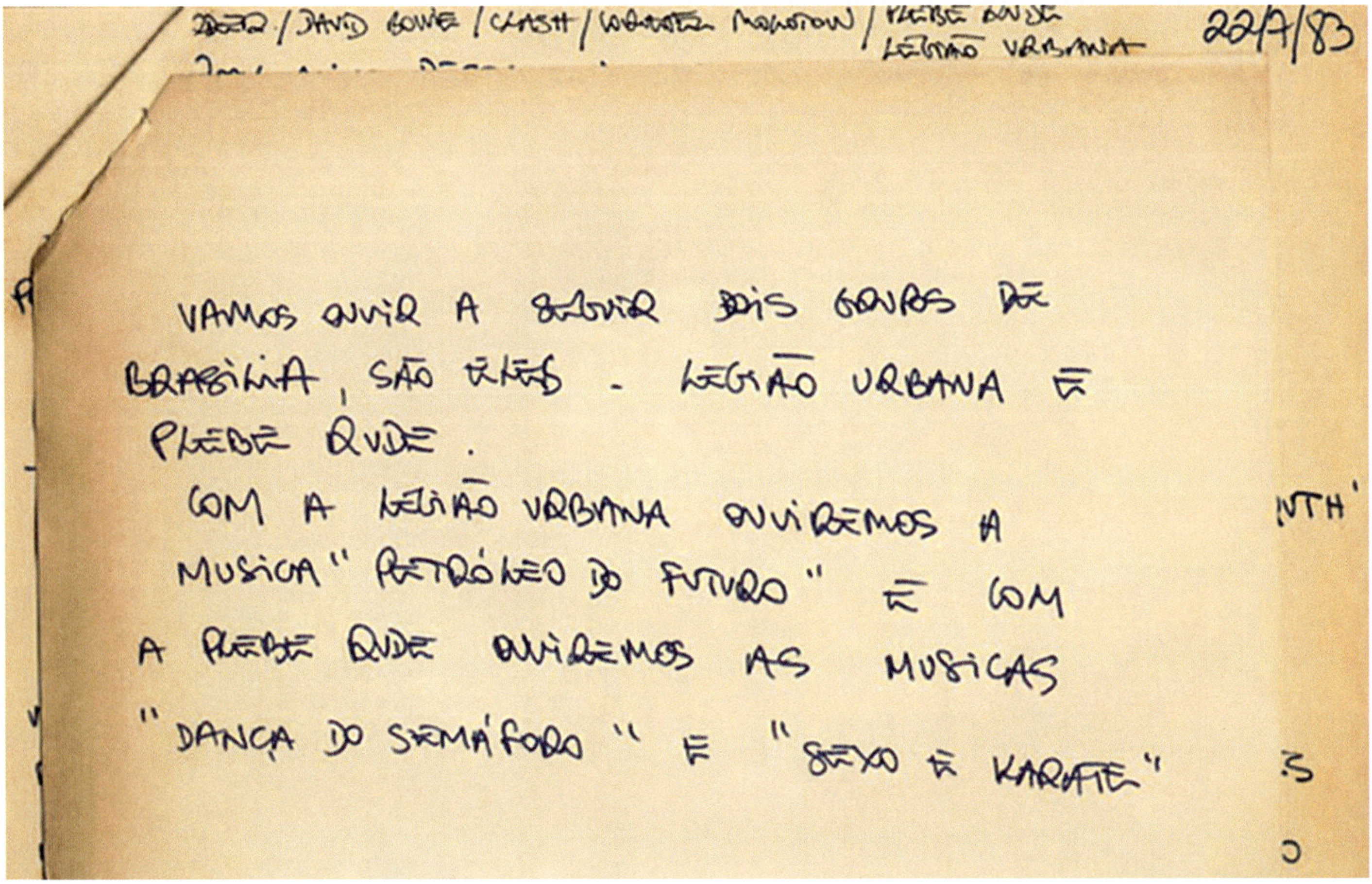

DAVID BOWIE / CLASH / PLEBE RUDE / LEGIÃO URBANA 22/7/83

VAMOS OUVIR A SEGUIR DOIS GRUPOS DE BRASÍLIA, SÃO ELES - LEGIÃO URBANA E PLEBE RUDE.
COM A LEGIÃO URBANA OUVIREMOS A MUSICA "PETRÓLEO DO FUTURO" E COM A PLEBE RUDE OUVIREMOS AS MUSICAS "DANÇA DO SEMÁFORO" E "SEXO E KARATE"

Maurício,

Mal tive tempo de falar c/você mas é tanta coisa acontecendo ao mesmo tempo – tantas decisões. Este final de ano foi fogo. Mas, adivinha só, graças aos fabulosos Paralamas o pessoal da EMI vai mesmo sign us up – God Only Knows o que vai acontecer depois disso. Joy Division do Planalto? Não! São os Troggs mesmo.

Obrigado + 1 vez pela força e tudo o mais. Você não imagina como é importante p'rá gente.

(Você falou c/ pessoal da EMI sobre a divulgação das músicas na Fluminense? Ouviu a fita? Gostou? Assim que pudermos gravar de novo teremos surpresas prá você!)

Feliz Natal + 1984

O mundo não vai acabar!

△☾
□○
*♡

Thanx 4 everything

Renato Russo

4

O POMO ESTÁ MADURO: COLHEI-O

DA PRINCESA LEOPOLDINA PARA D. PEDRO I

2 SET. 1822

Dona Leopoldina, arquiduquesa austríaca da casa de Habsburgo, casou-se com o príncipe português Pedro de Alcântara em 1817, por procuração, e meses depois desembarcou no Brasil. Mais culta que bela, foi publicamente infeliz no casamento até morrer, deprimida, com apenas 29 anos, em 1826. Os historiadores são unânimes em afirmar que, mesmo assim, nunca deixou de ser leal ao marido infiel e ao país de adoção, como comprova esta carta em que insiste com Pedro, que viajava a São Paulo, para que ele declare a independência, lida pelo destinatário às margens do Ipiranga no dia 7 de setembro de 1822. O "sábio" a que Leopoldina se refere é José Bonifácio.

Rio de Janeiro, 2 de setembro de 1822

Pedro, o Brasil está como um vulcão. Até no Paço há revolucionários. Até portugueses são revolucionários. Até oficiais das tropas são revolucionários. As Cortes portuguesas ordenam a vossa partida imediatamente, ameaçam-vos e humilham-vos. O Conselho do Estado aconselha-vos para ficar. Meu coração de mulher e esposa prevê desgraças, se partirmos agora para Lisboa. Sabemos bem o que têm sofrido nossos pais. O rei e a rainha de Portugal não são mais reis, não governam mais, são governados pelo despotismo das Cortes que perseguem e humilham os soberanos a quem devem respeito. Chamberlain vos contará tudo o que sucede em Lisboa.

O Brasil será em vossas mãos um grande país. O Brasil vos quer para seu monarca. Com o vosso apoio ou sem o vosso apoio ele fará a sua separação. O pomo está maduro, colhei-o já, senão apodrecerá.

Ainda é tempo de ouvirdes o conselho de um sábio que conheceu todas as cortes da Europa, que além de vosso ministro fiel, é o maior de vossos amigos. Ouvi o conselho de vosso ministro, se não quiserdes ouvir o de vossa amiga. Pedro, o momento é o mais importante de vossa vida. Já dissestes aqui o que ireis fazer em São Paulo. Fazei, pois. Tereis o apoio do Brasil inteiro e, contra a vontade do povo brasileiro, os soldados portugueses que aqui estão nada podem fazer.

5

A SENHORA NÃO CONFIA EM MIM

DE MICHEL TEMER PARA DILMA ROUSSEFF

7 DEZ. 2015

A crise que levaria ao impeachment de Dilma Rousseff, no dia 31 de agosto de 2016, teve no final do ano anterior um momento decisivo com ar de melodrama. O vice-presidente Michel Temer, em carta pessoal, jogou uma banana de dinamite na aliança entre o partido que comandava, o PMDB, e o PT da presidente. Suas palavras sugerem que o caminho que conduziria à deposição de Dilma estava pavimentado de mágoa, e tudo poderia ter sido diferente se ela reconhecesse sua "lealdade". Falando de si mesmo e de seu partido, afirmou: "Éramos meros acessórios, secundários, subsidiários". A citação latina que abre a missiva quer dizer "a palavra falada voa, a escrita permanece".

São Paulo, 7 de dezembro de 2015.

Senhora presidente,

"*Verba volant, scripta manent.*"

Por isso lhe escrevo. Muito a propósito do intenso noticiário destes últimos dias e de tudo que me chega aos ouvidos das conversas no Palácio.

Esta é uma carta pessoal. É um desabafo que já deveria ter feito há muito tempo.

Desde logo lhe digo que não é preciso alardear publicamente a necessidade da minha lealdade. Tenho-a revelado ao longo destes cinco anos.

Lealdade institucional pautada pelo art. 79 da Constituição Federal. Sei quais são as funções do vice. À minha natural discrição conectei aquela derivada daquele dispositivo constitucional.

Entretanto, sempre tive ciência da absoluta desconfiança da senhora e do seu entorno em relação a mim e ao PMDB. Desconfiança incompatível com o que fizemos para manter o apoio pessoal e partidário ao seu governo.

Basta ressaltar que na última convenção apenas 59,9% votaram pela aliança. E só o fizeram, ouso registrar, porque era eu o candidato à reeleição a vice.

Tenho mantido a unidade do PMDB apoiando seu governo usando o prestígio político que tenho advindo da credibilidade e do respeito que granjeei no partido. Isso tudo não gerou confiança em mim. Gera desconfiança e menosprezo do governo.

Vamos aos fatos. Exemplifico alguns deles.

1. Passei os quatro primeiros anos de governo como vice decorativo. A senhora sabe disso. Perdi todo protagonismo político que tivera no passado e que poderia ter sido usado pelo governo. Só era chamado para resolver as votações do PMDB e as crises políticas.
2. Jamais eu ou o PMDB fomos chamados para discutir formulações econômicas ou políticas do país; éramos meros acessórios, secundários, subsidiários.
3. A senhora, no segundo mandato, à última hora, não renovou o Ministério da Aviação Civil onde o Moreira Franco fez belíssimo trabalho elogiado durante a Copa do Mundo. Sabia que ele era uma indicação minha. Quis, portanto, desvalorizar-me. Cheguei a registrar este fato no dia seguinte, ao telefone.
4. No episódio Eliseu Padilha, mais recente, ele deixou o Ministério em razão de muitas "desfeitas", culminando com o que o governo fez a ele, ministro, retirando sem nenhum aviso prévio, nome com perfil técnico que ele, ministro da área, indicara para a Anac. Alardeou-se a) que fora retaliação a mim; b) que ele saiu porque faz parte de uma suposta "conspiração".
5. Quando a senhora fez um apelo para que eu assumisse a coordenação política, no momento em que o governo estava muito desprestigiado, atendi e fizemos, eu e o Padilha, aprovar o ajuste fiscal. Tema difícil porque dizia respeito aos trabalhadores e aos empresários. Não titubeamos. Estava em jogo o país. Quando se aprovou o ajuste, nada mais do que fazíamos tinha sequência no governo. Os acordos assumidos no Parlamento não foram cumpridos. Realizamos mais de sessenta reuniões de líderes e bancadas ao longo do tempo solicitando apoio com a nossa credibilidade. Fomos obrigados a deixar aquela coordenação.
6. De qualquer forma, sou presidente do PMDB e a senhora resolveu ignorar-me chamando o líder Picciani e seu pai para fazer um acordo sem nenhuma comunicação ao seu vice e presidente do partido. Os dois ministros, sabe a senhora, foram nomeados por ele. E a senhora não teve a menor preocupação em eliminar do governo o deputado Edinho Araújo, deputado de São Paulo e a mim ligado.
7. Democrata que sou, converso, sim, senhora presidente, com a oposição. Sempre o fiz, pelos 24 anos que passei no Parlamento. Aliás, a primeira medida provisória do ajuste foi aprovada graças aos 8 (oito) votos do DEM, 6 (seis) do PSB e 3 (três) do PV, recordando que foi aprovada por apenas 22 votos. Sou criticado por isso, numa visão equivocada do nosso sistema. E não foi sem razão que em duas oportunidades ressaltei que deveríamos reunificar o país. O Palácio resolveu difundir e criticar.
8. Recordo, ainda, que a senhora, na posse, manteve reunião de duas horas com o vice-presidente Joe Biden — com quem construí boa amizade — sem convidar-me, o que gerou em seus assessores a pergunta: o que é que houve que numa reunião com o vice-presidente dos Estados Unidos, o do Brasil não se faz presente? Antes, no episódio da "espionagem" americana, quando as conversas começa-

ram a ser retomadas, a senhora mandava o ministro da Justiça para conversar com o vice-presidente dos Estados Unidos. Tudo isso tem significado absoluta falta de confiança.

9. Mais recentemente, conversa nossa (das duas maiores autoridades do país) foi divulgada e de maneira inverídica sem nenhuma conexão com o teor da conversa.
10. Até o programa "Uma Ponte para o Futuro", aplaudido pela sociedade, cujas propostas poderiam ser utilizadas para recuperar a economia e resgatar a confiança, foi tido como manobra desleal.
11. PMDB tem ciência de que o governo busca promover a sua divisão, o que já tentou no passado, sem sucesso. A senhora sabe que, como presidente do PMDB, devo manter cauteloso silêncio com o objetivo de procurar o que sempre fiz: a unidade partidária.

Passados estes momentos críticos, tenho certeza de que o país terá tranquilidade para crescer e consolidar as conquistas sociais.

Finalmente, sei que a senhora não tem confiança em mim e no PMDB, hoje, e não terá amanhã. Lamento, mas esta é a minha convicção.

Respeitosamente,

\L TEMER

A Sua Excelência a Senhora
Doutora DILMA ROUSSEFF
DO. Presidente da República do Brasil
Palácio do Planalto
Brasília, D.F.

RIO D

PIT

Paisagens de L. Buvelot Figuras de Aug.te Moreau

JANEIRO

ESCO

CA

Sta. LUZIA

Lith. Heaton e Rensburg Rio de Janeiro

6

QUE PAÍS BARULHENTO!

DE INA VON BINZER
PARA GRETE

24 DEZ. 1881

Quando chegou ao Brasil, em 1881, contratada como preceptora dos filhos de um fazendeiro do interior fluminense, a alemã Ina von Binzer tinha 24 anos. Do primeiro emprego foi para São Paulo e, em seguida, para o Rio de Janeiro. De tudo isso deu conta em cartas à amiga Grete, que em 1887, em versão romanceada, publicou-as com o pseudônimo de Ina, de Ulla von Eck. Em português, o livro foi lançado em 1956 com o título *Os meus romanos* — referência a seus alunos da família Prado, de São Paulo, que tinham nomes como Caio e Plínio. Seu retrato do Brasil às vésperas da Abolição e da República é ácido, às vezes preconceituoso, sempre fascinante. Aqui Ina fala do Natal que passou na capital do Império.

Rio de Janeiro, 24 de dezembro de 1881. De noite.

Noite de Natal, com 25° (graus Celsius) à sombra!

Como acho estranho estar longe da minha terra e *ach!* Grete, como é triste!

Ninguém nesta cidade colorida e barulhenta parece pensar no Natal; a vida pública não se ressente com isso e nada nos faz lembrar esses dias santos.

Talvez algumas famílias alemãs desta cidade tropical enfeitem alguma exótica árvore de Natal (nossos pinheiros não existem aqui), mas não verei brilhar nenhuma delas. Os Kleins receberam-me tão friamente que lá não voltarei mais; isso muito me admira, ainda mais sabendo que frau Klein foi antigamente educadora aqui e deve conhecer o estado de espírito de uma criatura solitária.

Até agora não pude encontrar o amigo de meu tio.

Faça portanto uma ideia de sua pobre Ulla sozinha, num quarto de hotel, pensando em vocês, meus queridos, com inacreditáveis saudades de todos e de nossa cara e linda Alemanha!

Pela janela aberta, entra esse estranho ar quente e úmido dos trópicos e vejo as estrelas surgindo no céu que vai escurecendo.

Na moldura da janela lateral, destacam-se as palmeiras do Corcovado, essa encantadora montanha cuneiforme que fica por trás da baía de Botafogo e cujas fontes famosas fornecem ao Rio magnífica água potável. Os habitantes da cidade orgulham-se dessa preciosa dádiva da natureza e um provérbio diz: "Quem bebeu água da Carioca (fonte) nunca põe outra água na boca". Como seriam poéticas certas impressões aqui, se fosse possível gozá-las em paz! Mas, das cidades que tenho visto, não conheço nenhuma tão barulhenta quanto o Rio. Em comparação, a estadia em Berlim é como se fosse num lugar de veraneio para acalmar os nervos; nem Londres achei tão ruidosa!

Passam com estrondo os bondes de burro, tocando repetidamente os sinais de alarme; pequenos carros ingleses de um só assento denominados tílburis estrepitosamente correm a galope sobre o mais horrível dos calçamentos que você possa imaginar. Os cavaleiros também tocam sem piedade seus cavalos a galope e diversas vezes, nestes últimos dias, cheguei à janela pensando que algum animal tivesse disparado.

Vendedores de água, vendedores de jornal (estes, justamente, são tão intoleráveis quanto os papagaios da fazenda), vendedores de balas, de cigarros, de sorvetes; italianos apregoando peixe; realejos e outros instrumentos, não se levando em conta os inúmeros pianos soando janela afora, tudo isso atroa pelas ruas estreitas, onde os sons estridentes se prolongam indefinidamente.

De mais a mais, toda essa gente, a começar pelos pretos adultos, possuem vozes estentóricas que fazem a gente estremecer quando por acaso nos aproximamos deles.

Complete essa festa dos ouvidos com o crepitar dos foguetes queimados dia e noite, com as monótonas e rudes vozes das inevitáveis conversas entre pretos, sob nossas janelas, acrescente ao mais um desajeitado dedilhar de viola a curta distância e depois inveje-me, se puder.

Volto a admirar aqui a resistência dos nervos dos nativos; apesar do barulho ensurdecedor, vivem todos na rua ou mais ou menos na rua.

Se, segundo o princípio sustentado por um famoso professor de Berlim, todo homem culto precisa viver recolhido em sua casa, chegaremos à conclusão que, em matéria de cultura, nos encontramos aqui em condições idênticas às de Abraão em relação aos justos, em Sodoma.

Os pretos desocupados não se encontram senão na porta fumando e cuspindo; as crianças rolam na rua de manhã à noite; o pequeno negociante e até mesmo o melhor comerciante da rua mais distinta, postam-se na porta quando não há freguesia, tagarelando com quem passa; quando o sol permite, cada sacada e cada janela fica ocupada por basbaques ociosos.

A casa parece não possuir força de atração suficiente, nem utilidade, pois em caso contrário ninguém se divertiria em bisbilhotar sempre como novidade o movimento da rua.

Essa vida plebeia de rua exerce uma terrível influência sobre a vida na intimidade. Numa boa sala brasileira, fica-se como numa vitrina, com todas as janelas escancaradas, porque os nacionais são de opinião que, mantendo-as assim, como todas as portas também, a casa se torna mais fresca. Concordo com a última parte, que serve para remediar à custa das correntes de ar, a primeira tolice — mas por que não procuram melhorar a temperatura protegendo as janelas contra o sol abrasador durante o dia?

Compreendo agora a razão de não possuírem ainda os brasileiros nenhuma obra notável sobre assuntos científicos; esse mesquinho gênero de vida não permite que se forme o raciocínio lógico.

Para se concentrar o pensamento, é necessário um espaço fechado onde não se passem os milhares de fatos exteriores, afastando-nos do assunto que nos interessa.

Acho que era a isto que o professor se referia no seu "dictum" original. Naturalmente, o Rio neste momento, não me convém de modo algum como estadia.

O médico mostra-se muito descontente com o estado de meus nervos esgotados pelo trabalho, o barulho, as dores nevrálgicas e me aconselhou insistentemente a não retomar meus encargos em S. Francisco, mas, a me despedir da inquisição, dos papagaios, das cinco aulas de piano diárias e, antes de mais nada, a ir a Petrópolis por quatro semanas (estação climática famosa, além da baía), para me refazer da febre. Petrópolis é também a residência de veraneio do imperador e durante estes meses toda a diplomacia foge do calor e da febre amarela, para lá.

Neste instante, Mrs. Carson, senhora do dono do hotel, acaba de me convidar para jantar com eles na sua sala particular.

Os Carson são ingleses e gente muito simpática. Seus filhos recebem educação na Inglaterra e se por isso não festejam um autêntico Natal, parece que perceberam como é triste esse dia para um solitário coração alemão. Escreva-me com minúcia, contando o que se passou em nossa casa, descrevendo-me tudo, como fazíamos em criança; cada objeto que você recebeu de presente, cada palavra será para mim como um pedaço da Alemanha. Enderece suas cartas para o Hotel Carson, rua do Catete, e faça com que elas sejam muitas.

Sua Ulla

7

AQUI VIVEMOS NA TERRA PROMETIDA
DE F. ROßBACH PARA CHRISTOPH MÜNCH

1852/1853?

Em 2003, a acadêmica brasileira Débora Bendocchi Alves, da Universidade de Colônia, publicou algumas cartas, datadas de meados do século XIX, de alemães que haviam migrado para o Brasil e trabalhavam em fazendas de café do interior fluminense. O retrato que todas elas pintam da vida no novo país é nada menos que idílico, em contraste marcante com outros relatos de imigrantes europeus do mesmo período. É preciso ter cuidado com essas cartas: publicadas num jornal da cidade de Rudolstadt, cujo proprietário, Günther Fröbel, também tocava uma agência de emigração, os textos eram usados como peças de propaganda. De uma forma ou de outra, são curiosos documentos de época.

Boas notícias do Brasil.
Ao sr. Christoph Münch em Ranis na rua Strumpfwirkerm.

Colônia Independência, província do Rio de Janeiro.

Louvado seja Deus, queridos pais! Podemos agora afirmar que as cartas impressas que lemos em Ranis só continham verdades. O que eu começo aqui, dá certo. As casas foram sorteadas; eu tenho a de nº 4 com a mais bela plantação de café. Eu e a minha esposa colhemos diariamente de dois a quatro cestos. Nós podemos trabalhar quando nos apetece. Ninguém nos diz nada; se trabalhamos muito, ganhamos muito, de 1 a 4 mil-réis (1 mil-réis equivale a cerca de 25 Sgr.) diariamente para cada um. Nós vivemos aqui livres como passarinhos; podemos, além disso, caçar, pescar e fazer o que nos agrada. Todos os domingos há música para dançar. Minha esposa e filha receberam de presente de boas-vindas brincos de ouro e nós logo compramos roupas melhores e de acordo com a moda daqui. Quando vamos passear, não nos deparamos com ninguém que nos diga: "Pague, ou eu te processo ou penhoro seus bens, seu cafajeste!", como acontece frequentemente na Alemanha. Mesmo os escravos vivem aqui melhor do que um camponês mediano na Alemanha. Esta mão que está escrevendo, e que meu pai tão bem conhece, há de apodrecer se isto não for a pura verdade.

No dia 3 de março, quando chegamos em Cahla, a sorte já começou. No dia 5, um trem suplementar nos transportou, em um dia, para Hamburgo; no dia 10 embarcamos no navio e viajamos um total de oito semanas. Infelizmente não podíamos entender o dialeto dos marujos, motivo pelo qual eles às vezes eram rudes. Minha filha diz quase todos os dias: "Pai, o que fariam meus avós; ah, se eles estivessem aqui e pudessem comer conosco!". Da mesma maneira os nossos amigos em Gefell e Külmla. Temos a impressão de que vivemos no paraíso ou no céu. Apesar de haver madeira em abundância e de ser inverno aqui agora (maio, junho, julho), não precisamos de aquecimento. Toda (a madeira) é queimada. Durante a viagem até aqui recebemos, duas vezes por dia, carne, pão branco, às vezes cerveja e vinho também. Aqui na colônia não há taberna; mas, certamente, se o taberneiro Walther tivesse vindo, em breve haveria também cerveja. Walther, venha, tenho sede! Porém, temos boa água e bom café. Este último não é como na Alemanha: de catorze grãos, quinze xícaras, mas sim, minha mulher pega mãos cheias (de grãos). Ah, se vocês ao menos tivessem o café que aqui ninguém se dá o trabalho de colher! É verdade que aqui é quente mas dá para aguentar bem. Nós chegamos na nossa fazenda no dia da Assunção e no dia seguinte já nos instalamos na nossa casa. No primeiro dia do feriado de Pentecostes fui passear montado num lindo cavalo e muitos outros foram juntos. Logo chegamos a uma outra fazenda, cujo proprietário nos convidou para comer; havia dezesseis tipos de pratos e vinho à vontade. Foi uma bela acolhida! Eu agradeço a Deus por estar no Brasil; nos diziam lá (na Alemanha) que nós seríamos escravos, mas nossa situação atual, comparada com a de antes, atesta o contrário: lá éramos escravos; aqui vivemos na Terra Prometida, melhor do que os mais abastados em Ranis. Minha casa é grande, podendo vocês morarem nela: três grandes aposentos e uma cozinha. Ainda não possuo gado pois estão faltando os currais; logo começarei a construí-los e, então, receberei a quantidade de cabeças de gado que eu desejar; cavalos, muares, bois, vacas, ovelhas, porcos, galinhas, gansos e muitos outros animais vivem soltos por aí. A nossa alimentação é composta de arroz, feijão, duas espécies de farinha, sendo uma um tipo de trigo mas muito nutritiva, carne de porco e vaca, açúcar, aguardente, batatas, frutas como, por exemplo, laranjas e bananas. A colheita de café começou no dia 27 de maio e dura três meses; então iremos receber todas as espécies de frutas para plantar; primeiro temos que preparar o solo para isso. Digo novamente: é verdade o que escrevo.

Adeus! Seu querido filho

F. Roßbach e família

:inmann ad nat.pinx.

CULTUR

IN PRAEDIO INTER OPPIDUM

COFFEAE

ET MONTES SERRA DOS ORGAÕS.

8

MEU PAI ME VENDEU
DE LUIZ GAMA PARA
LÚCIO DE MENDONÇA

25 JUL. 1880

Luiz Gama (1830-82) foi, nas palavras da acadêmica Lígia Fonseca Ferreira — especialista em sua obra —, o "único ex-escravo brasileiro que se destacaria como homem de letras e líder dos movimentos abolicionista e republicano". Filho de uma negra cativa e um branco rico que, ao empobrecer, o vendeu como escravo, conseguiu de forma improvável virar jornalista, poeta e advogado. A carta em que relata sua trajetória é um documento histórico ímpar. Escrita a pedido do amigo Lúcio de Mendonça, não foi publicada na época. Mendonça a usou como base para um artigo biográfico muito elogioso sobre Gama. O próprio relato do ex-escravo só viria a público nos anos 1920.

São Paulo, 25 de julho de 1880.

Meu caro Lúcio,

Recebi o teu cartão com a data de 28 do pretérito.

Não me posso negar ao teu pedido [...], aí tens os apontamentos que me pedes, e que sempre eu os trouxe de memória.

Nasci na cidade de São Salvador, capital da província da Bahia, em um sobrado da rua do Bângala, formando ângulo interno, em a quebrada, lado direito de quem parte do adro da Palma, na freguesia de Sant'Ana, a 21 de junho de 1830, pelas sete horas da manhã, e fui batizado, oito anos depois, na igreja matriz do Sacramento, da cidade de Itaparica.

Sou filho natural de uma negra, africana livre, da Costa Mina (Nagô de Nação), de nome Luíza Mahin, pagã, que sempre recusou o batismo e a doutrina cristã.

Minha mãe era baixa de estatura, magra, bonita, a cor era de um preto retinto e sem lustro, tinha os dentes alvíssimos como a neve, era muito altiva, geniosa, insofrida e vingativa.

Dava-se ao comércio — era quitandeira, muito laboriosa, e mais de uma vez, na Bahia, foi presa como suspeita de envolver-se em planos de insurreições de escravos, que não tiveram efeito.

Era dotada de atividade. Em 1837, depois da Revolução do dr. Sabino, na Bahia, veio ela ao Rio de Janeiro, e nunca mais voltou. Procurei-a em 1847, em 1856, em 1861, na corte, sem que a pudesse encontrar. Em 1862, soube, por uns pretos-minas, que a conheciam e que me deram sinais certos que ela, acompanhada com malungos desordeiros, em uma "casa de dar fortuna", em 1838, fora posta em prisão; e que tanto ela como os seus companheiros desapareceram. Era opinião dos meus informantes que esses "amotinados" fossem mandados para fora pelo governo, que, nesse tempo, tratava rigorosamente os africanos livres, tidos como provocadores.

Nada mais pude alcançar a respeito dela. Nesse ano, 1861, voltando a São Paulo, e estando em comissão do governo, na vila de Caçapava, dediquei-lhe os versos que com esta carta envio-te.

Luiz Gama

Rua da Imperatriz n. 10
Sobrado
S. Paulo. 1880. Julho 25.

Meu Charo Lucio —

Recebi o teu cartão com a data de 28 do preterito.

Nam me-posso negar ao teu pedido; porque antes quero ser acoimado de ridiculo, em razão de referir verdades pueris, que me-dizem respeito, do que de vaidoso, e fatuo, pelas occultar, de envergonhado: ahi tens os apontamentos que me-pedes, e que sempre eu os-trouxe de memoria.

Nasci na Cidade de São Salvador, capital da Provincia da Bahia, em hum sobrado da rua do Bangla, formando angulo interno, em a quebrada, lado direito de quem parte do adro da Palma, na Freguezia de Sant'Anna, a 21 de Junho de 1830, por as 7 horas da manhan, e fui baptisado, 8 annos depois, na Igreja-Matriz do Sacramento, da Cidade de Itaparica.

Sou filho-natural de hũa negra, Africana-livre, da Costa-da-Mina (Nagô de Nação), de nome Luiza Mahin, pagan, que sempre recusou o baptismo, e a doctrina christan.

Minha maen era baixa de estatura,

Luiz Gama
Rua da Imperatriz n. 10
Sobrado
S. Paulo.

creança; dos 10 até os 18 annos fui soldado.

Fiz versos; escrevi para muitos jornaes; colaborei em outros, litterarios e politicos; e redigi alguns.

Agora chego ao periodo em que, meu charo Lucio, nos encontramos, no Ypiranga, á rua do Carmo, tu como typographo, poeta, traductor, e folhetinista principiante; e eu como simples aprendiz-compositor, de onde sahi para o fôro, e para a tribuna, onde ganho o pão para mim, e para os meus, que são todos os pobres, todos os infelizes; e para os miseros escravos, que, em numero superior a 500, tenho arrancado ás garras do crime.

Eis o que te posso dizer, ás pressas; sem importancia, e sem valor; menos para ti, que me-estimas deveras.

Teu

Luiz.

Meu pai, não ouso afirmar que fosse branco, porque tais afirmativas neste país constituem grave perigo perante a verdade, no que concerne à melindrosa presunção das cores humanas: era fidalgo; e pertencia a uma das principais famílias da Bahia de origem portuguesa. Devo poupar à sua infeliz memória uma injúria dolorosa, e o faço ocultando o seu nome.

Ele foi rico; e nesse tempo, muito extremoso para mim: criou-me em seus braços. Foi revolucionário em 1837. Era apaixonado pela diversão da pesca e da caça; muito apreciador de bons cavalos; jogava bem as armas, e muito melhor de baralho, armava as súcias e os divertimentos: esbanjou uma boa herança, obtida de uma tia em 1836; e reduzido à pobreza extrema, a 10 de novembro de 1840, em companhia de Luiz Cândido Quintela, seu amigo inseparável e hospedeiro, que vivia dos proventos de uma casa de tavolagem, na cidade da Bahia, estabelecida em um sobrado de quina, ao largo da praça, vendeu-me, como seu escravo, a bordo do patacho Saraiva.

Remetido para o Rio de Janeiro nesse mesmo navio, dias depois, que partiu carregado de escravos, fui, com muitos outros, para a casa de um cerieiro português de nome Vieira, dono de uma loja de velas, à rua da Candelária, canto da do Sabão. Era um negociante de estatura baixa, circunspecto e enérgico, que recebia escravos da Bahia, à comissão. Tinha um filho aperaltado, que estudava em colégio; e creio que três filhas já crescidas, muito bondosas, muito meigas e muito compassivas, principalmente a mais velha. A sra. Vieira era uma perfeita matrona: exemplo de candura e piedade. Tinha eu dez anos. Ela e as filhas afeiçoaram-se de mim imediatamente. Eram cinco horas da tarde quando entrei em sua casa. Mandaram lavar-me; vestiram-me uma camisa e uma saia da filha mais nova, deram-me de cear e mandaram-me dormir com uma mulata de nome Felícia, que era mucama da casa.

Sempre que me lembro desta boa senhora e de suas filhas, vêm-me as lágrimas aos olhos, porque tenho saudades do amor e dos cuidados com que me afagaram por alguns dias.

Dali saí derramando copioso pranto, e também todas elas, sentidas de me verem partir.

Oh! Eu tenho lances doridos em minha vida, que valem mais do que as lendas sentidas da vida amargurada dos mártires.

Nesta casa, em dezembro de 1840, fui vendido ao negociante e contrabandista alferes Antônio Pereira Cardoso, o mesmo que, há uns oito ou dez anos, sendo fazendeiro no município de Lorena nesta província, no ato de o prenderem por ter morto alguns escravos a fome, em cárcere privado, e já com a idade maior de sessenta a setenta anos, suicidou-se com um tiro de pistola, cuja bala atravessou-lhe o crânio.

Este alferes Antônio Pereira Cardoso comprou-me em um lote de cento e tanto escravos; e trouxe-nos a todos, pois era este o seu negócio, para vender nesta província.

Como já disse, tinha eu apenas dez anos; e, a pé, fiz toda a viagem de Santos a Campinas.

Fui escolhido por muitos compradores, nesta cidade, em Jundiaí e Campinas; e, por todos repelido, como se repelem coisas ruins, pelo simples fato de ser eu "baiano".

Valeu-me a pecha!

O último recusante foi o venerando e simpático ancião Francisco

Egídio de Souza Aranha, pai do excelentíssimo conde de Três Rios, meu respeitável amigo.

Este, depois de haver-me escolhido, afagando-me disse:

Hás de ser um bom pajem para os meus meninos; dize-me: onde nasceste?

Na Bahia, respondi eu.

Baiano? — exclamou admirado o excelente velho. — Nem de graça o quero. Já não foi por bom que o venderam tão pequeno.

Repelido como "refugo", com outro escravo da Bahia, de nome José, sapateiro, voltei para a casa do sr. Cardoso, nesta cidade, à rua do Comércio nº 2, sobrado, perto da igreja da Misericórdia.

Aí aprendi a copeiro, a sapateiro, a lavar e a engomar roupa e a costurar.

Em 1847, contava eu dezessete anos, quando para a casa do sr. Cardoso veio morar, como hóspede, para estudar humanidades, tendo deixado a cidade de Campinas, onde morava, o menino Antônio Rodrigues do Prado Júnior, hoje doutor em direito, ex-magistrado de elevados méritos, e residente em Mogi-Guaçu, onde é fazendeiro.

Fizemos amizade íntima, de irmãos diletos, e ele começou a ensinar-me as primeiras letras.

Em 1848, sabendo eu ler e contar alguma coisa, e tendo obtido ardilosa e secretamente provas inconcussas de minha liberdade, retirei-me, fugindo da casa do alferes Antônio Pereira Cardoso, que, aliás, votava-me a maior estima, e fui assentar praça. Servi até 1854, seis anos; cheguei a cabo de esquadra graduado, e tive baixa de serviço, depois de responder a conselho, por ato de suposta insubordinação, quando me tinha limitado a ameaçar um oficial insolente, que me havia insultado e que soube conter-se.

Estive, então, preso 39 dias, de 10 de julho a 9 de agosto.

Passava os dias lendo e, às noites, sofria de insônia; e, de contínuo, tinha diante dos olhos a imagem de minha querida mãe. Uma noite, eram mais de duas horas, eu dormitava: e, em sonho, vi que a levavam presa. Pareceu-me ouvi-la distintamente que chamava por mim.

Dei um grito, espavorido saltei da tarimba; os companheiros alvorotaram-se; corri à grade, enfiei a cabeça pelo xadrez.

Era solitário e silencioso e longo e lôbrego o corredor da prisão, mal alumiado pela luz amarelenta de enfumarada lanterna.

Voltei para a minha tarimba, narrei a ocorrência aos curiosos colegas; eles narraram-me também fatos semelhantes; eu caí em nostalgias, chorei e dormi.

Durante o meu tempo de praça, nas horas vagas, fiz-me copista; escrevia para o escritório do escrivão, major Benedito Antônio Coelho Neto, que tornou-se meu amigo; e que hoje, pelo seu merecimento, desempenha o cargo de oficial-maior da Secretaria do Governo; e, como amanuense, no gabinete do excelentíssimo senhor conselheiro Francisco Maria de Sousa Furtado de Mendonça, que aqui exerceu, por muitos anos, com aplausos e admiração do público em geral, altos cargos na administração, polícia e judicatura, e que é catedrático da Faculdade de Direito, fui eu seu ordenança; por meu caráter, por minha atividade e por meu comportamento, conquistei a sua estima e a sua proteção; e as boas lições de letras e de civismo, que conservo com orgulho.

Em 1856, depois de haver servido como escrivão perante diversas autoridades policiais, fui nomeado amanuense da Secretaria de Polícia, onde servi até 1868, época em que, "por turbulento e sedicioso", fui demitido a "bem do serviço público" pelos conservadores, que então haviam subido ao poder. A portaria de demissão foi lavrada pelo dr. Antônio Manuel dos Reis, meu particular amigo, então secretário da polícia, e assinada pelo excelentíssimo dr. Vicente Ferreira da Silva Bueno, que, por este e outros atos semelhantes, foi nomeado desembargador da relação da corte.

A turbulência consistia em fazer eu parte do Partido Liberal; e, pela imprensa e pelas urnas, pugnar pela vitória de minhas e suas ideias; e promover processos em favor de pessoas livres criminosamente escravizadas; e auxiliar licitamente, na medida de meus esforços, alforrias de escravos, porque detesto o cativeiro e todos os senhores, principalmente os reis.

Desde que fiz-me soldado, comecei a ser homem; porque até os dez anos fui criança; dos dez até os dezoito, fui soldado.

Fiz versos; escrevi para muitos jornais; colaborei em outros, literários e políticos, e redigi alguns.

Agora chego ao período em que, meu caro Lúcio, nos encontramos, no Ipiranga, à rua do Carmo, tu, como tipógrafo, poeta, tradutor e folhetinista principiante; e eu como simples aprendiz-compositor, de onde saí para o foro e para a tribuna, onde ganho o pão para mim e para os meus, que são todos os pobres, todos os infelizes; e para os míseros escravos, que, em número superior a quinhentos, tenho arrancado às garras do crime.

Eis o que te posso dizer, às pressas, sem importância e sem valor; menos para ti, que me estimas deveras.

Teu Luiz

9

RONDON MERECE O NOBEL
DE ALBERT EINSTEIN PARA
O COMITÊ DO PRÊMIO NOBEL
22 MAIO 1925

O físico alemão Albert Einstein passou uma semana no Rio de Janeiro em maio de 1925. A visita deixou impressões contraditórias no espírito do gênio da teoria da relatividade. Einstein registrou em seu diário o encanto com o Jardim Botânico ("supera o sonho das mil e uma noites") e com a mistura étnica do povo, mas também a decepção com o público de sua palestra no Clube de Engenharia ("uns tolos"). O que deixou de anotar ali, mas sabemos por meio desta carta, é que ficou impressionado com os relatos sobre o trabalho humanitário do marechal Cândido Rondon. Mesmo sem o ter encontrado, indicou o nome do sertanista brasileiro ao prêmio Nobel da paz. Não foi atendido.

Hamburg-Südamerikanische Dampfschiffahrts-Gesellschaft

Cap Norte
22.5.25

Ao presidente do Comitê Nobel da Noruega,

Prezado Senhor!

Permita-me chamar sua atenção para a atividade do general Rondon, do Rio de Janeiro, porque em minha visita ao Brasil tive a impressão de que este homem seria um digno merecedor do prêmio Nobel da paz. Seu trabalho consiste na integração de tribos indígenas aos meios civilizados sem uso de armas nem qualquer forma de coerção. Minhas informações foram passadas por professores da Universidade Técnica do Rio de Janeiro, que se pronunciaram de forma muito calorosa sobre o homem e seu trabalho. Também me foi mostrada alguma coisa em filme. Não conheci pessoalmente o general Rondon.

Sendo de seu interesse, posso fornecer mais detalhes, mas seria melhor se o senhor — por meio de seus enviados noruegueses — buscasse diretamente a informação.

Com a mais alta estima

Prof. Dr. A. Einstein
Haberlandstr. 5, Berlim

HAMBURG-SÜDAMERIKANISCHE
DAMPFSCHIFFFAHRTS-GESELLSCHAFT

„CAP NORTE"

22. V. 25.

An den Vorsitzenden des norwegischen Nobel-Komitees

196/1925

Sehr geehrter Herr!

Ich möchte mir erlauben, Ihre Aufmerksamkeit auf die Thätigkeit des Generals Rondon, Rio de Janeiro zu richten, weil ich bei meinem Besuche in Brasilien den Eindruck erhalten habe, dass dieser Mann der Verleihung des Nobel-Friedenspreises in hohem Masse würdig wäre. Sein Werk besteht in der Eingliederung von Indianer-Stämmen in die zivilisierte Menschheit ohne Anwendung von Waffen noch von Zwang irgend welcher Art. Meine Informationen stammen von Professoren der technischen Hochschule in Rio de Janeiro die mit grösster Wärme von dem Manne und seinem Werk gesprochen haben. Einiges wurde mir auch im Film gezeigt. General Rondon selbst habe ich nicht kennen gelernt.

Auf Wunsch kann ich Ihnen Genaueres mitteilen, würde es aber lieber sehen, wenn Sie – etwa durch Ihren norwegischen Gesandten – sich die Informationen direkt verschafften.

Mit ausgezeichneter Hochachtung

Prof. Dr. A. Einstein
Haberlandstr. 5. Berlin.

10

HOMENS SEM CULTURA MORAL
DE CÂNDIDO RONDON
PARA OS IRMÃOS VILLAS-BÔAS
1º ABR. 1948

Cândido Rondon (1865-1958) era tenente do Exército, mas três anos antes de morrer foi promovido a marechal em reconhecimento aos serviços prestados à pátria. Encarregado, em fins do século XIX, de estender linhas telegráficas país adentro, chegando até a região amazônica, fez o primeiro contato com diversos povos indígenas. Tendo antepassados índios, não admitia o uso da força contra eles, mesmo sob ataque. A preocupação de Rondon com a vulnerabilidade dos brasileiros nativos só cresceu quando, idoso, trocou o trabalho de campo pela presidência do Conselho Nacional de Proteção aos Índios, como se vê nesta carta aos irmãos sertanistas Orlando, Cláudio e Leonardo Villas-Bôas.

MINISTÉRIO DA AGRICULTURA
Rio, 1º de Abril de 1948

Aos Irmãos Villas Boas
Acampamento do Xingú

Sua carta de 1º do mês findo trouxe-me bela impressão da patriótica missão que os meus caros compatrícios estão desempenhando nos confins do Oeste do Brasil Central, no serviço da República e da Pátria.

O funcionário do Museu Nacional, o dr. Pedro Lima, entregou-me uma bela coleção de artefactos indígenas que vieram enriquecer o nosso pequeno mostruário etnográfico em organização. Por tão valiosa cooperação peço receberem os meus cívicos agradecimentos por tão preciosa colaboração.

É escusado acrescentar que tenho a esperança de continuar a receber novos artefactos de outras tribos, ou mesmo dessas, das quais me enviaram a primeira remessa. O exemplar da cerâmica dos Waurá impressionou a todos que o viram. É sabido que essa tribo é especialista nesse gênero de indústria doméstica.

*

Faço ardentes votos para que os meus dignos amigos e companheiros da Causa Indígena continuem a bem servir nossa Pátria nos trabalhos patrióticos à cargo da "Fundação Brasil Central". Permitam-me que recomende-lhes todo cuidado na escolha do Encarregado e trabalhadores que hajam de ficar nesse acampamento, quando tiverem de continuar a marcha para frente em busca da Coletoria do Tapajós. Os srs. conhecem bem os costumes dos nossos trabalhadores. Homens sem cultura moral, em geral, não respeitarão as Famílias dos Índios, quando se virem sós, sem fiscalização superior.

Essas tribos do Xingú até bem pouco tempo viveram felizes, isoladas da pseuda civilização, que os meus caros amigos sabem ser, pelos representantes dela que penetram o sertão, desrespeitadora das Famílias dos Índios.

Confio na dedicação que ambos têm demonstrado no cumprimento do dever.

*

Serei feliz se continuarem a dispensar amor ao Índio e à Grande Causa Nacional, a que o S.P.I. [Serviço de Proteção aos Índios] e o C.N.P.I. [Conselho Nacional de Proteção aos Índios] dedicam o seu destino.

Aqui, neste Posto da República e da Pátria, me encontrarão sempre pronto a servi-los fraternalmente.

Votos sinceros pela saúde de ambos.

Velho amigo
Cândido M. Sª Rondon

1

MINISTÉRIO DA AGRICULTURA

Rio, 1º de Abril de 1948

Aos Irmãos Villas Boas
Acampamento do Xingú

Sua carta de 1º do mês findo trouxe-me bela impressão da patriótica missão que os meus caros compatrícios estão desempenhando nos confins do Oeste do Brasil Central, no serviço da República e da Pátria.

2

MINISTÉRIO DA AGRICULTURA

O funcionário do Museu Nacional, o Dr. Pedro Lima, entregou-me uma bela coleção de artefactos indígenas que vieram enriquecer o nosso pequeno mostruário etnográfico em organização. Por tão valiosa cooperação peço receberem os meus cívicos agradecimentos por tão preciosa colaboração.

3

MINISTÉRIO DA AGRICULTURA

E' escusado acrescentar que tenho a esperança de continuar a receber novos artefactos de outras tribos, ou mesmo dessas, das quais me enviaram a primeira remessa.

O exemplar da cerâmica dos Wauras impressionou a todos que o viram. E' sabido que essa tribo é especialista

4

MINISTÉRIO DA AGRICULTURA

nêsse genero de industria doméstica.

*

Faço ardentes votos para que os meus dignos amigos e companheiros da Causa Indígena continuem a bem servir nossa Pátria nos trabalhos patrióticos à cargo da "Fundação Brasil Central".

Permitam-me que recomende-lhes todo cuidado na escolha do Encarregado e trabalhadores

5

MINISTÉRIO DA AGRICULTURA

que hajam de ficar nêsse acampamento, quando tiverem de continuar a marcha para frente em busca da Coletoria do Tapajós

Os Srs. conhecem bem os costumes dos nossos trabalhadores. Homens sem cultura moral, em geral, não respeitarão as familias dos Indios, quando se virem sós, sem fiscalização superior.

6

MINISTÉRIO DA AGRICULTURA

Essas tribos do Xingú até bem pouco tempo viveram felizes, isolados da pseuda civilização, que os meus caros amigos sabem ser, pelos representantes dela que penetram o sertão, desrespeitadora das familias dos Indios -

Confio na dedicação que ambos tem demonstrado no cumprimento do dever -

*

7

MINISTÉRIO DA AGRICULTURA

Serei feliz si continuarem a dispensar amor ao Indio e à Grande Causa Nacional, a que o S. P. I. e o C.N.P.I. dedicam o seu destino.

Aqui, nêste Pôsto da República e da Pátria, me encontrarão sempre pronto a servi-los fraternalmente.

Votos sinceros pela saúde de ambos - Velho amigo - Cândido M. S. Rondon

11

VOCÊ CHEGOU E ARRASOU
DE ELIS REGINA PARA
JOÃO MARCELLO BÔSCOLI

14 JUN. 1971

O primeiro filho de Elis Regina nasceu durante a Copa do Mundo do México, em junho de 1970, com saúde frágil. O leite da mãe logo secou, e a maior voz da música brasileira mergulhou numa de suas lendárias crises, convencida de que o sofrimento de João Marcello — que tinha intolerância a leite de vaca — se devia à operação de redução de seios que fizera. A emocionante carta que escreveu dias antes do primeiro aniversário do filho, e que guardou num cofre para lhe entregar quando ele completasse dezoito anos, ficou décadas perdida. Elis morreu de overdose em 1982. A carta foi revelada pelo jornalista Julio Maria em sua biografia da cantora, *Nada será como antes*, de 2015.

Rio, 14 de junho de 1971

João

Queria era te dizer que te amo, que preciso de você. Quero você mais do que tudo que já quis. Queria te dizer também que não sei como achava graça nas coisas antes de você surgir, porque eu sinto uma falta incrível de você. Quando não está por perto, os troços perdem o sentido e a razão. Outra coisa que você precisa saber é que você construiu pacas. Você me pegou um bagaço daqueles, me ajeitou, me maneirou, me devolveu a risada do ginásio, criou uma fonte de investimento em minhas áreas menos desenvolvidas. Negócio maravilhoso a sua mão no meu cabelo. A única mão que não me mete medo. Coisa linda seus olhos me olhando sério, me levando a sério, me descobrindo até pra mim. Incrível sua boca sorrindo e falando coisas poucas, mas o suficiente para nos entendermos e sabermos que estamos em boas mãos. Quanto eu te devo! Não tem o que dê jeito. Você chegou e arrasou, acabou com o baile. Se porventura eu falhar, não estiver à sua altura, se for menos do que você acha que merecia, não me imagine mais do que eu sou. Tenho tantos problemas quanto você. Não me culpe. Antes, procure me compreender. Sou resultado do que a vida fez comigo, inconsciente e inconsequentemente. Saiba, porém, que você foi o único ser com o qual eu não fui inconsciente nem inconsequente. Pensei, medi tudo, apesar de que não sou perfeita. Bem que gostaria de ter sido, mas nunca se consegue, mesmo tentando o máximo. O bacana é que sobra a todos uma vida para consertar os erros cometidos nesse pouco tempo e, no que depender de mim, creia, me jogo de cabeça e não te deixo em falta. Só quero que a gente sempre fale de frente, sem camuflagem, olho no olho. Esteja certo, eu nunca vou mentir, nem uma mentira piedosa. O que tiver que ser vai ser. Nem que seja ferro em brasa, mas vai. Porque o que há de mais bonito é a confiança nos companheiros de briga. Fora dela, não há salvação. É o mínimo que posso fazer de verdade verdadeira por você, que me deu uma concepção nova de vida. Só me falta dizer muito obrigada por você ser tudo o que você é, por você ter nascido e por você ter me dado a felicidade de dividir tão intimamente o meu corpo. Sejamos felizes, é o que quero. E é o que há de ser, meu filho. Sou tua sempre.

Mamãe.

12

COM A DIGNIDADE DOS CÃES
DE MAYSA PARA CARLOS ALBERTO
1975

Desde seu precoce disco de estreia, *Convite para ouvir Maysa*, de 1956, com canções de sua autoria, a cantora e compositora Maysa (1936-77) deixou na história da música popular brasileira a marca de uma voz grave e uma tristeza que lhe valeram o epíteto de "Rainha da Fossa". De família tradicional, trocou o casamento com um empresário de sobrenome Matarazzo por uma carreira artística pautada pela inquietude (foi também atriz e jornalista) e por muitos amores. O último de seus relacionamentos sérios, com o ator Carlos Alberto, quando ela já vivia reclusa em Maricá (RJ), terminou com uma carta sofrida que lembra o clima de dor de cotovelo de suas canções.

Meu amor,

Agora que você adormeceu, que esse dia passou a ser uma partida, agora que até um sol meio canalha está me gozando, passeando aqui pela varanda, agora que é agora só por instantes e vai ser depois inexoravelmente, e que, não há a menor dúvida, você parte nesse depois, é que acho que a única coisa que me resta é fazer como os tolos infelizes, ou seja, emudecer, deixar que os meus olhos, que são a minha verdadeira boca, saibam, com a dignidade que só os cães têm, fazer do silêncio a minha forma de te acompanhar, de estar contigo nesta ida tua que eu não entendo, mas devo.

Transformar todos esses verbos, entender, partir, dever, partir, em um só: amar. Amar tudo que seja teu, até mesmo a tua partida. O diabo é que não é fácil. Enquanto estou aqui gravando tua fita, o som das músicas que são da gente é uma faca que me corta, corta tanto que a dor está rindo pelo conseguido. E, por falar em rir, como é triste o som de um violino quando a gente está triste. Nunca tinha percebido isso. Ao contrário, sempre achei que o violino era o rei da demagogia. Que nada, amor. É um puta sabe-tudo, companheiro pacas, e chora tão bonito quanto eu.

Volta amor, porque fiquei aqui.

Te amo.

Maysa

13

COROA, TRONO E BERÇO
DE AMÉLIA DE LEUCHTENBERG
PARA D. PEDRO II

ABR. 1831

A segunda mulher de d. Pedro I, a bela e refinada nobre alemã Amélia de Leuchtenberg, parente de Napoleão Bonaparte, viveu um ano e meio no Brasil. Chegou à Corte com dezessete anos e, antes de completar dezenove, partia de novo para a Europa, ao fim da crise política que levou seu marido a abdicar do trono. O breve tempo de permanência no país não a impediu de, segundo todos os relatos, desenvolver um afeto genuíno — e correspondido — pelos cinco enteados e em especial pelo pequeno Pedro de Alcântara, futuro imperador, naquele momento com apenas cinco anos. A carta de despedida que escreveu ao menino, que a chamava de mãe, é tocante. Os dois continuaram a se corresponder por toda a vida.

Rio de Janeiro,

Meu filho do coração e meu imperador,

Adeus, menino querido, delícia de minha alma, alegria de meus olhos, filho que meu coração tinha adotado. Adeus para sempre.

Quanto és formoso nesse teu repouso! Meus olhos chorosos não se puderam furtar de te contemplar! A majestade de uma coroa, a debilidade da infância, a inocência dos anjos cingem tua fronte de um resplendor misterioso que fascina a mente.

És o espetáculo mais tocante que a terra pode oferecer! Quanta grandeza e quanta fraqueza a humanidade encerra, representadas por ti, criança idolatrada: uma coroa, um trono e um berço!

A púrpura ainda não serve senão para estofo, e tu, que comandas exércitos e reges um Império, ainda careces de todos os desvelos e carinhos de mãe.

Ah! querido menino, se eu fosse tua verdadeira mãe, se meu ventre te tivesse concebido, nenhuma força te arrancaria dos meus braços!

Mas tu, anjo de inocência e de formosura, não me pertences senão pelo amor que dediquei a teu augusto pai. Apenas sou tua madrasta, embora te queira como se fosses o sangue do meu sangue. Um dever sagrado me obriga a acompanhar o ex-imperador no seu exílio, através dos mares, em terras estranhas...

Adeus, pois, para sempre! Mães brasileiras, vós que sois meigas e carinhosas para com vossos filhinhos, supri minhas vezes: adotai o órfão coroado, dai-lhe, todas vós, um lugar na vossa família e no vosso coração.

Mães brasileiras, eu vos confio este preciosíssimo penhor da felicidade de vosso país e de vosso povo: ei-lo tão belo e puro como o primogênito de Eva no Paraíso. Eu vo-lo entrego: agora sinto minhas lágrimas correrem com menor amargura.

Dorme, criança querida, enquanto nós, teu pai e tua mãe de adoção, partimos para o exílio, sem esperança de nunca mais te vermos... senão em sonhos.

Brasileiros! Eu vos conjuro que o não acordeis antes que me retire.

Adeus, órfão-imperador, vítima de tua grandeza antes que a saibas conhecer. Adeus, anjo de inocência e de formosura. Adeus!

Toma este beijo, e este... e este último. Adeus para sempre, adeus!

Amélia, duquesa de Bragança

14

TEU DESTINO NA MÃO DE DEUS

DE JOSÉ FREIRE SILVA
PARA NELSON FREIRE

21 JUL. 1950

Um dos momentos mais emocionantes do documentário *Nelson Freire* (2003), de João Moreira Salles, é aquele em que o cineasta Eduardo Coutinho lê uma carta singela. Escrita em 1950, quando um dos maiores instrumentistas clássicos da história do Brasil tinha apenas seis anos e já assombrava professores com seu prodigioso talento ao piano, o texto é assinado pelo pai de Nelson. Dirigindo-se ao filho no futuro, o farmacêutico José explica em tom amoroso por que a família decidiu se sacrificar, trocando a segurança da pequena e acolhedora Boa Esperança (MG) pelas incertezas do Rio de Janeiro, a fim de que o espantoso talento do menino pudesse se desenvolver.

Boa Esperança, 21 de julho de 1950.

Meu filhinho,

Ao tomar a decisão de transferir-me com toda a nossa família para a capital da República, julguei oportuno registrar no teu álbum de reminiscências alguns fatos que intimamente dizem respeito à tua existência para que sirvam de orientação para tua biografia, isso porque a nossa mudança se faz unicamente por tua causa. Sem nenhum esforço de memória, ainda me recordo perfeitamente de tudo aquilo que se refere a esses primeiros anos da tua existência, quando vieste a este mundo no dia 18 de outubro de 1944, em Boa Esperança, sul de Minas. Eras um menino lindo, robusto e corado. Porém, eras doente. Quanto sofremos, tua mãe e eu, por ver-te definhar, dia a dia, e choramingar vitimado amiúde por alergia rebelde que a tudo resistia. Teu alimento durante o primeiro mês de vida resumiu-se a um pedaço de marmelada diluído em água filtrada. Como não melhoravas, levamos-te a Lavras para consultas médicas. Ao fim de um mês de tratamento intensivo, tua mãe regressou trazendo-te para casa. Quando te vi, filhinho, meu coração doeu como nunca, e meus olhos ficaram marejados de lágrimas, porque não vi meu filho senão uma criança minúscula e raquítica reduzida praticamente a pele e ossos. Vivias todo remendado de esparadrapos, com o corpinho sempre untado de pomadas, com uma carinha magrinha que metia dó. A tua tendência artística, apesar de tudo, se manifestou desde cedo, despontando com os primeiros fulgores da tua inteligência. Quando estavas febril, teu consolo já era o piano. Com poucos meses de idade, já te sentias maravilhado e ficavas quietinho, embora cheio de mazelas, ao ouvir música quando tua irmã Nelma tocava.

Em 8 de dezembro de 1948, empreendemos uma viagem interessantíssima, era a primeira vez que saías de casa para uma viagem distante sem ser por motivo de doença. Tuas irmãs Nelma e Norma estavam estudando no Colégio Sion, de Campanha. Nos amplos salões do colégio naturalmente não faltava aquilo que te fascinaria, o piano. Em dado momento, a irmã superiora reuniu certo grupo de alunas para ouvir-te. Entusiasmada porque recebeste uma ovação efusiva da assistência, ela, em tom verdadeiramente profético, te saudou meigamente, lembrando às alunas ali presentes que procurassem fixar bem na memória aquele instante precioso, porque mais tarde, quando esse pequenino inocente viesse a empolgar o mundo, seria com prazer e com saudade que se recordariam de que o haviam apreciado e aplaudido aos quatro anos de idade.

Vimos logo que não se tratava de fato vulgar, pelo menos em nossa família, porque teus irmãos mais velhos nunca demonstraram tais aptidões. Tua mãe e eu começamos então a notar qualquer coisa de diferente nas tuas execuções. Resolvemos dar-te um professor mais adiantado, e tua mãe, religiosamente, como quem cumpre uma promessa, assumiu consigo mesma o compromisso de levar avante a tua instrução, levando-te semanalmente a Varginha, aonde ias a fim de estudar com o maestro Fernandes. Ao fim de doze lições teu professor aconselhou-nos a rumarmos para o Rio. Não havia mais nada a te ensinar.

Em junho de 1950, portanto, uma indecisão embaraçosa se apoderou de mim e de tua mãe, colocando-nos diante de um dilema de

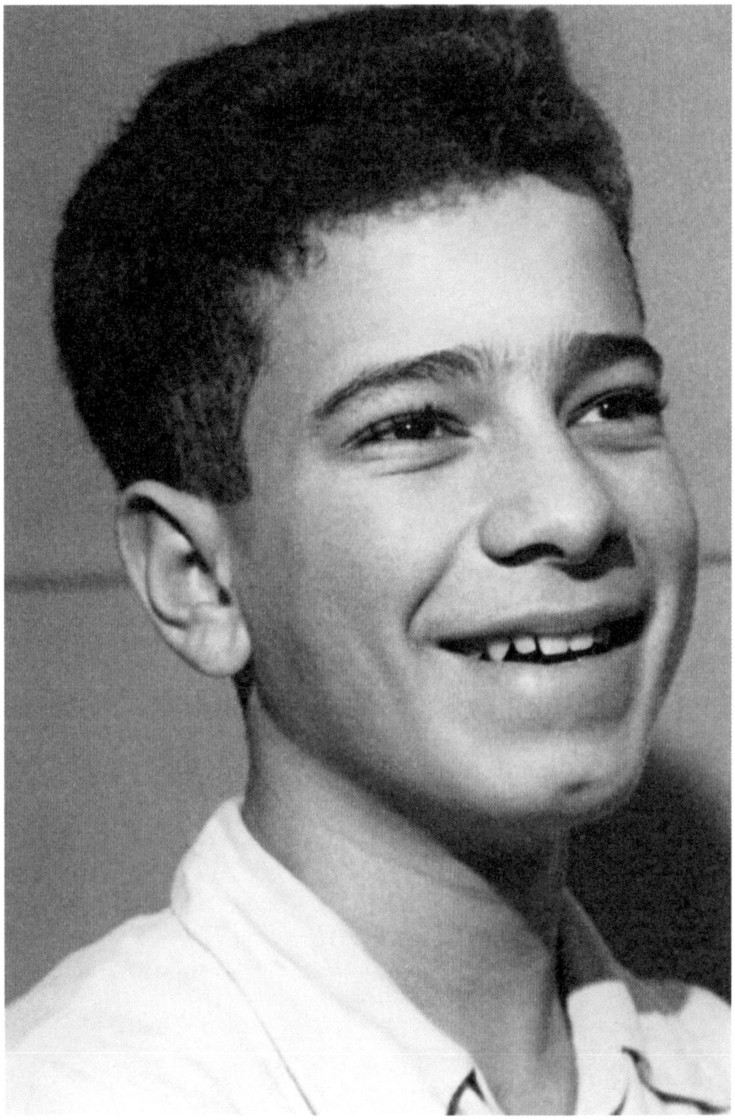

difícil solução. Devemos dar razão ao nosso coração? Permanecer em nossa querida terra? Criando-te como o fizemos com os nossos outros filhos, no ambiente de paz e de concórdia onde se acham localizados os nossos interesses materiais e onde nos prendem os laços mais caros do sentimento familiar? Ou, por outro lado, rumaremos para o Rio, onde o custo da vida é muitíssimo mais dispendioso e o ambiente meio padrasto em infusões afetivas, mas onde as tuas aptidões poderão desenvolver-se ilimitadamente? Depois de muito meditar, resolvemos seguir essa última vereda, entregando nosso futuro a Deus. Cumprindo a nossa obrigação, deslocamo-nos do interior de Minas para a capital da República, com a finalidade primordial de acompanhar-te os passos, porque ainda não prescindias de nossa companhia e de nossa assistência, mas o teu destino, esse nós o colocamos na mão de Deus.

Afetuosamente,

o Papai

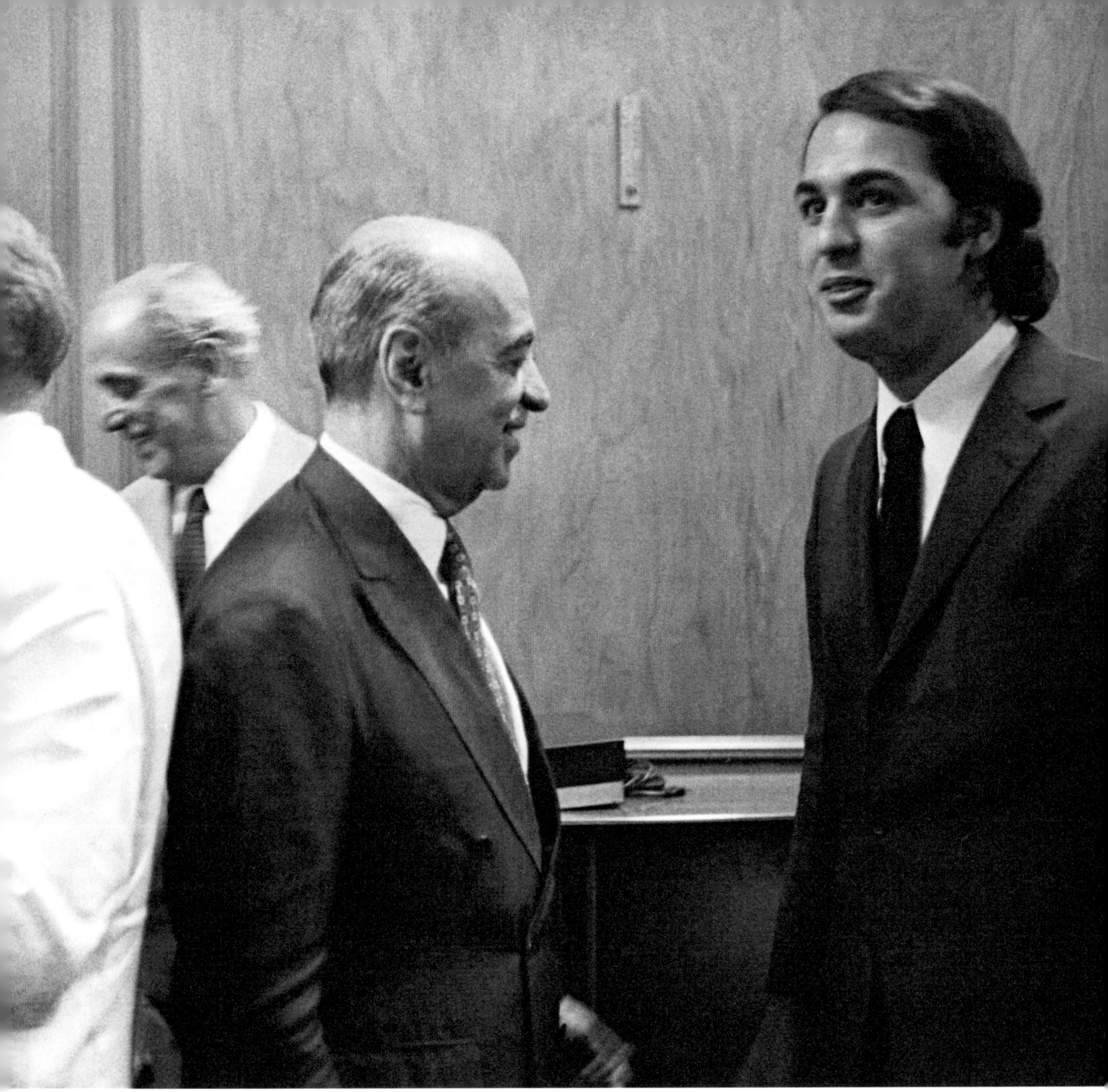

15

MEU QUERIDO ROBERTINHO
DE ROBERTO MARINHO
PARA ROBERTO IRINEU MARINHO

13 FEV. 1963

Escrita pelo maior magnata das comunicações da história do Brasil para seu filho mais velho quando este tinha quinze anos, a carta de Roberto Marinho (1903-2003) a Roberto Irineu precede em dois anos o lançamento da Rede Globo de Televisão. Revela um pai preocupado em transmitir seus valores ao filho daquele modo formal que marcava as relações familiares em sua geração. A ideia de competição perpassa todo o texto, sob o mote dos Jogos Olímpicos: a "essência da vida", afirma o missivista, é "lutar, disputar, vencer se possível, mas sempre sabendo perder". Note-se que o velho Marinho não se furta a duas autocríticas severas — uma de ordem política, a outra pessoal.

Meu querido Roberto Irineu:

Ontem, assisti a um filme e, durante as duas horas em que estive no cinema, evoquei coisas da minha vida e lembrei-me também de meus filhos. O filme era a *Grande Olimpíada*, que seria um excelente belo documentário sobre o grande acontecimento esportivo, que se verifica de quatro em quatro anos, se não fosse, antes de tudo, uma extraordinária demonstração do valor humano, na sua ânsia de competir e vencer.

Creio que V. ainda não leu *O velho e o mar*, e que talvez não tenha visto o filme do Spencer Tracy no papel do velho e obstinado Santiago. De longos e longos anos de curtimento ao sol, a luta insana no mar nem sempre dadivoso, tinham-lhe vincado o rosto, e até mesmo curvado um pouco a espinha, mas não conseguiram abater o espírito do velho pescador e muito menos a sua fé inquebrantável no dia de amanhã. É por isso que ele, isolado no seu pequeno barco, afastou-se tanto da costa, para perseguir o peixe das suas esperanças. Afinal, depois de tantas horas, ele consegue fisgar a presa almejada, que procura libertar-se, ora mergulhando no seu elemento, ora dando grandes e desesperados saltos. São mais de quinhentos quilos a dominar. A linha corre-lhe nas mãos, fazendo-lhe profundos sulcos de sangue. Mas o velho pescador luta desesperadamente durante uma noite inteira e, afinal, consegue recolher o monstro já cansado. Enceta a viagem de volta, mas novas provações o esperam, no ataque dos tubarões à sua presa. A única arma que ele tem à mão são os remos com que procura desatinadamente atingir os monstros enfurecidos, que acabam por deixar ao exangue pescador apenas o esqueleto do peixe que foi a grande meta da sua vida.

Você lerá algum dia esse livro de Hemingway, para verificar que o velho Santiago é de certo modo um modesto, mas heroico personagem dessa Olimpíada, porque ele, como os atletas nas pistas, lutou ao paroxismo para vencer.

E é esse espírito de luta, dum velho pescador ou dos flamantes atletas, do cientista que vai ao fundo abissal do oceano ou do astronauta que desvirgina o espaço sideral, que anima a humanidade a vencer e progredir, porque a vida, meu querido Robertinho, é justamente essa luta pela conquista de um ideal ambicioso ou por um simples lugar ao sol. Porque os trabalhadores, britando a pedra ou afagando o asfalto nas ruas da cidade, dessorando ao sol nos dias mais causticantes, suando a camisa nos escritórios, nas oficinas, nas locomotivas, nos porões dos navios — também disputam a sua olimpíada, não em busca de glórias esportivas, mas do sustento das suas famílias. O mesmo ânimo dos atletas para alcançar a meta da vitória, eles o empregam na luta quotidiana pela sobrevivência, pelo pão de cada dia.

Mas, Robertinho, os atletas que, na maior corrida de revezamento da história, levam da Grécia para Roma, através dos desfiladeiros, dos campos e das avenidas, dos mares e das montanhas, o fogo sagrado, chegam ao seu destino. A pira do grande estádio é acesa. Os Jogos Olímpicos de 1960 começam. Atletas de todo o mundo, gente de todas as cores, raças e religiões, estão irmanados no ideal olímpico do barão Pierre de Coubertin, fundador das modernas olímpiadas: o importante não é vencer, mas competir. As provas se sucedem. Nas pistas, nas piscinas, no oceano, cada centímetro é bravamente disputado. É tal o esforço pela vitória que há atletas que chegam trôpegos, desmaiando assim que transpõem a meta. Há esportistas que realizam grandes façanhas, mas que choram como crianças, depois da vitória ou da derrota.

Mas eis que vai ser corrida a maratona, que é a prova olímpica por excelência, evocativa da façanha de um soldado ateniense que correu 22 milhas, de Maratona (cidade da Grécia) a Atenas, para dar a notícia da vitória das suas armas contra os persas. Cumpriu a sua missão e morreu. Centenas de corredores lançam-se à grande empreitada. Os mais luzidos corredores, selecionados nos seus países de origem, empregam-se cautelosamente. Sabem que precisam resguardar as suas forças para a interminável porfia. Mas um dos corredores junta-se ao atleta que comanda o pelotão e não mais o larga. É um preto e corre descalço. O narrador da *Grande Olimpíada* esclarece que se trata de um etíope. A corrida prossegue. Muitos corredores vão ficando para trás, mas o representante da Abissínia ganha terreno, acelerando o ritmo da corrida. E ali nas ruas da orgulhosa Roma de César e de Mussolini, ele derrota, com os seus pés descalços, os atletas de todo o mundo, inclusive os corredores italianos... Lembrei-me da invasão da Abissínia. Nessa época, Mussolini, endeusado pelos estadistas mais famosos de então, clamava pelo espaço vital, que dizia necessitar para a expansão do seu país. Por isso, e alegando razões históricas, lançou as suas tropas blindadas, a sua aviação poderosa, toda a força das suas armas contra a pobre e indefesa Abissínia. Aí eu cometi um erro. Feito comendador por Mussolini, cortejado pela embaixada daquele grande país, ferveu-me o sangue dos avós maternos, e coloquei *O Globo* ao lado do invasor contra a pequena nação, cujos filhos — descalços como o corredor de Maratona — jogaram as suas flechas contra a blindagem dos aviões que semeavam a morte e a desolação.

Por muitos anos lembrar-me-ei daquela cena admirável da chegada do corredor etíope, que assumiu aos meus olhos o simbolismo de uma lição na história e trouxe-me a recordação de um ato de que me penitencio.

As Olimpíadas continuam... São os ginastas, homens e mulheres que fazem verdadeiro balé sobre as barras... Os lançadores de peso, de martelos, de dardos... Os saltos ornamentais, em trampolim, as lutas greco-romanas, as regatas a vela no lago de Castel Gandolfo... e a prova das nações, que também me trouxe recordações. Em 1947 e 1948 eu estava em plena forma e tinha ganho a maioria das provas de tipo olímpico, aqui disputadas. Nas vésperas da escolha do *team* hípico que devia ir às Olimpíadas de Londres, a Federação Hípica resolveu que todos deviam submeter-se às eliminatórias. Achei a resolução injusta. Além do mais, viria desgastar os cavalos com que contava para a Prova das Nações. Neguei-me a participar das eliminatórias e com esse gesto, que hoje julgo pouco esportivo, perdi a única oportunidade que me foi oferecida para participar das Olimpíadas.

De qualquer forma, meu filho, também eu me julgo um pouco participante dessa outra olimpíada que disputamos a vida toda, por um ideal, uns, por ambições outros, por necessidade quase todos, mas que constitui a essência da vida: lutar, disputar, vencer se possível, mas sempre sabendo perder.

Nesse terreno V. já me deu uma grande alegria, quando participou de Kart. O seu "bólido" andou fraquejando, mas V., bem atrás dos outros concorrentes, soube conservar o mesmo ânimo e o mesmo sorriso até o final. Isso é que é essencial, meu querido Roberto Irineu...

Quero que V. e o Paulinho — já que o Joãozinho e o Zezinho estão doentes — vejam a *Grande Olimpíada*. Vocês vão divertir-se e possivelmente recolher exemplos úteis para o futuro.

Um beijo do

Roberto
Rio, 13/2/1963

16

NÃO QUERO FERIR VOCÊ, MAS...
DE MÁRIO DE ANDRADE
PARA PIMENTEL REDONDO

11 FEV. 1938

Mário de Andrade foi o mais prolífico missivista da literatura brasileira. Poeta, ficcionista, ensaísta e pesquisador, o autor de *Macunaíma* não fazia distinção entre nomes consagrados e aspirantes às letras, a todos dedicando atenção. Sua correspondência com cardeais da cultura como Carlos Drummond de Andrade, Cândido Portinari e Sérgio Buarque de Hollanda está documentada em livros. Diverso é o caso dos jovens esperançosos que recorriam ao papa do modernismo atrás de conselho ou validação. Como "Pimentel Redondo", pseudônimo de Araldo Alexandre de Almeida Souza, jovem poeta de Tietê (SP) a quem Mário respondeu com uma hábil mistura de rigor e carinho.

S.Paulo, 12-11-38

Pimentel Redondo

Não sinta do outro poeta a quem você se dirigiu não ter respondido. Não tera sido indiferença. Mas é que á medida que se vai chegando numa idade ou numa conciência mais profunda, opinar assim, com a responsabilidade de prolongar um poeta falso ou dar qualquer complexo de inferioridade a um legítimo é penoso demais. E uns preferem fugir á possibilidade do crime.

Acredite: o favor que você me pede é muito mais penoso e grande do que um pedido de emprêgo, a que eu diria um "não posso" bem simples, com a conciência tranquila de quem sabe não poder. Mas nem por isso quis deixar sem resposta a sua carta pra não deixar você na sempre inquieta esperança de esperar, coisa bastante incômoda.

Mas o que dizer sobre seus versos? E principalmente o que decidir sobre você, por êles? Seus versos, não quero ferir você, mas por enquanto, lidos e relidos, me parecem não escaparem duma vivaz medianía. São rúins? Positivamente não. São <u>muito</u> bons? pois que só o <u>muito</u> bom se pode admitir em poesia numa época destas... Positivamente não são <u>muito</u> bons. São exatamente o tipo do verso de revista semanal. Fazem figura nêsse gênero de revistas "Malho", "Careta". Já numa revista tipo "Revista Acadêmica" do Rio, ou "Surto" de Belo Horizonte, seriam apenas surtos do poetar urbano - aqueles poetas urbanos, de que fala Silvio Romero, que todas as cidades possuem e só existem em função da vida interna de suas cidades.

Não me é possivel discretear mais compridossobre os seus poemas - isso nos levaria até o conceito de "poesia" e seus acidentes e deformações históricas, todo um tratado. Mas deixe que lhe diga que a sua poesia me pareceu muito forjada, muito saída da inteligência arranjadeira. ("Decreto" e "Logicidade" são típicos disso), mais provando inteligência vivaz em você do que poesia nela mesma. Ha um poema que eu gostei "Saudade", porque na terceira estrofe a desilusão da presença está expressa com muita delicadeza subtil. Porém mesmo neste poema ha jôgo de palavras muito intelectual, ou pelo menos, bastante intelectual e facticio.

Porém todas estas minhas observações não permitem concluir nada sobre você como poeta. Nisto, tenha paciência, você mesmo terá que decidir si persevera no caminho da poesia ou vai escrever alguma seleta de receitas culinárias, não eu. Ha poetas enormes que principiaram com poemas péssimos, muito piores que os de você. Ha poetas detestaveis e totalmente medíocres que começaram com poemas muito milhores que os seus.

O milhor a meu ver é você ficar tranquilo quanto ao que importa, isto é, não pesquisar, não querer saber si você é poeta. Si você for poeta, não haverá impedir: a poesia ha-de fazer o seu caminho dentro de você. Apesar de e contra tudo. Quanto a publicar livro, pelas amostras dadas e si o resto condiz com as amostras, tendo o orgulho de jamais aconselhar, só posso lhe dizer o meu exemplo. Hoje, por certo, eu não publicaria mais nem meu primeiro livro de versos, nem muitos dos poemas que mesmo depois disso publiquei.

Si vier a São Paulo venha conversar um bocado.

Muito sinceramente,

17

SEU CAMINHO É SEM BRILHO
DE MÁRIO DE ANDRADE PARA FERNANDO SABINO
25 JAN. 1942

Nem todos os jovens escritores que procuravam Mário de Andrade em busca de conselho estavam destinados ao anonimato. Um dos mais interessantes conjuntos de cartas deixado pelo poeta de *Pauliceia desvairada* é o que ele dedicou a um menino prodígio de Belo Horizonte chamado Fernando Sabino, que quando tomou a liberdade de lhe enviar seu livro de estreia, *Os grilos não cantam mais*, tinha apenas dezoito anos e estava a catorze de publicar sua obra-prima, o romance *O encontro marcado*. Nunca mais deixaram de escrever um ao outro. Nesta carta, do início de sua correspondência, Mário prevê para o amigo uma carreira árdua e expõe com grande generosidade parte do seu credo literário e artístico.

S. Paulo, 25-1-42

Fernando Sabino

Recebi sua carta e refleti sobre ela. A conclusão mais séria pra mim é a seguinte: vejo que estamos os dois na iminência de iniciar uma correspondência longa e nutrida. Pra você, moço, cheio de vida e ainda não "consagrado", ansioso de saber, isso não vai ser difícil. Pra mim vai. Seria estúpido eu não saber que sou "consagrado". Só os esforços, os esperneios, os papelões que faço pra não virar medalhão duma vez, você nem imagina. Sucede, pois, é natural, que tenho muitíssimo trabalho e também uma correspondência enorme. Não hesito um só segundo em lhe garantir que, apesar de tudo isto, não me pesará em nada lhe escrever muito, auxiliar você no que eu possa. Apenas, preliminarmente, eu desejo que você se examine bem, num verdadeiro exame de consciência, antes de se decidir a exigir esta correspondência.

Veja bem: você tem direito de exigir minhas cartas e explicações. Você tem os direitos da idade, de querer saber e de querer ser. Isso lhe basta, me basta e, aliás, é tudo. Me escreva pois quanto e quando quiser. E deve abolir do seu espírito e da sua timidez natural a ideia

de que está me chateando, me fazendo perder tempo. Se posso ser útil, meu tempo está ganho.

Mas antes exijo que você pense muito seriamente sobre você. Tanto mais que, pelo que seu livro indica como tendências pessoais, o seu caminho na arte é pesado, muito árduo e sem brilho. Você não irá estourar por aí, ganhando a batalha de um golpe só, como um Lins do Rego, uma Rachel de Queiroz. Sinto que você não foi feito pra isso nem poderá nunca fazer isso. Seu destino artístico é miúdo, feminino, de nhem-nhem-nhem. O caso da "água mole em pedra dura"... Você irá escrevendo, irá escrevendo, se aperfeiçoando, progredindo aos poucos: um belo dia (se você aguentar o tranco) os outros percebem que existe um grande escritor.

Ora, Fernando, pra aguentar com um destino desses, antes de mais nada, é preciso ter uma ambição enorme, uma paciência enraivecida, um desejo de se "vingar" da vida, e uma ensolarada saúde mental. Você tem isso? Não seja tímido nem humilde não, que então é fracasso na certa. Não tenha vergonha de se confessar a si mesmo (não a mim) que você tem ótimas qualidades, é muito inteligente, é orgulhoso de si, tem desprezo pela frouxidão alheia e quer chegar e há de chegar.

Eu sei o que é a desconfiança de si mesmo: os maiores a têm. Mas esta pseudodesconfiança na verdade é confiança, a gente sente que podia dar mais, é insatisfação de si mesmo, é um sofrimento horrível causado justamente pela confiança que temos em nós, pela ambição voluntariosa, pelo orgulho. Esse orgulho que é o despimento das vaidades minúsculas — essa vaidade tão comum nos artistas menores, nos artistas frouxos, que se satisfazem com migalhas.

Você é moço, "belo, forte, jovem", como disse de si mesmo o Vinicius de Moraes. No seu caso, acho que você não pode se dar por destino conseguir um segundo lugar: você tem que pretender ao primeiro. Às vezes a gente se assusta um bocado, se acovarda, parece até cinismo de idiota pretender ser o primeiro. Não é, Fernando. É simplesmente o processo mais modesto de alcançar o terceiro lugar. Você deve querer ser tudo e o maior. Só se dando uma empreitada dessas, você será honesto, não se deixará levar pela vida, não se contentará com migalhas, não se afrouxará.

Você não precisa me responder sobre isto, o problema é exclusivamente seu e é sempre uma indelicadeza que nos abate a gente dizer que se sente forte e se deu um grande destino. A resposta será você continuar me sugando, tirando de mim tudo o que possa auxiliar você, fazer o mesmo com os outros, com todos, porque a única coisa que importa é você.

E o que há de lindo, de maravilhoso mesmo, neste "você" que importa, é que o que importa não é exatamente você, mas a obra de arte. Isto é: uma forma coletiva de vida humana. Quanto a você, no dia em que você tiver a maior consagração possível, um banquete de cinco mil talheres, um congresso de intelectuais te sagrando o príncipe, o rei, o deus das artes nacionais e internacionais, festa acabada, você terá só um sentimento dentro de si, decepção. A festa foi pouco, você sentirá vagamente que a consagração foi pouco. Coisa danada o destino, a psicologia do artista... E em máxima parte esse castigo de ser artista, essa decepção eternamente insatisfeita creio que vem desse desequilíbrio insanável, dessa duplicidade irreconciliável: a gente dar tudo o que tem, todo o trabalho, todo o pensamento, toda a dor em proveito... de outrem, da obra de arte, um elemento intermediário. Você não age diretamente, "sexualmente" como um santo, um missionário, um soldado, um chefe. Você cria um objeto que vai agir sozinho, por si mesmo, sem mais a interferência de você. Mas, sem que isto seja uma compensação propriamente, você visou, criou um elemento de eternidade. Este é o mistério bravo do destino do artista: visar a obra de arte, visar uma transcendência aleatória e problemática, que por mais que renda (aplausos, riqueza) tem outra finalidade que o rendimento, por mais desvirtuada e incompreendida visa a permanência e busca a eternidade. Repara que só do artista já se disse, e quantas vezes! que ele é como um deus, tem o destino de Deus. Vem disso: vem do elemento de eternidade que está implícito na obra de arte, a única coisa que tem importância pro artista verdadeiro.

Meu Deus! inda não comecei esta carta!... Creio que vou deixar muito assunto pra outra vez. Resumindo o que falei: você se analise, pense seriamente sobre você, sobre se você sente mesmo em si a fatalidade pesada de ser artista, sobre se tem coragem e força pra aguentar o tranco duro que vai ser o seu. É preciso pra você ter muita saúde mental pra não se amolar com os outros, com as incompreensões alheias, com as humilhações. Se você tem orgulho suficiente pra mandar o mundo à puta que o pariu, em benefício desse mesmo mundo imbecil. Se você tem coragem pra tanto, sem falsa humildade, então vamos principiar.

Bom: também não faça desse problema um caso de vida ou de morte. O que é preciso é você ter coragem, na sua idade, pra se afirmar diante de um espelho e com toda a seriedade que a arte é uma coisa muito séria. Porque na sua idade, que diabo!, é pau isso da gente ter apenas dezoito anos, preferia que você tivesse vinte e um. Principalmente nós, gente do Sul, menos equatorializada, o desenvolvimento é mais vagaroso, mais europeu. Mais garantido também. Dezoito anos é idade muito sem significação pra mineiro, pra paulista ou paranaense. Não há de ser nada. Não é verdade que os seus contos dos catorze anos sejam seus melhores contos. Você progrediu. Não se amole de dizerem que os seus não são "contos", são crônicas etc. Isso tudo é latrinário, não tem a menor importância em arte. Discutir "gêneros literários" é tema de retoriquice besta. Todos os gêneros sempre e fatalmente se entrosaram, não há limites entre eles. O que importa é a validade do assunto na sua forma própria.

Você, eis que se acha de posse de um assunto. A primeira coisa a fazer é analisar friamente o seu assunto. Ele vale? Com ele você obtém qualquer coisa de humano, de útil? Você expõe uma realidade da vida? Você castiga ou exalta uma classe, uma virtude, uma necessidade social? Bem, se o seu assunto você acha que tem qualquer validade funcional, agora é ver o que ele rende como arte. E é nesta procura de rendimento que o fundo (o assunto) acha naturalmente a sua forma. A linguagem tem de ser esta, o tamanho tem de ser este. É muito mais o tamanho deduzido do conteúdo do assunto que determina o gênero do continente, e não decidir assim sem necessidade, mas se prendendo a um preconceito, que a coisa vai ser conto, crônica ou romance, ou poesia em prosa.

Estas preocupações preliminares como que esfriam a criação, o poder criador, a vontade de criar. Não esfriam nada, é bobagem.

Você, por favor, nunca venha me argumentando com as palavras "espontaneidade" e "sinceridade", tenho verdadeiro horror delas. É a vaidade e também a desonestidade do artista que as inventou. É a eterna e repulsiva confusão entre o artista e a obra de arte que lhes dá uma aparência falsa de legitimidade. Pra obra de arte, a sinceridade, a espontaneidade do artista não tem significação nenhuma.

De resto, quando falei que de posse de um assunto o artista tem que pesar os possíveis valores funcionais dele (que podem ser também apenas de beleza) e depois decidir do instrumento estético que vai realizar melhormente esse assunto, de forma alguma exigi que isto fosse feito antes da criação. Em grande parte é feito durante a criação e pode ser depois. O que é preciso é que haja esse trabalho crítico, essa autocrítica também, é imprescindível.

Mas não imagine que mesmo feito antes esse trabalho esfrie a criação. Esfria pros frouxos e isto não pode ter interesse nenhum nestes problemas. O simples fato do artista estar sinceramente entregue ao pensamento do seu assunto, a tomar notas de frases, de traços psicológicos, de formas, de ideias o vai predispondo psicologicamente para o ato de criação. E esta chega mesmo.

Aqui entra de novo essa fatal sinceridade na argumentação: é certo que o artista não deve ter pressa, é preciso saber esperar. Mas isso do sujeito que só se põe escrevendo "quando sente disposição" é estupidez mas da miúda. Principalmente para o prosador. De fato o poeta só deve criar quando em "estado de poesia". Mas isso não é sentir disposição, já é estar fatalizado por uma impulsão interior de que ele não tem a culpa. O prosador não. O prosador lida com a inteligência lógica, está no plano do consciente, das relações de causa e efeito. O seu discurso tem cabeça, tronco e membros, princípio-meio-e-fim, embora pouco importe que muitas vezes o assunto exija que o fim esteja no princípio, e o princípio no meio. Não tem disposição? Não se trata de ter disposição: você é um operário como qualquer outro: se trata de ter horas de trabalho. Então, vá escrevendo, vá trabalhando sem disposição mesmo. A coisa principia difícil, você hesita, escreve besteira, não faz mal. De repente você percebe que, correntemente ou penosamente (isto depende da pessoa), você está dizendo coisas acertadas, inventando belezas, forças etc. Depois, então, no trabalho de polimento, você cortará o que não presta, descobrirá coisas pra encher os vazios etc. etc.

Não há como a fatura de um filme pra exemplificar bem o trabalho de todo e qualquer artista. São cortes e mais cortes, novos close-ups a fazer, tanto preparo anterior, tanto trabalho posterior, coisa lenta, difícil, penosa.

Arre que chega por hoje! No princípio do mês lhe mandarei as minhas poesias. E mais uma vez: não se amole em me escrever, em me perguntar coisas, discordar, discutir etc. Estou sinceramente às suas ordens desque você se predisponha a ser honesto. Sei que sou o animador mais... desanimador que existe. Mas é que sempre tive a convicção (e exemplos) que os bons aguentam o tranco, dão por paus e por pedras, mas vão pra diante de qualquer maneira. Com um abraço do

Mário de Andrade

18

EU RASTEJAVA DE MEDO!
DE HERMÍNIO BELLO DE CARVALHO
PARA MÁRIO DE ANDRADE
1982

Mário de Andrade foi um correspondente tão pródigo que continuou recebendo cartas décadas após sua morte (em 1945, aos 51 anos). Pelo menos um missivista lhe endereçou várias no além-túmulo: o compositor e crítico Hermínio Bello de Carvalho, discípulo de Mário na dedicação à pesquisa da cultura popular nacional, lançou em 1994 um livrinho chamado *Cartas cariocas para Mário de Andrade*. Entre elas, destaca-se esta memória de um quiproquó de 1956 em que se envolveram Carlos Drummond de Andrade e Manuel Bandeira, além do jornalista Lúcio Rangel. A carta não tem data, mas a entrevista de Drummond a que Hermínio se refere como de "hoje" foi publicada em 26 de outubro de 1982.

Máriomaismaiordegrande,

Longe de mim querer desmentir Drummond, mas gostaria de explicar que não foi bem assim.

É que o *JB* publicou hoje uma entrevista com o Poeta, muitissimamente bem conduzida pelo pesquisador João Máximo, que lá pelas tantas desencavou uma historinha que merece detalhamento. E se o faço, é para reduzir minha importância no episódio narrado.

Abro aspas: "Bandeira tocava violão e piano. Sabia tudo sobre o violão, embora tenha perdido aquela discussão com o Hermínio Bello de Carvalho, pela revista do Lúcio Rangel". Fechadas as aspas, deixe-me fazer um prolegômeno para explicar por que não foi bem assim.

Como essa história envolve o Lúcio Rangel, deixe-me antes de tudo confessar: corria à boca larga que seu amigo era muito excêntrico, meio doidim mesmo. A gente ficava ouvindo certas histórias estapafúrdias sobre ele, achando que eram patranhas, mentirolas, potocas, invencionices de gente que se regala em aumentar o acontecido. Isso me atiçou a vontade de conhecer o homem para conferir o que foi propalado. Quando passei a frequentar a casa de Jacob do Bandolim em Jacarepaguá, Lúcio era o convidado principal. "Sabe tudo sobre música popular", me confidenciou Jacob.

E lá ficava eu de soslaio no avarandado da casa, espiando o homem de longe. Ele era prioritariamente beneficiário de todas as regalias oferecidas pela casa. Falo dos petiscos em geral e dos líquidos em particular, sendo que nos fartávamos no segundo item. Isso, claro, até a chegada do Santo e seu saxofone. Aí ele virava o dono da festa, merecedor de todas as mesuras, de todos os chopes que Betti, sua mulher, o deixasse tomar.

De tanto me falarem do trombone do Lúcio Rangel, celebradíssimo nas rodas boêmias onde navegava em águas escocesas, achei que ele o desembainharia ou desentocaria ou desembalaria, sei lá qual o termo mais apropriado, para terçar com São Pixinguinha um "Vou vivendo" ou um "Sofres porque queres". Desconhecia que tal instrumento ele o executava apenas em seu imaginário.

Em tais horas, empunhava um invisível trombone de vara e se transportava para New Orleans no meio do Creole Jazz Band do King Oliver, ou reencarnava, então, aquele trombonista do Jelly Roll Morton — como é mesmo que ele se chamava? Zue Robertson? Não me alembro agora. Ou então o Trummy Young, trombone adoravelmente esporrento da banda do Louis Armstrong.

Enfim, não ousava me aproximar do Lúcio-mito.

E o que ficava realmente coçando meu coração era o monte de histórias que poderia contar do convívio com você, ele também taberneiro da Glória, amigo de Noel e Cartola, adorador de Pixinguinha — que considerava "o maior músico popular que já tivemos em todas as épocas" e diante de quem se ajoelhava, contrito, a beijar-lhe as mãos.

Pois o que estou custando a contar com essa escrevinhação toda é que o Lúcio inventou uma *Revista da Música Popular* que era uma delícia e viveu de setembro de 1954 a outubro de 1956. Nela publicou um artigo do Manuel Bandeira sobre literatura do violão. O Poeta, sabe você, arranhava um pinho e demonstrava conhecer razoavelmente bem a literatura do instrumento. Mas achei de achar, veja só, o artigo meio fracote. Aí então escrevi uma pomposa "Carta a Manuel Bandeira", coisa que só a insensatez e inconsequência de meus 21 anos me permitiu perpetrar. Lambuzei o saco do poeta, bajulei-o em cada parágrafo, deitei erudição no artiguete. Falsa erudição, diga-se de passagem. Uma indecência. Me vali, para realizar o malfeito, do arquivo do Jodacil Damaceno, que, além de professor de violão, era meu colega de escritório e responsável pelas aulas que fui ter com seu mestre, o açoriano António Rebello.

Como se tal não bastasse, fui à agência de publicidade em que o Lúcio trabalhava e entreguei a ele o calhamaço. Ele ficava lendo e olhando minha cara, olhando minha cara e lendo o artigo, e eu ali me mijando de medo. "Deve estar achando uma merda", pensava cá com meus botões. Me perguntou meia dúzia de coisas que eu não lembro agora, botou um paletó e me pediu que o acompanhasse.

Obedeci, até porque havia perdido todos os meus reflexos. Tremelicava que nem vara verde, e se ele me mandasse me atirar debaixo de um ônibus eu obedeceria cegamente. Já delirava com a ideia de conhecer a redação da revista. Lá, quem sabe, conheceria finalmente a glorificação reservada aos gênios precoces. Fomos andando até um prédio na avenida Beira-Mar, pegamos o elevador, e eu já me via ocupando minha mesa ao lado, quem sabe, do Jota Efegê, do Paulo Mendes Campos ou do Sérgio Porto. Lúcio tocou a campainha, como se apertasse as chaves de seu trombone. E apareceu então um homenzinho de pijama, robe de chambre e uma dentuceira enorme.

Quase morri de susto, seu Mário: era Manuel Bandeira, o próprio, em carne-osso-dentes-óculos. Entramos. Eu não andava: rastejava de medo. Lúcio entregou minha carta, que o poeta leu de ponta a ponta; ria de sacudir os dentes, e eu ali pedindo ao Pai do Céu que me abrisse um buraco no chão para dali me escafeder pras profundezas do inferno, pras geleiras da Patagônia.

Então Bandeira explicou que o seu artigo tinha sido escrito havia muito tempo para a extinta revista *Ariel*, e reconhecia que, realmente, estava bastante ultrapassado — e que o Lúcio deveria tê-lo publicado com essa ressalva.

O apartamento, se bem me lembro, era pequeno para a dimensão daquele poeta que eu aprendera a amar havia muito. Queria pedir desculpas pela ousadia, mas quedê palavras? A voz sumiu, me desbotei, descoroçoado do vexame. Desejava mesmo é picar em mil pedaços aquela pataratice e atirá-la ao vento, se possível ser lufado junto com ela. E o Lúcio ainda teve a coragem de perguntar ao Poeta o que fazer com aquela carta! Pensei nas mais óbvias respostas que deveriam ser proferidas pelo Poeta, que, rindo, ordenou: "Publica, ora!".

E pois não é que o Lúcio publicou? Não é mesmo doidim esse seu amigo?

Essa é a história que, sem desmentir a versão do Drummond, reduz aquele encontro às suas devidas proporções.

Abraços fraternais do

Hermínio

19/20

OS PARCEIROS DANÇAM VALSA
DE VINICIUS DE MORAES
PARA CHICO BUARQUE
24 JAN. 1971

DE CHICO BUARQUE PARA
VINICIUS DE MORAES
2 FEV. 1971

Na virada da década de 1960 para a de 1970, um poeta consagrado e quase sessentão, Vinicius de Moraes, foi parceiro do jovem e talentoso Chico Buarque, que ainda não passava dos vinte e tantos anos, em algumas canções marcantes — entre elas a bela "Valsinha", que tinha música do primeiro e letra do segundo. Nessa antológica troca de cartas entre dois monstros da música popular brasileira, vemos o primeiro propondo uma "aparafusada geral" na letra do novato, e este, cheio de dedos mas também de determinação e bons argumentos, rechaçando quase todas as mudanças. Ainda bem: como não reconhecer que a versão do Chico, mais simples e coloquial, era superior?

Mar del Plata, 24 de janeiro de 1971

Chiquérrimo!

Dei uma apertada linda na sua letra, depois que você partiu, porque achei que valia a pena trabalhar mais um pouquinho sobre ela, sobre aqueles hiatos que havia, adicionando duas ou três ideias que tive. Mandei-a em carta a você, mas Toquinho, com a cara mais séria do mundo, me disse que Sérgio morava em Buri 11, e lá foi a carta para Buri 11. Mas como você me disse no telefone que não tinha recebido, estou mandando outra para ver se você concorda com as modificações feitas. Claro que a letra é sua, eu nada mais fiz que dar uma aparafusada geral. Às vezes o cara de fora vê melhor estas coisas. Enfim, porra, aí vai ela. Dei-lhe o nome de "Valsa hippie", porque parece-me que tua letra tem esse elemento hippie que dá um encanto todo moderno à valsa, brasileira e antigona. Que é que você acha? O pessoal aqui no princípio estranhou um pouco, mas depois se amarrou à ideia. Escreva logo, dizendo o que você achou.

VALSA HIPPIE

Um dia ele chegou tão diferente do seu jeito de sempre chegar
Olhou-a de um modo mais quente do que comumente costumava olhar
E não falou mal da poesia como era mania sua de falar
E nem deixou-a só num canto; pra seu grande espanto disse: Vamos
[nos amar...
Aí ela se recordou do tempo em que saíam para namorar
E pôs seu vestido dourado cheirando a guardado de tanto esperar
Depois os dois deram-se os braços como a gente antiga costumava dar
E cheios de ternura e graça foram para a praça e começaram a bailar...
E logo toda a vizinhança ao som daquela dança foi e despertou
E veio para a praça escura, e muita gente jura que se iluminou
E foram tantos beijos loucos, tantos gritos roucos como não se ouviam
[mais
Que o mundo compreendeu
E o dia amanheceu em paz.

Rio, 2 de fevereiro

Caro poeta,

Recebi as suas duas cartas e fiquei meio embananado. É que eu já estava cantando aquela letra, com hiato e tudo, gostando e me acostumando a ela. Também porque, como você já sabe, o público tem recebido a valsinha com o maior entusiasmo, pedindo bis e tudo. Sem exagero, ela é o ponto alto do show, junto com o "Apesar de você". Então dá um certo medo de mudar demais. Enfim, a música é sua e a discussão continua aberta. Vou tentar defender, por pontos, a minha opinião. Estude o meu caso, exponha-o a Toquinho e Gessy, e se não gostar foda-se, ou fodo-me eu.

Valsa hippie é um título forte. É bonito, mas pode parecer forçação de barra, com tudo o que há de hippie à venda por aí. Valsa hippie, ligado à filosofia hippie como você o ligou, é um título perfeito. Mas hippie, para o grande público, já deixou de ser a filosofia para ser a moda pra frente de se usar roupa e cabelo. Aí já não tem nada a ver. Pela mesma razão eu prefiro que o nosso personagem xingue ou, mais delicado, maldiga a vida, em vez de falar mal da poesia. A sua solução é mais bonita e completa, mas eu acho que ela diminui o efeito do que segue. Esse homem da primeira estrofe é o anti-hippy. Acho mesmo que ele nunca soube o que é poesia. É bancário e está com o saco cheio e está sempre mandando sua mulher à merda. Quer dizer, neste dia ele chegou diferente, não maldisse (ou "xingou" mesmo) a vida tanto e convidou-a pra rodar. Convidou-a pra rodar eu gosto muito, poeta, deixa ficar. Rodar que é dar um passeio e é dançar. Depois eu acho que, se ele já for convidando a coitada para amar, perde-se o suspense do vestido no armário e o tesão da trepada final. "Pra seu grande espanto", você tem razão, é melhor que "para seu espanto". Só que eu esqueci que ia por itens. Vamos lá:

Apesar do Orestes (vestido dourado é lindo), eu gosto muito do som do vestido decotado. É gostoso de cantar vestido decotado. E para ficar dourado o vestido fica com o acento tendendo para a primeira sílaba. Não chega a ser um acento, mas é quase. Esse verso é, aliás, o que mais agrada, em geral. E eu também gosto do decotado ligado ao "ousar" que ela não queria por causa do marido chato e quadrado. Escuta, ô poeta, não leve a mal a minha impertinência, mas você precisava estar aqui para sentir como a turma gosta, e o jeito dela gostar desta valsa, assim à primeira vista. É por isso que estou puxando a sardinha mais para o lado da minha letra, que é mais simplória, do que pelas suas modificações que, enriquecendo os versos, talvez dificultem um pouco a compreensão imediata. E essa valsinha tem um apelo popular que nós não suspeitávamos.

Ainda baseado no argumento acima, prefiro o abraçar ao bailar. Em suma, eu não mexeria na segunda estrofe.

A terceira é a que mais me preocupa. Você está certo quanto ao "o mundo" em vez de "a gente". Ah, voltando à estrofe anterior, gostei do último verso onde você diz "e cheios de ternura e graça" em vez de "e foram-se cheios de graça". Agora estou pensando em retomar uma ideia anterior, quando eu pensava em colocá-los em estado de graça. Aproveitando a sua ternura, poderíamos fazer "Em estado de ternura e graça foram para a praça e começaram a se abraçar".

Só tem o probleminha da junção "em-estado", o em-e numa sílaba só. Que é o mesmo problema do começaram-a. Mas você mesmo disse que o probleminha desaparece, dependendo da maneira de se cantar. E eu tenho cantado "começaram a se abraçar" sem maiores danos. Enfim, veja aí o que você acha de tudo isso, desculpe a encheção de saco e responda urgente. Há um outro problema: o pessoal do MPB-4 está querendo gravar essa valsa na marra. Eu disse que depende de sua autorização e eles estão aqui esperando. Eu também gostaria de gravar, se o senhor mo permitisse, porque deu bolo com o "Apesar de você", tenho sido perturbado e o disco deixou de ser prensado. Mas deu para tirar um sarro. É claro que não vendeu tanto quanto a "Tonga", mas a Banda vendeu mais que o disco do Toquinho solando "Primavera". Dê um abraço na Gesse, um beijo no Toquinho e peça à Silvina para mandar notícias sobre shows etc. Vou escrever a letra como me parece melhor. Veja aí e, se for o caso, enfie-a no ralo da banheira ou noutro buraco que você tiver à mão.

VALSINHA

Um dia ele chegou tão diferente do seu jeito de sempre chegar
Olhou-a dum jeito muito mais quente do que sempre costumava olhar
E não maldisse a vida tanto quanto era seu jeito de sempre falar

E nem deixou-a só num canto, pra seu grande espanto convidou-a pra
[rodar
Então ela se fez bonita como há muito tempo não queria ousar
Com seu vestido decotado, cheirando a guardado de tanto esperar
Depois os dois deram-se os braços como há muito tempo não se usava dar
E cheios de ternura e graça foram para a praça e começaram a se abraçar
E ali dançaram tanta dança que a vizinhança toda despertou
E foi tanta felicidade que toda a cidade enfim se iluminou
E foram tantos beijos loucos, tantos gritos roucos como não se ouviam
[mais
Que o mundo compreendeu
E o dia amanheceu
Em paz

21

SEU CANTO É MEU HINO
DE MALLU MAGALHÃES PARA GAL COSTA

12 MAIO 2015

Quando a cantora e compositora Mallu Magalhães nasceu, em 29 de agosto de 1992, Gal Costa estava às vésperas de completar 47 anos e tinha uma carreira consolidada como uma das grandes vozes femininas da história da música brasileira. Essa distância no tempo ajuda a compreender — e torna mais bonito também — o tom de tietagem sem reservas da carta aberta que a cantora paulistana publicou em sua página no Facebook em 2015 para agradecer à diva baiana por um "presente": a gravação de "Quando você olha pra ela", de Mallu, no disco *Estratosférica*. "Seu canto virou hino do povoado que é minha existência", escreveu a jovem artista.

GAL

Será preciso muito mais do que os dias que demorei para escrever sobre o tamanho do presente que ganhei. Ainda lembro e ainda guardo a colagem que fiz da primeira vez que escutei Gal cantar, na entrada da minha adolescência, numa fileira de música brasileira nas lojas de CD. Persegui livros que a mencionassem, tirei cópia, depois recortei e colei. Várias fotos dela: uma pequena bandeira, um retrato da heroína, um brasão com os rostos da rainha.

Desde então, sou seu soldado. Seu canto virou hino do povoado que é minha existência.

Mas hoje, por dentro, um imenso banho sem precedentes na minha alma e todos seus frutos. Por fora, minha pele se nutriu e meu cansaço curou. Isso sem falar do que ela fez da minha música. Assumo, a partir de hoje, o compromisso de fazer apenas grandes canções, para honrar com o posto de compositora gravada pela Gal.

Se ela tinha meu sangue, espada e coração, agora tem também meu sorriso amolecido, mandando cair lágrimas doces e coloridas pelas minhas bochechas.

A mim, resta torcer que esta noite minha gratidão chegue aos cachos que a coroam, junto ao enorme abraço que mando carinhosamente a ela e a todos que a cercam.

22

ESTAMOS ALÉM DA LITERATURA
DE PAULO LEMINSKI PARA
RÉGIS BONVICINO

1979

Nesta carta sem data ao escritor e crítico paulista Régis Bonvicino, escrita provavelmente em 1979, o poeta curitibano Paulo Leminski faz mais do que dar notícias ao amigo, que o visitara recentemente. O que preenche as duas folhas datilografadas — em linhas quebradas como se fossem versos e nas letras minúsculas características do autor e de seu momento — é uma mistura de declaração de princípios, profissão de fé, ego trip e manifesto da estética "marginal". Destacam-se ali a sensação de estar isolado na província, a imensa ambição artística e a verve inconfundível que um dia, décadas após sua morte, faria de Leminski um poeta lido por multidões.

régis meu e meu régis

tudo de vento em popa
nesta cidade simbolista
quieta
caipira
metrópole tímida
terra de bares e longas encucações
fria
com poentes longos como agonias
não brasileira
de gente que não é pobre nem rica
média
mediana
medíocre

muita saudade de você
q passou por aqui como um borrão dourado
um reflexo na noite
uma presença boa

ma-ra-vi-lha... tudo ó-da-ra (como diriam nossos amigos da Bahia)

"não fosse isso" vai ser

poemas todos fototraçados
tua escolha foi genial
os poemas estão cortantes
angulos agudos
porradas

incluí alguns do meu gosto
alguns do gosto de alice
mas no geral tua escolha prevaleceu

muito bom ter alguém como você
com teu faro teu gosto teu paladar
para meter a mão na massa
de alguém como eu
que sofro do mal da super-produção
EU DESOVO
dixit haroldo

não se pode fazer uma coisa nova toda 2a feira
dixit décio

além do mais
tem o fator isolamento

tirando a alice (que é comprometida)
não tenho interlocutores poéticos
à altura aqui

tenho mais é fãs/admiradores/
o q é péssimo

fico sem critério

minha sina/ meu fado

v. sofre de excesso de policiamento aí
décio pra cá /haroldo pra lá
risério acha/ waly disse

eu sofro do mal contrário
ainda bem que tenho um amigo como você
meu irmão mais moço

HOMBRE/OMBRE ficou só SOLANO (legal, né?) Vai sair.

mostre a Décio
a Raposa...

PAPAJOYCEATWORK
Vai ser Livrinho
uma frase em cada página (fotonovelleta)

tenho kremer ivo vítola mirandinha &
mas são amigos a-críticos

tudo q eu faço de modo geral
eles acham genial

mas não é bem assim

já fiz muita coisa menor/ pequena / auto-complacente

agora quero ir para os cumes
para os picos
e para os piques

depois que v. se foi daqui
só fiz UM POEMA
de 3 linhas
o q para mim é uma proeza

eu me entrego muito fácil ao 1º impulso
exatamente porque
EU VIVO PARA FAZER POESIA
(meu trabalho é secundário
não quero ficar rico nem consumir
montei minha vida para me sobrar todo o tempo do mundo
para ficar olhando o sol se por
e pensar o q bem entender...

se passo uma semana sem ter uma boa idéia
já começo a ficar preocupado
what is happening, man ?

mas o livro vai ficar legal
tenho q por na rua um troço q não envergonhe o Catatau
como v. disse

linguagens industriais, man

o caso é o seguinte:
nós não sabemos mais (felizmente)
onde estamos pisando
nós estamos além da literatura
do sistema literário

as regras antigas não funcionam mais
os esquemas de qualidade
de sucesso
de bom / de ruim /
isso foi o q nós aprontamos pra cima de nós mesmos
MUDA é isso

é preciso ir além da QUALIDADE
em busca de uma incógnita / um x y z qualquer
e ainda ficar de olho na História

mas a aranha tece a teia
como toda aranha tece
sem perguntar porque tece
tece apenas
e vai tecendo

não dá para parar de tecer

me fale de teus projetos poéticos

fotos [illegible]

- Alice, Polaca e Miguel mandam beijos ...

beijos/ abraços
do Leon Leminski

23

QUERO ESTUDAR HISTÓRIA DO BRASIL
DE ANA CRISTINA CESAR
PARA ANA CANDIDA PEREZ

8 DEZ. 1976

Um dos maiores nomes da geração de poetas que ficaria conhecida como "marginal", Ana Cristina Cesar não tem sua figura associada a preocupações com o noticiário político. Essa dimensão do mundo fora enfrentada diretamente pela poesia da década anterior, mas nos versos da autora de *A teus pés* — e nos de seus contemporâneos — vinha filtrada pela subjetividade, pelo corpo, pelo sexo, pela vida. É isso que dá um sabor especial à carta que Ana C. enviou à amiga Ana Candida Perez no dia seguinte ao enterro do ex-presidente João Goulart, um momento histórico em que a ditadura militar dava sinais de declínio. "A participação política é emocionante", diz.

8.12.76

Acordei às 6:30 com acesso de tosse e fui ler o jornal. A foto de 1ª. página é um caixão de Jango coberto com a palavra ANISTIA. O governo proibiu que o enterro fosse no Rio ou em Porto Alegre, mas 30 mil pessoas se juntaram em São Borja, cidade dele e do Getúlio, e manifestaram — carregaram o caixão, levantaram faixas e gritaram liberdade. O governo proibiu qualquer detalhe sobre a vida dele no rádio e TV. O *Jornal Nacional* foi vergonhoso: 5 minutos para o Corinthians e 1 frase seca sobre o sepultamento, dando local e hora. Jango era um dos grandes proprietários de terra do país. Taí um "momento de mobilização" em que vale tudo, vale apoiar, eu acho que nem é calculismo, chega a emoção. Li ávida as cronologias e retrospectos do período 61-64; me lembro da revolução e do período anterior que também transformou a família e o colégio. Fotos do comício da Central. O que não pode funcionar é esse populismo diário, programa para as artes e as ciências, ou as alianças com os simpatizantes em manobras de silêncio — todos jogos num vazio, numa suposição, num espectro de mobilização. A suposta frente ampla vira um suporte autoritário para calar a crítica. O difícil é saber quando a frente ampla faz sentido. Criticar o populismo do grande proprietário pode ser um furo agora. Acho que é. É um zelo ridículo, um purismo religioso. Mas acreditar que o populismo ainda tem futuro, acreditar nele e batalhar por ele já são outros quinhentos. Quero estudar história do Brasil urgentemente. Vou fazer um grupo de estudo sobre ideologia e queria agitar outro de história (República).

A participação política é emocionante. Te arranca da mortalidade individual e das mesquinhas depressões e medos de abandono. (Penso aqui numa indispensável emoção na política, e não no moralismo esquerdista que já ouvi muito: você está desfechando tiros no peito porque não está participando politicamente de nada. Ora essa.) Realmente o povo em *Gota d'água* é "massa de manobra". Você vai ver em janeiro.

Acho que pra gente irremediavelmente intelectual só resta a decência de estudar essas coisas. Mesmo que seja um estudo disperso, vadio, meio intuitivo (pois "intuo" que o populismo não tem a ver agora, e que o nacionalismo é uma falácia) (mas não me agrada ficar na intuição).

Estou na sala de espera do meu velho médico homeopata. Acabo de voltar do *JB*, onde fui tentar receber (não consegui, só pagam às sextas) e falar com o editor do Suplemento do Livro. Ele acabou por me devolver o artigo que fiz sobre o Abel Silva, depois de muito papo e muita relutância em mostrar o artigo todo "corrigido". Que eu refizesse o texto eliminando o tom pessoal. Não há um tom pessoal, argumentei e provei. Me senti tranquila com ele, achei que não valia a pena criar caso. Talvez eu refaça. Vou guardar o texto corrigido (que quase tive de arrancar dele) como documento. O prédio do *JB* parece uma fortaleza moderna. (Em cada andar é preciso apresentar papeleta assinadíssima por todos que te veem, com hora da chegada e da saída.) Voltei de carona com um ex-jornalista (Nilo...) que era de esquerda e agora virou industrial, importa e exporta, vende armas. "Entrei pro PC... Partido dos Cínicos. Mas vocês jovens não devem falar com gente como eu. Conserve suas ilusões, minha cara!..." (Eu não tinha dito nada.)

Vivendo e aprendendo.

Homeopaticamente.

24

ACHO QUE VIREI ANTROPÓFAGA
DE LYGIA CLARK PARA HÉLIO OITICICA
6 FEV. 1964

A mineira Lygia Clark (1920-88) e o carioca Hélio Oiticica (1937-80) foram, além de amigos íntimos, dois dos mais importantes nomes do Grupo Neoconcreto, que revolucionou as artes plásticas brasileiras nos anos 1960. Cada um a seu modo, Lygia e Hélio fizeram a arte romper a moldura do quadro, criando objetos com os quais o público podia interagir. Desses, os mais emblemáticos são os *Bichos* de Lygia (estruturas metálicas para manipular) e os *Parangolés* de Hélio (panos de vestir). Nesta carta de 1964, Lygia relata ao amigo, com feroz bom humor, sua luta — quase física! — com os curadores que tentaram *domesticar* suas obras numa exposição na Alemanha.

Paris, 6.2.64.

Meu muito querido,

Chegando hoje de Stuttgart, fui direto à embaixada (exausta — meu pé cresceu já uns dois pontos — será elefantíase?) para buscar 1 carta que havia chegado para mim — Era a sua! Valeu todo o meu cansaço pois cheguei pisando como uma velha de 80 anos... Você nem imagina a alegria que senti pois uma carta é sempre um pedaço da pessoa, e a gente que está longe lê 1, 2, 3 vezes tal a fome, que é a saudade, que a gente tem dos amigos! Acho que virei até antropófaga. Tenho vontade de *comer* todo mundo que amo e que se ache aí... coitado do Peter quando chegar! Bom — vamos moderar esta voracidade senão... bem passarei o resto da minha vida na cadeia como Genet, como devoradora de machos (o meu signo é escorpião, lembra-se?). Fui de trem para o "vernissage". Frau Walter e Herr Bense me escreveram dizendo que, *se eu quisesse* montar a exposição, eu deveria chegar na véspera à tarde ou no dia 4 de manhã. Achei que não daria tempo para g[des] arrumações e escrevi que *confiava* na Frau Walter para montá-la sozinha. Diz o ditado que a gente deve confiar *desconfiando*, o que eu na minha burrice à la Lacerda, que você já conhece, não fiz. Ah! Nunca mais! Pois ao chegar lá vi os "Bichos" quase todos *dependurados* pela sala por meio de fios de nylon, como os móbiles de Calder!... Estava *exausta* pois não havia dormido desde a véspera e havia viajado durante *8 horas* até lá. Evidentemente protestei imediatamente e, sob g[des] protestos do Herr Bense e, posteriormente, da Frau Walter (que foi chamada pelo Bense para que me impedisse de retirar os bichos pendurados), peguei uma tesoura e *cortei* todos os nylons do teto, um casulo que Bense não queria que ficasse na parede eu o *pendurei*, e o g[de] contra-relevo que era na diagonal (eles o haviam posto sob a forma de quadrado), eu o fiz pendurar alto. O argumento de Bense era: "Está tão bonito! Deixe desta maneira!" [...].

Não é preciso dizer que foi criado um clima de guerra aberta — fui *delicada*, disse palavras horríveis (longe do Herr e da Frau), mas com eles eu expliquei que isto desvirtuava totalmente o meu trabalho e que eu não podia de maneira nenhuma fazer concessão desta ordem. Pois bem, na hora do "vernissage", eu quase desmaiada de

Diga ao Eduardo que eu estou feliz de 2 cartas e ele não me escreve ainda — Saudades!!

Paris – 6-2-64.

Meu muito querido,

Chegando hoje de Stuttgart, fui direto à embaixada (exausta — meu pé cresceu já uns dois pontos — será elefantíase?) para buscar a carta que havia chegado para mim — Eis a sua! Valeu todo o meu cansaço pois cheguei pisando como uma velha de 80 anos... Você nem imagina a alegria que senti pois uma carta é sempre + pedaço da pessoa, e a gente que está longe lê 1, 2, 3 vezes tal a fome, que é a saudade, que a gente tem dos amigos! Acho que virei até antropófoga. Tenho vontade de comer todo o mundo que amo e que se acha aí.... Cuidado Pelé, quando chegar! Bom — vamos moderar esta voracidade senão... bem passarei o resto da minha vida na cadeia como "Genet" como devoradora de machos (o meu signo é escorpião, lembra-se?) Fui de trem para o "vernissage". Frau Walter e Herr Bense me escreveram dizendo que se eu quisesse montar a exposição, eu deveria chegar na véspera à tarde ou no dia 4 de manhã. Achei que não daria tempo para as arrumações e resolvi que confiaria na Frau Walter para montá-la sozinha. Diz o ditado que a gente deve confiar desconfiando, o que eu na minha burrice à la Lacerda, que você já conhece, não o fiz. Ah! Nunca mais! pois ao chegar lá — vi os "Bichos" quase todos, dependurados pela sala

Diga a Ana que vou responder a sua carta — Adeus!

da de fome, exaustão e nervosa, pedi a
um brasileiro que me traduzisse o que o
Max Bense estava dizendo — Começou ele
dizendo que, quando eu cheguei eu desar-
rumei todo o seu arranjo, que a
responsabilidade da atual era só minha
e que ele teve que respeitar a minha opi-
nião de que a importância da minha
expressão, era a da participação do espec-
tador etc etc — todo o mundo morreu de
rir e quando acabou de falar foi
um sucesso total — todos (sem exceção)
mexiam sem parar nos bichos — foi lindo!
Matemáticos, arquitetos encantadíssimos
com a exposição (que foi a + merdífera
feita por mim em toda a minha vida
Mas me deram o salão que, pois houve
qualquer coisa entre o Reitor e o Max Ben-
ze, de modo que, a exposição foi muito
incompleta (pelo da do MAM) Bases
diminutas e os bichos pareciam poucos
num pé só, como as aves fogem —
Botei tudo no chão com raras exceções
pois salvei ainda, improvisando algumas
bases. Mas expuseram as fotos (caríssimas)
das arquiteturas fantásticas, nem os abri-
go, nem a casa, tão pouco os "caminhan-
do" — falta de espaço — Foi televisionada,
muitos repórteres, críticos e intelectuais.
Mais de 10 pessoas me perguntando o

fome, exaustão e nervosia, pedi a um brasileiro que me traduzisse o que Herr Bense estava dizendo — começou ele dizendo que, quando eu cheguei eu desarrumei todo o seu arranjo, que a responsabilidade do atual era só minha e que ele *teve* que respeitar a minha opinião de que a importância da minha exposição, era a da participação do espectador etc. etc. — todo mundo morreu de rir e q^{do} ele acabou de falar foi um sucesso total — todos sem exceção mexiam sem parar nos bichos — foi lindo! Matemáticos, arquitetos, encantadíssimos com a exposição (que foi a + merdífera feita por mim em toda a minha vida). Não me deram o salão g^{de}, pois havia qualquer coisa entre o reitor e o Herr Benze, de modo que a exposição foi muito incompleta (perto da do MAM). Bases diminutas e os bichos pareciam pousados num pé só, como as aves fazem. Botei tudo no chão com raras exceções pois salvei ainda, improvisando, algumas bases. Não expuseram as fotos (caríssimas) das arquiteturas fantásticas, nem os abrigos, nem a casa, tampouco o "caminhando" — falta de espaço — Foi televisionada, muitos repórteres, críticos e intelectuais. Mais de 10 pessoas me perguntando o preço — O lá lá!... Benze acha que venderei ao menos uns 3 trabalhos. Depois fomos comer juntos num restaurante. Ninguém queria sair da exposição — estava repleta — e foi preciso o Benze apagar as luzes 3 vezes. Isto também foi lindo... nesta hora eu já estava tonta, assentada numa base, pronta para funcionar como os Bichos tal a minha exaustão! Me botaram num canto do restaurante e mandaram vir um tão grande prato de lentilhas e salsichas que, apesar da associação de ideias horrível de que estava comendo num bidet, devorei tudo como uma selvagem. [...] Nesta hora os ânimos estavam ótimos, o Herr Bense, entusiasmado com o sucesso da exposição, Frau Walter, idem, e riam muito, quando admoestei o Bense, dizendo que na próxima vez que ele se propusesse a me *atacar* que o fizesse em francês pois assim eu teria a chance de revidar à altura — No dia seguinte, a Frau me convidou para almoçar "chez elle" e o ambiente foi francamente ótimo. O Benze escreveu um artigo sobre Lygia Clark e Gertrude Stein — diz ele que vai me mandar — e vai escrever outro sobre a minha obra para 1 ótima revista alemã. Pediu que eu expusesse (para o ano) na galeria de 1 amigo seu que é importantíssimo pois tem a melhor publicação de arte na Alemanha — Ficou radiante quando disse que, q^{do} eu voltasse para o Brasil, deixaria com ele em Stuttgart uns 6 Bichos emprestados. Dei-lhe 1 Casulo que ele escolheu e para a filha da Frau Walter uma maquete, pois eu gosto desta Frau!! O catálogo ficou bem bonito — vou mandar o do Mário e guardo 1 para você. [...] Vou terminar aqui pois a carta está enorme. Telefone a Soninha (gosto pra burro dela), diga-lhe que já escrevi a ela sim, mas que a carta saiu tão triste e repelente que rasguei — vou amanhã mesmo lhe escrever outra. Que ela não fique triste ou zangada, porque eu escrevi, isto eu juro!

Mil abraços para os nossos — (que incluem os seus).
Milhões de beijos

Lygia Clark

P.S. Diga ao Eduardo que eu escrevi para ele *2s cartas* e ele não me respondeu ainda, [...].

Diga a Ana que vou responder amanhã a sua carta. Adorei!

CARTAS DE MULHER

De uma distincta senhorinha patricia, licenciada «ès Sc.» na Sorbonne, filha de um illustre scientista, e que actualmente trabalha no nosso mais glorioso instituto scientifico, recebi a carta que transcrevo e que considero uma das mais preciosas dadivas com que a generosidade das minhas patricias me tem estimulado no obscuro trabalho desta pagina de collaboração da «Revista da Semana». A minha modesta cultura sente se immerecidamente engrandecida pelas palavras de louvor desta brasileira que é a mais perfeita representante, entre nós, da «nova mulher». Reservo-me para responder depois ás considerações desta nobre carta, onde se affirma o elevado espirito de Bertha.

"Ha já muito tempo que sigo as suas cartas, publicadas na «Revista da Semana», com o maior interesse. A ultima, do dia 14, causou-me grande prazer. Desde que soube da nova posição eleitoral e electiva das inglesas, estive muito curiosa de saber se a senhora teria a coragem de escrever o que escreveu. Se não o tivesse feito, tinha a intenção de pedir-lhe que publicasse algumas linhas minhas sobre o assumpto. Felizmente a senhora o fez e infinitamente melhor do que eu o teria feito. Estou completamente de accordo com as suas idéas e a felicito e agradeço de todo o coração.

Sou brasileira e durante os ultimos sete annos estive estudando na Europa. Foi com muita pena que observei no meu regresso o que a senhora diz sobre a falta de reverencia e respeito para com a mulher, que se observa em nossa capital. O tratamento da mulher em publico é penoso para ella e não contribue muito para honrar os nossos patricios. Nos meios cultivados e para com a mulher de sua familia ou de suas relações, ha, naturalmente, mais respeito; mas é superficial e mal esconde a tolerancia e a indulgencia, como se se tratasse de uma creança mimada. Nesse ponto, apesar do magnifico esforço de progresso realisado nos ultimos annos, achamo-nos muito atrasados comparados ás raças que hoje dominam o mundo, e á França nova e regenerada, que esta terrivel guerra deu á luz.

Sem duvida, a maior parte da responsabilidade deste estado lastimavel, cabe aos homens, em cujas mãos a legislação, a politica, todas as instituições publicas repousam. Mas nós tambem somos um pouco culpadas. A senhora cita as palavras de um dos maiores dos nossos contemporaneos, o presidente Wilson, sobre as mulheres norte-americanas: «ellas se mostraram em nada differentes de nós em todos os ramos do trabalho pratico que exerceram em beneficio proprio ou do paiz». Essas palavras deviam servir-nos de guia, pois revelam o segredo ao qual as mulheres hoje emancipadas, devem a sua equiparação com o homem. Estive na Europa durante a guerra, passei na Inglaterra e na França os dias tragicos que precederam a victoria. O esforço das mulheres foi admiravel, foi heroico. Algumas, com o coração despedaçado pela morte de um filho, de um esposo, de um pae ou de um irmão, todas com a alma cheia de anciedade e de horror, com a maior simplicidade e coragem tomaram os logares dos soldados, desempenharam os mais pesados trabalhos dos ausentes. A essas tarefas, até agora ignoradas ou julgadas impossiveis para a mulher, ella trouxe uma intelligencia viva e uma energia indomavel. E o que todos os argumentos sociaes e politicos não puderam fazer, esse exemplo heroico de abnegação e força de vontade o conseguiu. Hoje colhem ellas o fructo da sua dedicação. Nós, felizmente para nosso paiz e para nós proprias, não fomos chamadas a dar as mesmas provas. Mas assim mesmo sentimos que somos dignas de occupar a mesma posição. Como, porem, obtel a? Não devemos resignar-nos a ser as unicas subalternas num mundo ao qual a liberdade sorri. Devemos tornar-nos dignas da posição que ambicionamos e dar provas do nosso valor para merecel-a. E' certo que muito, que quasi tudo, no estado actual, depende do homem. Mas uma das maiores forças de emancipação e de progresso está em nosso poder: a educação da mulher e do homem. Della, para que seja intellectualmente egual e para que sua vontade se discipline. Delle, para que se acostume a pensar que a mulher não é um brinquedo para o distrahir; para que, olhando sua esposa, suas irmãs e lembrando-se de sua mãe, comprehenda e se compenetre da dignidade da mulher. Para conseguirmos esse resultado, para mostrarmos a nossa equivalencia, um esforço individual e collectivo é necessario. A demonstração pratica tem um valor infinitamente superior a qualquer outra, é a unica que convence. A senhora tem dado o melhor exemplo, mostrando em suas cartas que o espirito feminino pode elevar-se á altura dos problemas geraes, comprehender idéas novas e exprimil-as com elegancia e clareza. D. Maria José, conquistando o primeiro logar em um concurso, tambem contribuiu grandemente para o exito da nossa causa. Finalmente, todas as professoras normalistas e outras, ás quaes a nação confia a educação de seus filhos, mostram que em nosso paiz tambem ha mulheres de grande valor. Foram esses tão excellentes exemplos que me incitaram a escrever esta carta e propor-lhe canalisar todos esses esforços isolados, para que seu conjuncto chegue a ser uma demonstração. Para esse fim venho propor lhe fazer um ensaio de fundação de uma liga de mulheres brasileiras Não proponho uma associação de «suffragettes» para quebrarem as vidraças da Avenida, mas uma sociedade de brasileiras que comprehendessem que a mulher não deve viver parasitariamente do seu sexo, aproveitando os instinctos animaes do homem, mas que deve ser util, instruir-se e a seus filhos, e tornar-se capaz de cumprir os deveres politicos que o futuro não pode deixar de repartir com ella. Assim deixariam de occupar sua posição social tão humilhante para ellas como nefasta para os homens, e deixariam de ser um dos pesados élos que atam o nosso paiz ao passado, para se tornarem instrumentos preciosos ao progresso do Brasil.

BERTHA.

25

PELA DIGNIDADE DA MULHER

DE BERTHA LUTZ PARA A *REVISTA DA SEMANA*

1918

A bióloga paulista Bertha Lutz (1894-1976) foi mais que uma cientista de renome: depois de se graduar na Sorbonne, em Paris, voltou ao Brasil em fins de 1918 cheia de ideias feministas. Desde então se dividiu entre a pesquisa com anfíbios no Museu Nacional e a militância pela causa, tornando-se uma das líderes do movimento sufragista que garantiu o voto das mulheres em 1932. Tudo já estava na carta que ela endereçou a "Iracema", pseudônimo da editora da seção "Cartas de Mulher" da *Revista da Semana*, publicada em 28 de dezembro de 1918. O texto faz referência a Maria José de Castro, que acabara de se tornar a primeira mulher aprovada no concurso do Itamaraty — em primeiro lugar!

Há já muito tempo que sigo as suas cartas, publicadas na "Revista da Semana", com o maior interesse. A última, do dia 14, causou-me grande prazer. Desde que soube da nova posição eleitoral e eletiva das inglesas, estive muito curiosa de saber se a senhora teria a coragem de escrever o que escreveu. Se não o tivesse feito, tinha a intenção de pedir-lhe que publicasse algumas linhas minhas sobre o assunto. Felizmente a senhora o fez e infinitamente melhor do que eu o teria feito. Estou completamente de acordo com as suas ideias e a felicito e agradeço de todo o coração.

Sou brasileira e durante os últimos sete anos estive estudando na Europa. Foi com muita pena que observei no meu regresso o que a senhora diz sobre a falta de reverência e respeito para com a mulher, que se observa em nossa capital. O tratamento da mulher em público é penoso para ela e não contribui muito para honrar os nossos patrícios. Nos meios cultivados e para com a mulher da família ou de suas relações, há, naturalmente, mais respeito; mas é superficial e mal esconde a tolerância e a indulgência, como se se tratasse de uma criança mimada. Nesse ponto, apesar do magnífico esforço de progresso realizado nos últimos anos, achamo-nos muito atrasados comparados às raças que hoje dominam o mundo, e à França nova e regenerada, que esta terrível guerra deu à luz.

Sem dúvida, a maior parte da responsabilidade deste estado lastimável cabe aos homens, em cujas mãos a legislação, a política, todas as instituições públicas repousam. Mas nós também somos um pouco culpadas. A senhora cita as palavras de um dos maiores dos nossos contemporâneos, o presidente Wilson, sobre as mulheres norte-americanas: "elas se mostraram em nada diferentes de nós em todos os ramos do trabalho prático que exerceram em benefício próprio ou do país". Essas palavras deviam servir-nos de guia, pois revelam o segredo ao qual as mulheres, hoje emancipadas, devem a sua equiparação com o homem. Estive na Europa durante a guerra, passei na Inglaterra e na França os dias trágicos que precederam a vitória. O esforço das mulheres foi admirável, foi heroico. Algumas, com o coração despedaçado pela morte de um filho, de um esposo, de um pai ou de um irmão, todas com a alma cheia de ansiedade e de horror, com a maior simplicidade e coragem tomaram os lugares dos soldados, desempenharam os mais pesados trabalhos dos ausentes. A essas tarefas, até agora ignoradas ou julgadas impossíveis para a mulher, ela trouxe uma inteligência viva e uma energia indomável. E o que todos os argumentos sociais e políticos não puderam fazer, esse exemplo heroico de abnegação e força de vontade o conseguiu. Hoje colhem elas o fruto da sua dedicação. Nós, felizmente para nosso país e para nós próprias, não fomos chamadas a dar as mesmas provas. Mas assim mesmo sentimos que somos dignas de ocupar a mesma posição. Como, porém, obtê-la? Não devemos resignar-nos a ser as únicas subalternas num mundo ao qual a liberdade sorri. Devemos tornar-nos dignas da posição que ambicionamos e dar provas do nosso valor para merecê-la. É certo que muito, que quase tudo, no estado atual, depende do homem. Mas uma das maiores forças de emancipação e de progresso está no nosso poder: a educação da mulher e do homem. Dela, para que seja intelectualmente igual e para que sua vontade se discipline. Dele, para que se acostume a pensar que a mulher não é um brinquedo para o distrair; para que, olhando sua esposa, suas irmãs e lembrando-se de sua mãe, compreenda e se compenetre da dignidade da mulher. Para conseguirmos esse resultado, para mostrarmos a nossa equivalência, um esforço individual e coletivo é necessário. A demonstração prática tem um valor infinitamente superior a qualquer outra, é a única que convence. A senhora tem dado o melhor exemplo, mostrando em suas cartas que o espírito feminino pode elevar-se à altura dos problemas gerais, compreender ideias novas e exprimi-las com elegância e clareza. D. Maria José, conquistando o primeiro lugar em um concurso, também contribuiu grandemente para o êxito da nossa causa. Finalmente, todas as professoras normalistas e outras, às quais a nação confia a educação de seus filhos, mostram que em nosso país também há mulheres de grande valor. Foram esses tão excelentes exemplos que me incitaram a escrever esta carta e propor-lhe canalizar todos esses esforços isolados, para que seu conjunto chegue a ser uma demonstração. Para esse fim venho propor lhe fazer um ensaio de fundação de uma liga de mulheres brasileiras. Não proponho uma associação de "suffragettes" para quebrarem as vidraças da Avenida, mas uma sociedade de brasileiras que compreendessem que a mulher não deve viver parasitariamente do seu sexo, aproveitando os instintos animais do homem, mas que deve ser útil, instruir-se e a seus filhos, e tornar-se capaz de cumprir os deveres políticos que o futuro não pode deixar de repartir com ela. Assim deixariam de ocupar sua posição social tão humilhante para elas como nefasta para os homens, e deixariam de ser um dos pesados elos que atam o nosso país ao passado, para se tornarem instrumentos preciosos ao progresso do Brasil.

Bertha

26

IMPULSOS DE MÃE, DEVERES DA HUMANIDADE

DE ANA NÉRI PARA MANUEL PINTO DE SOUZA DANTAS

8 AGO. 1865

A história heroica de Ana Néri, nascida em Cachoeira (BA) em 1814, começou a ser escrita com uma carta espantosa. Em 1865, viúva, tinha dois filhos lutando na Guerra do Paraguai quando o terceiro, estudante de medicina, ofereceu-se para ajudar na frente de combate como profissional de saúde. Foi aí que, aos cinquenta anos, idade avançada na época, Ana decidiu segui-los como enfermeira. Escreveu ao presidente da província da Bahia e teve seu "espontâneo oferecimento" aceito sem demora. Poucos dias depois partia para o Sul. Um de seus filhos morreu na guerra, mas Ana sobreviveu para ser condecorada pelo Império e entrar para a história como madrinha da enfermagem no Brasil.

Ilm. Exm. Sr.:

Tendo já marchado para o exército dois de meus filhos, além de um irmão e outros parentes, e havendo se oferecido o que me restava nesta cidade, aluno do sexto ano de medicina, para também seguir a sorte de seus irmãos e parentes, na defesa do país, oferecendo seus serviços médicos — como brasileira, não podendo ser indiferente aos sofrimentos dos meus compatriotas, e, como mãe, não podendo resistir à separação dos objetos que me são caros, e por uma tão longa distância, desejava acompanhá-los por toda a parte, mesmo no teatro da guerra, se isso me fosse permitido; mas opondo-se a este meu desejo a minha posição e o meu sexo, não impedem, todavia, estes dois motivos, que eu ofereça os meus serviços em qualquer dos hospitais do Rio Grande do Sul, onde se façam precisos, com o que satisfarei ao mesmo tempo os impulsos de mãe e os deveres da humanidade para com aqueles que ora sacrificam suas vidas pela honra e brio nacionais e integridade do Império. Digne-se V. Ex. de acolher benigno este meu espontâneo oferecimento, ditado tão somente pela voz do coração.

Bahia, 8 de agosto de 1865. Deus Guarde a V. Ex.
Ilm. e Exm. Sr. Dr. Manuel Pinto de Souza Dantas
Mui digno presidente desta província.

D. Ana Justina Ferreira Néri

27

O QUE NESTA VOSSA TERRA VI
DE PERO VAZ DE CAMINHA PARA D. MANUEL I
1º MAIO 1500

O longo relato que o escrivão da frota de Pedro Álvares Cabral enviou ao rei de Portugal poucos dias depois do "achamento" de uma terra nova talvez seja a carta mais famosa da história do Brasil — e uma das menos lidas. Vale a pena atravessar a barreira da linguagem de época para acompanhar o deslumbramento de Caminha com a "Terra da Vera Cruz". Os primeiros contatos com os índios são narrados em detalhes saborosos: "Ali andavam entre eles três ou quatro moças, bem moças e bem gentis, com cabelos muito pretos, compridos pelas espáduas, e suas vergonhas tão altas, tão cerradinhas e tão limpas das cabeleiras que, de as muito bem olharmos, não tínhamos nenhuma vergonha".

Senhor:

Posto que o capitão-mor desta vossa frota, e assim os outros capitães escrevam a Vossa Alteza a nova do achamento desta vossa terra nova, que ora nesta navegação se achou, não deixarei também de dar disso minha conta a Vossa Alteza, assim como eu melhor puder, ainda que — para o bem contar e falar — o saiba pior que todos fazer.

Tome Vossa Alteza, porém, minha ignorância por boa vontade, e creia bem por certo que, para aformosear nem afear, não porei aqui mais do que aquilo que vi e me pareceu.

Da marinhagem e singraduras do caminho não darei aqui conta a Vossa Alteza, porque o não saberei fazer, e os pilotos devem ter esse cuidado. Portanto, Senhor, do que hei de falar começo e digo:

A partida de Belém, como Vossa Alteza sabe, foi segunda-feira, 9 de março. Sábado, 14 do dito mês, entre as oito e nove horas, nos achamos entre as Canárias, mais perto da Grã-Canária, e ali andamos todo aquele dia em calma, à vista delas, obra de três a quatro léguas. E domingo, 22 do dito mês, às dez horas, pouco mais ou menos, houvemos vista das ilhas de Cabo Verde, ou melhor, da ilha de São Nicolau, segundo o dito de Pero Escolar, piloto.

Na noite seguinte, segunda-feira, ao amanhecer, se perdeu da frota Vasco de Ataíde com sua nau, sem haver tempo forte nem contrário para que tal acontecesse. Fez o capitão suas diligências para o achar, a uma e outra parte, mas não apareceu mais!

E assim seguimos nosso caminho, por este mar, de longo, até que, terça-feira das Oitavas de Páscoa, que foram 21 dias de abril, estando da dita Ilha obra de 660 ou 670 léguas, segundo os pilotos diziam, topamos alguns sinais de terra, os quais eram muita quantidade de ervas compridas, a que os mareantes chamam botelho, assim como outras a que dão o nome de rabo-de-asno. E quarta-feira seguinte, pela manhã, topamos aves a que chamam fura-buxos.

Neste dia, a horas de véspera, houvemos vista de terra! Primeiramente dum grande monte, mui alto e redondo; e doutras serras mais baixas ao sul dele; e de terra chã, com grandes arvoredos: ao monte alto o capitão pôs nome — o monte Pascoal e à terra — a Terra da Vera Cruz.

Mandou lançar o prumo. Acharam 25 braças; e ao sol posto, obra de seis léguas da terra, surgimos âncoras, em dezenove braças — ancoragem limpa. Ali permanecemos toda aquela noite. E à quinta-feira, pela manhã, fizemos vela e seguimos em direitos à terra, indo os navios pequenos diante, por dezessete, dezesseis, quinze, catorze, treze, doze, dez e nove braças, até meia légua da terra, onde todos lançamos âncoras em frente à boca de um rio. E chegaríamos a esta ancoragem às dez horas pouco mais ou menos.

Dali avistamos homens que andavam pela praia, obra de sete ou oito, segundo disseram os navios pequenos, por chegarem primeiro.

Então lançamos fora os batéis e esquifes, e vieram logo todos os capitães das naus a esta nau do capitão-mor, onde falaram entre si.

E o capitão-mor mandou em terra no batel a Nicolau Coelho para ver aquele rio. E tanto que ele começou de ir para lá, acudiram pela praia homens, quando aos dois, quando aos três, de maneira que, ao chegar o batel à boca do rio, já ali havia dezoito ou vinte homens.

Eram pardos, todos nus, sem coisa alguma que lhes cobrisse suas vergonhas. Nas mãos traziam arcos com suas setas. Vinham todos rijos sobre o batel; e Nicolau Coelho lhes fez sinal que pousassem os arcos. E eles os pousaram.

Senhor

posto queo capitam moor desta vossa frota e asy os
outros capitaães screpuam a vossa alteza a noua do acha
mento desta vossa terra noua que se ora neesta naue
gaçom achou. nom leixarey tambem de dar disso
minha conta a vossa alteza asy como eu milhor
poder aimda que pera o bem contar e falar o saiba
pior que todos fazer. pero tome vossa alteza minha
inoramçia por boa vontade. a qual bem certo crea q
por afremosentar nem afear aja aquy de poer mais
caa aquilo que vy e me pareceo. // da marinhajem
e simgraduras do caminho nõ darey aquy con
ta a vossa alteza por queo nom saberey fazer e os
pilotos deuem teer ese cuidado. e portanto Senhor
do que ey de falar começo e digo.

que a partida de belem como vossa alteza sabe foy segun
da feira ix de março. e sabado xiiij do dito mes antre
as biij e ix oras nos achamos antre as canareas
mais perto da gram canarea e aly andamos todo
aquele dia em calma a vista delas obra de tres ou
quatro legoas. e domingo xxij do dito mes aas
x oras pouco mais ou menos ouuemos vista das ilhas
do cabo verde .s. da ilha de sã njcolaao segº dito de pº
escolar piloto. E a noute segujmte aa segunda feira lhe
amanheceo se perdeo da frota vaasco datayde com
asua naao sem hy auer tempo forte nem contrairo
pera poder seer. fez o capitam suas deligencias pera
o achar a huũas e a outras partes e nom pareceo mais.
E asy segujmos nosso caminho per este mar de lomgo
ataa terça feira doitauas de pascoa que foram xxj
dias dabril que topamos alguũs synaaes de terra
seendo da dita ilha segº os pilotos deziam obra de
bjc lx ou lxx legoas. os quaaes heram mujta cam
tidade deruas compridas aque os mareantes
chamam botelho e asy outras aque tam bem chamam
rrabo dasno. E aa quarta feira segujmte pola ma

nhaa topamos aves aque chamam furabuchos. E neeste dia a oras de bespera ouvemos vista de tera . s. primeiramente dhuu gramde monte muy alto E redondo E doutras serras mais baixas ao sul dele E de tera chaã com grandes arvoredos. ao qual monte alto o capitam pos nome o monte pascoal E aa tera a tera da vera cruz. mandou lançar o prumo acharam xxb braças E ao sol posto obra de bj legoas de tera surgimos amcoras em xix braças amcoragem limpa. aly jouvemos toda aquela noute E aa quinta feira pola manhaã fezemos vela E seguimos dir.tos aa tera E os navios pequenos diante himdo per xbij xbj xb xiiij xiij xij x E ix braças ataa mea legoa de tera omde todos lançamos amcoras em dr.to da boca dhuu rio E chegariamos aesta amcoragem aas x oras pouco mais ou menos E dali ouvemos vista dhomees que amdavam pela praya obra de bij ou biij segundo os navios pequenos diseram por chegarem primeiro aly lançamos os batees E esquifes fora vieram logo todolos capitaães das naaos aesta naao do capitam moor E aly falaram. E o capitam mandou no batel em tera nicolaao coelho pera veer aquele rio E tanto que ele começou pera la dhir acodiram pela praya homees quando dous quando tres de maneira que quando o batel chegou aa boca do rio heram aly xbiij ou xx homees. pardos todos nuus sem nhuua cousa que lhes cobrisse suas vergonhas. traziam arcos nas maãos E suas setas. vijnham todos rrijos pera o batel E nicolaao coelho lhes fez sinal que posesem os arcos. E eles os poseram. aly nom pode deles aver fala nem entendimento que aproveitasse polo mar quebrar na costa. soomente deu lhes huu barete vermelho E hua carapuça de linho que levava na cabeça E huu sombreiro preto. E huu deles lhe deu huu

Ali não pôde deles haver fala, nem entendimento de proveito, por o mar quebrar na costa. Somente deu-lhes um barrete vermelho e uma carapuça de linho que levava na cabeça e um sombreiro preto. Um deles deu-lhe um sombreiro de penas de ave, compridas, com uma copazinha de penas vermelhas e pardas como de papagaio; e outro deu-lhe um ramal grande de continhas brancas, miúdas, que querem parecer de aljaveira, as quais peças creio que o capitão manda a Vossa Alteza, e com isto se volveu às naus por ser tarde e não poder haver deles mais fala, por causa do mar.

Na noite seguinte, ventou tanto sueste com chuvaceiros que fez caçar as naus, e especialmente a capitânia. E sexta pela manhã, às oito horas, pouco mais ou menos, por conselho dos pilotos, mandou o capitão levantar âncoras e fazer vela; e fomos ao longo da costa, com os batéis e esquifes amarrados à popa na direção do norte, para ver se achávamos alguma abrigada e bom pouso, onde nos demorássemos, para tomar água e lenha. Não que nos minguasse, mas por aqui nos acertarmos.

Quando fizemos vela, estariam já na praia assentados perto do rio obra de sessenta ou setenta homens que se haviam juntado ali poucos e poucos. Fomos de longo, e mandou o capitão aos navios pequenos que seguissem mais chegados à terra e, se achassem pouso seguro para as naus, que amainassem.

E, velejando nós pela costa, obra de dez léguas do sítio donde tínhamos levantado ferro, acharam os ditos navios pequenos um recife com um porto dentro, muito bom e muito seguro, com uma mui larga entrada. E meteram-se dentro e amainaram. As naus arribaram sobre eles; e um pouco antes do sol posto amainaram também, obra de uma légua do recife, e ancoraram em onze braças.

E estando Afonso Lopes, nosso piloto, em um daqueles navios pequenos, por mandado do capitão, por ser homem vivo e destro para isso, meteu-se logo no esquife a sondar o porto dentro; e tomou dois daqueles homens da terra, mancebos e de bons corpos, que estavam numa almadia. Um deles trazia um arco e seis ou sete setas; e na praia andavam muitos com seus arcos e setas; mas de nada lhes serviram. Trouxe-os logo, já de noite, ao capitão, em cuja nau foram recebidos com muito prazer e festa.

A feição deles é serem pardos, maneira de avermelhados, de bons rostos e bons narizes, bem-feitos. Andam nus, sem nenhuma cobertura. Nem estimam de cobrir ou de mostrar suas vergonhas; e nisso têm tanta inocência como em mostrar o rosto. Ambos traziam os beiços de baixo furados e metidos neles seus ossos brancos e verdadeiros, de comprimento duma mão travessa, da grossura dum fuso de algodão, agudos na ponta como um furador. Metem-nos pela parte de dentro do beiço; e a parte que lhes fica entre o beiço e os dentes é feita como roque de xadrez, ali encaixado de tal sorte que não os molesta, nem os estorva no falar, no comer ou no beber.

Os cabelos seus são corredios. E andavam tosquiados, de tosquia alta, mais que de sobrepente, de boa grandura e rapados até por cima das orelhas. E um deles trazia por baixo da solapa, de fonte a fonte para detrás, uma espécie de cabeleira de penas de ave amarelas, que seria do comprimento de um coto, mui basta e mui cerrada, que lhe cobria o toutiço e as orelhas. E andava pegada aos cabelos, pena e pena, com uma confeição branda como cera (mas não o era), de maneira que a cabeleira ficava mui redonda e mui basta, e mui igual, e não fazia míngua mais lavagem para a levantar.

O capitão, quando eles vieram, estava sentado em uma cadeira, bem vestido, com um colar de ouro mui grande ao pescoço, e aos pés uma alcatifa por estrado. Sancho de Tovar, Simão de Miranda, Nicolau Coelho, Aires Correia, e nós outros que aqui na nau com ele vamos, sentados no chão, pela alcatifa. Acenderam-se tochas. Entraram. Mas não fizeram sinal de cortesia, nem de falar ao capitão nem a ninguém. Porém um deles pôs olho no colar do capitão, e começou de acenar com a mão para a terra e depois para o colar, como que nos dizendo que ali havia ouro. Também olhou para um castiçal de prata e assim mesmo acenava para a terra e novamente para o castiçal como se lá também houvesse prata.

Mostraram-lhes um papagaio pardo que o capitão traz consigo; tomaram-no logo na mão e acenaram para a terra, como quem diz que os havia ali. Mostraram-lhes um carneiro: não fizeram caso. Mostraram-lhes uma galinha, quase tiveram medo dela: não lhe queriam pôr a mão; e depois a tomaram como que espantados.

Deram-lhes ali de comer: pão e peixe cozido, confeitos, fartéis, mel e figos passados. Não quiseram comer quase nada daquilo; e, se alguma coisa provaram, logo a lançaram fora.

Trouxeram-lhes vinho numa taça; mal lhe puseram a boca; não gostaram nada, nem quiseram mais. Trouxeram-lhes a água em uma albarrada. Não beberam. Mal a tomaram na boca, que lavaram, e logo a lançaram fora.

Viu um deles umas contas de rosário, brancas; acenou que lhas dessem, folgou muito com elas, e lançou-as ao pescoço. Depois tirou-as e enrolou-as no braço e acenava para a terra e de novo para as contas e para o colar do capitão, como dizendo que dariam ouro por aquilo.

Isto tomávamos nós assim por assim o desejarmos. Mas se ele queria dizer que levaria as contas e mais o colar, isto não o queríamos nós entender, porque não lho havíamos de dar. E depois tornou as contas a quem lhas dera.

Então estiraram-se de costas na alcatifa, a dormir, sem buscarem maneira de cobrirem suas vergonhas, as quais não eram fanadas; e as cabeleiras delas estavam bem rapadas e feitas. O capitão lhes mandou pôr por baixo das cabeças seus coxins; e o da cabeleira esforçava-se por não a quebrar. E lançaram-lhes um manto por cima; e eles consentiram, quedaram-se e dormiram.

Ao sábado pela manhã mandou o capitão fazer vela, e fomos demandar a entrada, a qual era mui larga e alta de seis a sete braças. Entraram todas as naus dentro; e ancoraram em cinco ou seis braças — ancoragem dentro tão grande, tão formosa e tão segura, que podem abrigar-se nela mais de duzentos navios e naus. E tanto que as naus quedaram ancoradas, todos os capitães vieram a esta nau do capitão-mor. E daqui mandou o capitão a Nicolau Coelho e Bartolomeu Dias que fossem em terra e levassem aqueles dois homens e os deixassem ir com seu arco e setas, e isto depois que fez dar a cada um sua camisa nova, sua carapuça vermelha e um rosário de contas brancas de osso, que eles levaram nos braços, seus cascavéis e suas campainhas. E mandou com eles, para lá ficar, um mancebo degredado, criado de d. João Telo, a que chamam Afonso Ribeiro, para lá andar com eles e saber de seu viver e maneiras. E a mim mandou que fosse com Nicolau Coelho.

Fomos assim de frecha direitos à praia. Ali acudiram logo obra de duzentos homens, todos nus, e com arcos e setas nas mãos. Aqueles que nós levávamos acenaram-lhes que se afastassem e pousassem os arcos; e eles os pousaram, mas não se afastaram muito. E mal pousaram os arcos, logo saíram os que nós levávamos, e o mancebo degredado com eles. E saídos não pararam mais; nem esperavam um pelo outro, mas antes corriam a quem mais corria. E passaram um rio que por ali corre, de água doce, de muita água que lhes dava pela braga; e outros muitos com eles. E foram assim correndo, além do rio, entre umas moitas de palmas onde estavam outros. Ali pararam. Entretanto foi-se o degredado com um homem que, logo ao sair do batel, o agasalhou e o levou até lá. Mas logo tornaram a nós; e com ele vieram os outros que nós leváramos, os quais vinham já nus e sem carapuças.

Então se começaram de chegar muitos. Entravam pela beira do mar para os batéis, até que mais não podiam; traziam cabaços de água, e tomavam alguns barris que nós levávamos: enchiam-nos de água e traziam-nos aos batéis. Não que eles de todos chegassem à borda do batel. Mas junto a ele, lançavam os barris que nós tomávamos; e pediam que lhes dessem alguma coisa. Levava Nicolau Coelho cascavéis e manilhas. E a uns dava um cascavel, a outros uma manilha, de maneira que com aquele engodo quase nos queriam dar a mão. Davam-nos daqueles arcos e setas por sombreiros e carapuças de linho ou por qualquer coisa que homem lhes queria dar.

Dali se partiram os outros dois mancebos, que os não vimos mais.

Muitos deles ou quase a maior parte dos que andavam ali traziam aqueles bicos de osso nos beiços. E alguns, que andavam sem eles, tinham os beiços furados e nos buracos uns espelhos de pau, que pareciam espelhos de borracha; outros traziam três daqueles bicos, a saber, um no meio e os dois nos cabos. Aí andavam outros, quartejados de cores, a saber, metade deles da sua própria cor, e metade de tintura preta, a modos de azulada; e outros quartejados de escaques. Ali andavam entre eles três ou quatro moças, bem moças e bem gentis, com cabelos muito pretos, compridos pelas espáduas, e suas vergonhas tão altas, tão cerradinhas e tão limpas das cabeleiras que, de as muito bem olharmos, não tínhamos nenhuma vergonha.

Ali por então não houve mais fala ou entendimento com eles, por a barbaria deles ser tamanha, que se não entendia nem ouvia ninguém.

Acenamos-lhes que se fossem; assim o fizeram e passaram-se além do rio. Saíram três ou quatro homens nossos dos batéis, e encheram não sei quantos barris de água que nós levávamos e tornamo-nos às naus. Mas quando assim vínhamos, acenaram-nos que tornássemos. Tornamos e eles mandaram o degredado e não quiseram que ficasse lá com eles. Este levava uma bacia pequena e duas ou três carapuças vermelhas para lá as dar ao senhor, se o lá houvesse. Não cuidaram de lhe tomar nada, antes o mandaram com tudo. Mas então Bartolomeu Dias o fez outra vez tornar, ordenando que lhes desse aquilo. E ele tornou e o deu, à vista de nós, àquele que da primeira vez agasalhara. Logo voltou e nós trouxemo-lo.

Esse que o agasalhou era já de idade, e andava por louçainha todo cheio de penas, pegadas pelo corpo, que parecia asseteado como são Sebastião. Outros traziam carapuças de penas amarelas; outros, de vermelhas; e outros de verdes. E uma daquelas moças era toda tingida, de baixo a cima daquela tintura; e certo era tão bem-feita e tão redonda, e sua vergonha (que ela não tinha) tão graciosa, que a muitas mulheres da nossa terra, vendo-lhe tais feições, fizera vergonha, por não terem a sua como ela. Nenhum deles era fanado, mas, todos assim como nós. E com isto nos tornamos e eles foram-se.

À tarde saiu o capitão-mor em seu batel com todos nós outros e com os outros capitães das naus em seus batéis a folgar pela baía, em frente da praia. Mas ninguém saiu em terra, porque o capitão o não quis, sem embargo de ninguém nela estar. Somente saiu — ele com todos nós — em um ilhéu grande, que na baía está e que na baixa-mar fica mui vazio. Porém é por toda a parte cercado de água, de sorte que ninguém lá pode ir, a não ser de barco ou a nado. Ali folgou ele e todos nós outros, bem uma hora e meia. E alguns marinheiros, que ali andavam com um chinchorro, pescaram peixe miúdo, não muito. Então volvemo-nos às naus, já bem de noite.

Ao domingo de Pascoela pela manhã, determinou o capitão de ir ouvir missa e pregação naquele ilhéu. Mandou a todos os capitães que se aprestassem nos batéis e fossem com ele. E assim foi feito. Mandou naquele ilhéu armar um esperavel, e dentro dele um altar mui bem corregido. E ali com todos nós outros fez dizer missa, a qual foi dita pelo padre frei Henrique, em voz entoada, e oficiada com aquela mesma voz pelos outros padres e sacerdotes, que todos eram ali. A qual missa, segundo meu parecer, foi ouvida por todos com muito prazer e devoção.

Ali era com o capitão a bandeira de Cristo, com que saiu de Belém, a qual esteve sempre levantada, da parte do Evangelho.

Acabada a missa, desvestiu-se o padre e subiu a uma cadeira alta; e nós todos lançados por essa areia. E pregou uma solene e proveitosa pregação da história do Evangelho, ao fim da qual tratou da nossa vinda e do achamento desta terra, conformando-se com o sinal da cruz, sob cuja obediência viemos, o que foi muito a propósito e fez muita devoção.

Enquanto estivemos à missa e à pregação, seria na praia outra tanta gente, pouco mais ou menos como a de ontem, com seus arcos e setas, a qual andava folgando. E olhando-nos, sentaram-se. E, depois de acabada a missa, assentados nós à pregação, levantaram-se muitos deles, tangeram corno ou buzina, e começaram a saltar e dançar um pedaço. E alguns deles se metiam em almadias — duas ou três que aí tinham — as quais não são feitas como as que eu já vi; somente são três traves, atadas entre si. E ali se metiam quatro ou cinco, ou esses que queriam não se afastando quase nada da terra, senão enquanto podiam tomar pé.

Acabada a pregação, voltou o capitão, com todos nós, para os batéis, com nossa bandeira alta. Embarcamos e fomos todos em direção à terra para passarmos ao longo por onde eles estavam, indo, na dianteira, por ordem do capitão, Bartolomeu Dias em seu esquife, com um pau de uma almadia que lhes o mar levara, para lho dar; e nós todos, obra de tiro de pedra, atrás dele.

Como viram o esquife de Bartolomeu Dias, chegaram-se logo todos à água, metendo-se nela até onde mais podiam. Acenaram-

-lhes que pousassem os arcos; e muitos deles os iam logo pôr em terra; e outros não.

Andava aí um que falava muito aos outros que se afastassem, mas não que a mim me parecesse que lhe tinham acatamento ou medo. Este que os assim andava afastando trazia seu arco e setas, e andava tinto de tintura vermelha pelos peitos, espáduas, quadris, coxas e pernas até baixo, mas os vazios com a barriga e estômago eram de sua própria cor. E a tintura era assim vermelha que a água a não comia nem desfazia, antes, quando saía da água, parecia mais vermelha.

Saiu um homem do esquife de Bartolomeu Dias e andava entre eles, sem implicarem nada com ele para fazer-lhe mal. Antes lhe davam cabaças de água, e acenavam aos do esquife que saíssem em terra.

Com isto se volveu Bartolomeu Dias ao capitão; e viemo-nos às naus, a comer, tangendo gaitas e trombetas, sem lhes dar mais opressão. E eles tornaram-se a assentar na praia e assim por então ficaram.

Neste ilhéu, onde fomos ouvir missa e pregação, a água espraia muito, deixando muita areia e muito cascalho a descoberto. Enquanto aí estávamos, foram alguns buscar marisco e apenas acharam alguns camarões grossos e curtos, entre os quais vinha um tão grande e tão grosso, como em nenhum tempo vi tamanho. Também acharam cascas de berbigões e amêijoas, mas não toparam com nenhuma peça inteira.

E tanto que comemos, vieram logo todos os capitães a esta nau, por ordem do capitão-mor, com os quais ele se apartou, e eu na companhia. E perguntou a todos se nos parecia bem mandar a nova do achamento desta terra a Vossa Alteza pelo navio dos mantimentos, para melhor a mandar descobrir e saber dela mais do que nós agora podíamos saber, por irmos de nossa viagem.

E entre muitas falas que no caso se fizeram, foi por todos ou a maior parte dito que seria muito bem. E nisto concluíram. E tanto que a conclusão foi tomada, perguntou mais se lhes parecia bem tomar aqui por força um par destes homens para os mandar a Vossa Alteza, deixando aqui por eles outros dois destes degredados.

Sobre isto acordaram que não era necessário tomar por força homens, porque era geral costume dos que assim levavam por força para alguma parte dizerem que há ali de tudo quanto lhes perguntam; e que melhor e muito melhor informação da terra dariam dois homens destes degredados que aqui deixassem, do que eles dariam se os levassem, por ser gente que ninguém entende. Nem eles tão cedo aprenderiam a falar para o saberem tão bem dizer que muito melhor estoutros o não digam, quando Vossa Alteza cá mandar.

E que, portanto, não cuidassem de aqui tomar ninguém por força nem de fazer escândalo, para de todo mais os amansar e apacificar, senão somente deixar aqui os dois degredados, quando daqui partíssemos.

E assim, por melhor a todos parecer, ficou determinado.

Acabado isto, disse o capitão que fôssemos nos batéis em terra e ver-se-ia bem como era o rio, e também para folgarmos.

Fomos todos nos batéis em terra, armados e a bandeira conosco. Eles andavam ali na praia, à boca do rio, para onde nós íamos; e, antes que chegássemos, pelo ensino que dantes tinham, puseram todos os arcos, e acenavam que saíssemos. Mas, tanto que os batéis puseram as proas em terra, passaram-se logo todos além do rio, o qual não é mais largo que um jogo de mancal. E mal desembarcamos, alguns dos nossos passaram logo o rio, e meteram-se entre eles. Alguns aguardavam; outros afastavam-se. Era, porém, a coisa de maneira que todos andavam misturados. Eles ofereciam desses arcos com suas setas por sombreiros e carapuças de linho ou por qualquer coisa que lhes davam.

Passaram além tantos dos nossos, e andavam assim misturados com eles, que eles se esquivavam e afastavam-se. E deles alguns iam-se para cima onde outros estavam.

Então o capitão fez que dois homens o tomassem ao colo, passou o rio, e fez tornar a todos.

A gente que ali estava não seria mais que a costumada. E tanto que o capitão fez tornar a todos, vieram a ele alguns daqueles, não porque o conhecessem por Senhor, pois me parece que não entendem, nem tomavam disso conhecimento, mas porque a gente nossa passava já para aquém do rio.

Ali falavam e traziam muitos arcos e continhas daquelas já ditas, e resgatavam-nas por qualquer coisa, em tal maneira que os nossos trouxeram dali para as naus muitos arcos e setas e contas.

Então tornou-se o capitão aquém do rio, e logo acudiram muitos à beira dele.

Ali veríeis galantes, pintados de preto e vermelho, e quartejados, assim nos corpos, como nas pernas, que, certo, pareciam bem assim.

Também andavam, entre eles, quatro ou cinco mulheres moças, nuas como eles, que não pareciam mal. Entre elas andava uma com uma coxa, do joelho até o quadril, e a nádega, toda tinta daquela tintura preta; e o resto, tudo da sua própria cor. Outra trazia ambos os joelhos, com as curvas assim tintas, e também os colos dos pés; e suas vergonhas tão nuas e com tanta inocência descobertas, que nisso não havia nenhuma vergonha.

Também andava aí outra mulher moça com um menino ou menina ao colo, atado com um pano (não sei de quê) aos peitos, de modo que apenas as perninhas lhe apareciam. Mas as pernas da mãe e o resto não traziam pano algum.

Depois andou o capitão para cima ao longo do rio, que corre sempre chegado à praia. Ali esperou um velho, que trazia na mão uma pá de almadia. Falava, enquanto o capitão esteve com ele, perante nós todos, sem nunca ninguém o entender, nem ele a nós quantas coisas que lhe demandávamos acerca de ouro, que nós desejávamos saber se na terra havia.

Trazia este velho o beiço tão furado, que lhe caberia pelo furo um grande dedo polegar, e metida nele uma pedra verde, ruim, que cerrava por fora esse buraco. O capitão lha fez tirar. E ele não sei que diabo falava e ia com ela direito ao capitão, para lha meter na boca. Estivemos sobre isso rindo um pouco; e então enfadou-se o capitão e deixou-o. E um dos nossos deu-lhe pela pedra um sombreiro velho, não por ela valer alguma coisa, mas por amostra. Depois houve-a o capitão, segundo creio, para, com as outras coisas, a mandar a Vossa Alteza.

Andamos por aí vendo a ribeira, a qual é de muita água e muito boa. Ao longo dela há muitas palmas, não muito altas, em que há muito bons palmitos. Colhemos e comemos deles muitos. Então tornou-se o capitão para baixo para a boca do rio, onde havíamos desembarcado.

Além do rio, andavam muitos deles dançando e folgando, uns diante dos outros, sem se tomarem pelas mãos. E faziam-no bem. Passou-se então além do rio Diogo Dias, almoxarife que foi de Sacavém, que é homem gracioso e de prazer; e levou consigo um gaiteiro nosso com sua gaita. E meteu-se com eles a dançar, tomando-os pelas mãos; e eles folgavam e riam, e andavam com ele muito bem ao som da gaita. Depois de dançarem, fez-lhes ali, andando no chão, muitas voltas ligeiras, e salto real, de que eles se espantavam e riam e folgavam muito. E conquanto com aquilo muito os segurou e afagou, tomavam logo uma esquiveza como de animais monteses, e foram-se para cima.

E então o capitão passou o rio com todos nós outros, e fomos pela praia de longo, indo os batéis, assim, rente da terra. Fomos até uma lagoa grande de água doce, que está junto com a praia, porque toda aquela ribeira do mar é apaulada por cima e sai a água por muitos lugares.

E depois de passarmos o rio, foram uns sete ou oito deles andar entre os marinheiros que se recolhiam aos batéis. E levaram dali um tubarão, que Bartolomeu Dias matou, lhes levou e lançou na praia.

Bastará dizer-vos que até aqui, como quer que eles um pouco se amansassem, logo duma mão para outra se esquivavam, como pardais, do cevadoiro. Homem não lhes ousa falar de rijo para não se esquivarem mais; e tudo se passa como eles querem, para os bem amansar.

O capitão ao velho, com quem falou, deu uma carapuça vermelha. E com toda a fala que entre ambos se passou e com a carapuça que lhe deu, tanto que se apartou e começou de passar o rio, foi-se logo recatando e não quis mais tornar de lá para aquém.

Os outros dois, que o capitão teve nas naus, a que deu o que já disse, nunca mais aqui apareceram — do que tiro ser gente bestial, de pouco saber e por isso tão esquiva. Porém e com tudo isso andam muito bem curados e muito limpos. E naquilo me parece ainda mais que são como aves ou alimárias monteses, às quais faz o ar melhor pena e melhor cabelo que às mansas, porque os corpos seus são tão limpos, tão gordos e tão formosos, que não pode mais ser.

Isto me faz presumir que não têm casas nem moradas a que se acolham, e o ar, a que se criam, os faz tais. Nem nós ainda até agora vimos nenhuma casa ou maneira delas.

Mandou o capitão aquele degredado Afonso Ribeiro, que se fosse outra vez com eles. Ele foi e andou lá um bom pedaço, mas à tarde tornou-se, que o fizeram eles vir e não o quiseram lá consentir. E deram-lhe arcos e setas; e não lhe tomaram nenhuma coisa do seu. Antes — disse ele — que um lhe tomara umas continhas amarelas, que levava, e fugia com elas, e ele se queixou e os outros foram logo após, e lhas tomaram e tornaram-lhas a dar; e então mandaram-no vir. Disse que não vira lá entre eles senão umas choupaninhas de rama verde e de fetos muito grandes, como de Entre Douro e Minho.

E assim nos tornamos às naus, já quase noite, a dormir.

À segunda-feira, depois de comer, saímos todos em terra a tomar água. Ali vieram então muitos, mas não tantos como as outras vezes. Já muito poucos traziam arcos. Estiveram assim um pouco afastados de nós; e depois pouco a pouco misturaram-se conosco. Abraçavam-nos e folgavam. E alguns deles se esquivavam logo. Ali davam alguns arcos por folhas de papel e por alguma carapucinha velha ou por qualquer coisa. Em tal maneira isto se passou, que bem vinte ou trinta pessoas das nossas se foram com eles, onde outros muitos estavam com moças e mulheres. E trouxeram de lá muitos arcos e barretes de penas de aves, deles verdes e deles amarelos, dos quais, creio, o capitão há de mandar amostra a Vossa Alteza.

E, segundo diziam esses que lá foram, folgavam com eles. Neste dia os vimos mais de perto e mais à nossa vontade, por andarmos quase todos misturados. Ali, alguns andavam daquelas tinturas quartejados; outros de metades; outros de tanta feição, como em panos de armar, e todos com os beiços furados, e muitos com os ossos neles, e outros sem ossos.

Alguns traziam uns ouriços verdes, de árvores, que, na cor, queriam parecer de castanheiros, embora mais pequenos. E eram cheios duns grãos vermelhos pequenos, que, esmagando-os entre os dedos, faziam tintura muito vermelha, de que eles andavam tintos. E quanto mais se molhavam, tanto mais vermelhos ficavam.

Todos andam rapados até cima das orelhas; e assim as sobrancelhas e pestanas.

Trazem todos as testas, de fonte a fonte, tintas da tintura preta, que parece uma fita preta, da largura de dois dedos.

E o capitão mandou aquele degredado Afonso Ribeiro e a outros dois degredados, que fossem lá andar entre eles; e assim a Diogo Dias, por ser homem ledo, com que eles folgavam. Aos degredados mandou que ficassem lá esta noite.

Foram-se lá todos, e andaram entre eles. E, segundo eles diziam, foram bem uma légua e meia a uma povoação, em que haveria nove ou dez casas, as quais eram tão compridas, cada uma, como esta nau capitânia. Eram de madeira, e das ilhargas de tábuas, e cobertas de palha, de razoada altura; todas duma só peça, sem nenhum repartimento, tinham dentro muitos esteios; e, de esteio a esteio, uma rede atada pelos cabos, alta, em que dormiam. Debaixo, para se aquentarem, faziam seus fogos. E tinha cada casa duas portas pequenas, uma num cabo, e outra no outro.

Diziam que em cada casa se recolhiam trinta ou quarenta pessoas, e que assim os achavam; e que lhes davam de comer daquela vianda, que eles tinham, a saber, muito inhame e outras sementes, que na terra há e eles comem. Mas, quando se fez tarde fizeram-nos logo tornar a todos e não quiseram que lá ficasse nenhum. Ainda, segundo diziam, queriam vir com eles.

Resgataram lá por cascavéis e por outras coisinhas de pouco valor, que levavam, papagaios vermelhos, muito grandes e formosos, e dois verdes pequeninos e carapuças de penas verdes, e um pano de penas de muitas cores, maneira de tecido assaz formoso, segundo Vossa Alteza todas estas coisas verá, porque o capitão vo-las há de mandar, segundo ele disse.

E com isto vieram; e nós tornámo-nos às naus.

À terça-feira, depois de comer, fomos em terra dar guarda de lenha e lavar roupa.

Estavam na praia, quando chegamos, obra de sessenta ou setenta sem arcos e sem nada. Tanto que chegamos, vieram logo para nós, sem se esquivarem. Depois acudiram muitos, que seriam bem duzentos, todos sem arcos; e misturaram-se todos tanto conosco que alguns nos ajudavam a acarretar lenha e a meter nos batéis. E lutavam com os nossos e tomavam muito prazer.

Enquanto cortávamos a lenha, faziam dois carpinteiros uma grande cruz, dum pau, que ontem para isso se cortou.

Muitos deles vinham ali estar com os carpinteiros. E creio que o faziam mais por verem a ferramenta de ferro com que a faziam, do que por verem a cruz, porque eles não têm coisa que de ferro seja, e cortam sua madeira e paus com pedras feitas como cunhas, metidas em um pau entre duas talas, mui bem atadas e por tal maneira que andam fortes, segundo diziam os homens, que ontem a suas casas foram, porque lhas viram lá.

Era já a conversação deles conosco tanta, que quase nos estorvavam no que havíamos de fazer.

O capitão mandou a dois degredados e a Diogo Dias que fossem lá à aldeia (e a outras, se houvesse novas delas) e que, em toda a maneira, não viessem dormir às naus, ainda que eles os mandassem. E assim se foram.

Enquanto andávamos nessa mata a cortar lenha, atravessavam alguns papagaios por essas árvores, deles verdes e outros pardos, grandes e pequenos, de maneira que me parece que haverá muitos nesta terra. Porém eu não veria mais que até nove ou dez. Outras aves então não vimos, somente algumas pombas-seixas, e pareceram-me bastante maiores que as de Portugal. Alguns diziam que viram rolas; eu não as vi. Mas, segundo os arvoredos são mui muitos e grandes, e de infindas maneiras, não duvido que por esse sertão haja muitas aves!

Cerca da noite nos volvemos para as naus com nossa lenha.

Eu creio, Senhor, que ainda não dei conta aqui a Vossa Alteza da feição de seus arcos e setas. Os arcos são pretos e compridos, as setas também compridas e os ferros delas de canas aparadas, segundo Vossa Alteza verá por alguns que — eu creio — o capitão a Ela há de enviar.

À quarta-feira não fomos em terra, porque o capitão andou todo o dia no navio dos mantimentos a despejá-lo e fazer levar às naus isso que cada uma podia levar. Eles acudiram à praia; muitos, segundo das naus vimos. No dizer de Sancho de Tovar, que lá foi, seriam obra de trezentos.

Diogo Dias e Afonso Ribeiro, o degredado, aos quais o capitão ontem mandou que em toda maneira lá dormissem, volveram-se, já de noite, por eles não quererem que lá ficassem. Trouxeram papagaios verdes e outras aves pretas, quase como pegas, a não ser que tinham o bico branco e os rabos curtos.

Quando Sancho de Tovar se recolheu à nau, queriam vir com ele alguns, mas ele não quis senão dois mancebos dispostos e homens de prol. Mandou-os essa noite mui bem pensar e curar. Comeram toda a vianda que lhes deram; e mandou fazer-lhes cama de lençóis, segundo ele disse. Dormiram e folgaram aquela noite.

E assim não houve mais este dia que para escrever seja. À quinta-feira, derradeiro de abril, comemos logo, quase pela manhã, e fomos em terra por mais lenha e água. E, em querendo o capitão sair desta nau, chegou Sancho de Tovar com seus dois hóspedes. E por ele ainda não ter comido, puseram-lhe toalhas. Trouxeram-lhe vianda e comeu. Aos hóspedes, sentaram cada um em sua cadeira. E de tudo o que lhes deram comeram mui bem, especialmente lacão cozido, frio, e arroz.

Não lhes deram vinho, por Sancho de Tovar dizer que o não bebiam bem.

Acabado o comer, metemo-nos todos no batel e eles conosco. Deu um grumete a um deles uma armadura grande de porco montês, bem revolta. Tanto que a tomou, meteu-a logo no beiço, e, porque se lhe não queria segurar, deram-lhe uma pequena de cera vermelha. E ele ajeitou-lhe seu adereço detrás para ficar segura, e meteu-a no beiço, assim revolta para cima. E vinha tão contente com ela, como se tivesse uma grande joia. E tanto que saímos em terra, foi-se logo com ela, e não apareceu mais aí.

Andariam na praia, quando saímos, oito ou dez deles; e de aí a pouco começaram a vir mais. E parece-me que viriam, este dia, à praia quatrocentos ou quatrocentos e cinquenta.

Traziam alguns deles arcos e setas, que todos trocaram por carapuças ou por qualquer coisa que lhes davam. Comiam conosco do que lhes dávamos. Bebiam alguns deles vinho; outros o não podiam beber. Mas parece-me, que se lho avezarem, o beberão de boa vontade.

Andavam todos tão dispostos, tão bem-feitos e galantes com suas tinturas, que pareciam bem. Acarretavam dessa lenha, quanta podiam, com mui boa vontade, e levavam-na aos batéis.

Andavam já mais mansos e seguros entre nós, do que nós andávamos entre eles.

Foi o capitão com alguns de nós um pedaço por este arvoredo até uma ribeira grande e de muita água que, a nosso parecer, era esta mesma, que vem ter à praia, e em que nós tomamos água.

Ali ficamos um pedaço, bebendo e folgando, ao longo dela, entre esse arvoredo, que é tanto, tamanho, tão basto e de tantas plumagens, que homens as não podem contar. Há entre ele muitas palmas, de que colhemos muitos e bons palmitos.

Quando saímos do batel, disse o capitão que seria bom irmos direitos à cruz, que estava encostada a uma árvore, junto com o rio, para se erguer amanhã, que é sexta-feira, e que nos puséssemos todos de joelhos e a beijássemos para eles verem o acatamento que lhe tínhamos. E assim fizemos. A esses dez ou doze que aí estavam, acenaram-lhe que fizessem assim, e foram logo todos beijá-la.

Parece-me gente de tal inocência que, se homem os entendesse e eles a nós, seriam logo cristãos, porque eles, segundo parece, não têm, nem entendem em nenhuma crença.

E portanto, se os degredados, que aqui hão de ficar aprenderem bem a sua fala e os entenderem, não duvido que eles, segundo a santa intenção de Vossa Alteza, se hão de fazer cristãos e crer em nossa santa fé, à qual praza a Nosso Senhor que os traga, porque, certo, esta gente é boa e de boa simplicidade. E imprimir-se-á ligeiramente neles qualquer cunho, que lhes quiserem dar. E pois Nosso Senhor, que lhes deu bons corpos e bons rostos, como a bons homens, por aqui nos trouxe, creio que não foi sem causa.

Portanto Vossa Alteza, que tanto deseja acrescentar a santa fé católica, deve cuidar da sua salvação. E prazerá a Deus que com pouco trabalho seja assim.

Eles não lavram, nem criam. Não há aqui boi, nem vaca, nem cabra, nem ovelha, nem galinha, nem qualquer outra alimária, que costumada seja ao viver dos homens. Nem comem senão desse inhame, que aqui há muito, e dessa semente e frutos, que a terra e as árvores de si lançam. E com isto andam tais e tão rijos e tão nédios, que o não somos nós tanto, com quanto trigo e legumes comemos.

Neste dia, enquanto ali andaram, dançaram e bailaram sempre com os nossos, ao som dum tamboril dos nossos, em maneira que são muito mais nossos amigos que nós seus.

Se lhes homem acenava se queriam vir às naus, faziam-se logo prestes para isso, em tal maneira que, se a gente todos quisera convidar, todos vieram. Porém não trouxemos esta noite às naus, senão quatro ou cinco, a saber: o capitão-mor, dois; e Simão de Miranda, um, que trazia já por pajem; e Aires Gomes, outro, também por pajem.

Um dos que o capitão trouxe era um dos hóspedes, que lhe trouxeram da primeira vez, quando aqui chegamos, o qual veio hoje aqui, vestido na sua camisa, e com ele um seu irmão; e foram esta noite mui bem agasalhados, assim de vianda, como de cama, de colchões e lençóis, para os mais amansar.

E hoje, que é sexta-feira, primeiro dia de maio, pela manhã, saímos em terra, com nossa bandeira; e fomos desembarcar acima do rio contra o sul, onde nos pareceu que seria melhor chantar a cruz, para melhor ser vista. Ali assinalou o capitão o lugar, onde fizessem a cova para a chantar.

Enquanto a ficaram fazendo, ele com todos nós outros fomos pela cruz abaixo do rio, onde ela estava. Dali a trouxemos com esses religiosos e sacerdotes diante cantando, em maneira de procissão.

Eram já aí alguns deles, obra de setenta ou oitenta; e, quando nos viram assim vir, alguns se foram meter debaixo dela, para nos ajudar. Passamos o rio, ao longo da praia e fomo-la pôr onde havia de ficar, que será do rio obra de dois tiros de besta. Andando-se ali nisto, vieram bem cento e cinquenta ou mais.

Chantada a cruz, com as armas e a divisa de Vossa Alteza, que primeiramente lhe pregaram, armaram altar ao pé dela. Ali disse missa o padre frei Henrique, a qual foi cantada e oficiada por esses já ditos. Ali estiveram conosco a ela obra de cinquenta ou sessenta deles, assentados todos de joelhos, assim como nós.

E quando veio ao Evangelho, que nos erguemos todos em pé, com as mãos levantadas, eles se levantaram conosco e alçaram as mãos, ficando assim, até ser acabado; e então tornaram-se a assentar como nós. E quando levantaram a Deus, que nos pusemos de joelhos, eles se puseram assim todos, como nós estávamos com as mãos levantadas, e em tal maneira sossegados, que, certifico a Vossa Alteza, nos fez muita devoção.

Estiveram assim conosco até acabada a comunhão, depois da qual comungaram esses religiosos e sacerdotes e o capitão com alguns de nós outros.

Alguns deles, por o sol ser grande, quando estávamos comungando, levantaram-se, e outros estiveram e ficaram. Um deles, homem de cinquenta ou 55 anos, continuou ali com aqueles que ficaram. Esse, estando nós assim, ajuntava estes, que ali ficaram, e ainda chamava outros. E andando assim entre eles falando, lhes acenou com o dedo para o altar e depois apontou o dedo para o céu, como se lhes dissesse alguma coisa de bem; e nós assim o tomamos.

Acabada a missa, tirou o padre a vestimenta de cima e ficou em alva; e assim se subiu junto com altar, em uma cadeira. Ali nos pregou do Evangelho e dos Apóstolos, cujo dia hoje é, tratando, ao fim da pregação, deste vosso prosseguimento tão santo e virtuoso, o que nos aumentou a devoção.

Esses, que à pregação sempre estiveram, quedaram-se como nós olhando para ele. E aquele, que digo, chamava alguns que viessem para ali. Alguns vinham e outros iam-se. E, acabada a pregação, como Nicolau Coelho trouxesse muitas cruzes de estanho com crucifixos, que lhe ficaram ainda da outra vinda, houveram por bem que se lançasse a cada um a sua ao pescoço. Pelo que o padre frei Henrique se assentou ao pé da cruz e ali, a um por um, lançava a sua atada em um fio ao pescoço, fazendo-lha primeiro beijar e alevantar as mãos. Vinham a isso muitos; e lançaram-nas todas, que seriam obra de quarenta ou cinquenta.

Isto acabado — era já bem uma hora depois do meio-dia — viemos às naus a comer, trazendo o capitão consigo aquele mesmo que fez aos outros aquela mostrança para o altar e para o céu e um seu irmão com ele. Fez-lhe muita honra e deu-lhe uma camisa mourisca e ao outro uma camisa destoutras.

E, segundo que a mim e a todos pareceu, esta gente não lhes falece outra coisa para ser toda cristã, senão entender-nos, porque assim tomavam aquilo que nos viam fazer, como nós mesmos, por onde nos pareceu a todos que nenhuma idolatria, nem adoração têm. E bem creio que, se Vossa Alteza aqui mandar quem entre eles mais devagar ande, que todos serão tornados ao desejo de Vossa Alteza. E por isso, se alguém vier, não deixe logo de vir clérigo para os batizar, porque já então terão mais conhecimento de nossa fé, pelos dois degredados, que aqui entre eles ficam, os quais, ambos, hoje também comungaram.

Entre todos estes que hoje vieram, não veio mais que uma mulher moça, a qual esteve sempre à missa e a quem deram um pano com que se cobrisse. Puseram-lho a redor de si. Porém, ao assentar, não fazia grande memória de o estender bem, para se cobrir. Assim, Senhor, a inocência desta gente é tal, que a de Adão não seria maior, quanto a vergonha.

Ora veja Vossa Alteza se quem em tal inocência vive se converterá ou não, ensinando-lhes o que pertence à sua salvação.

Acabado isto, fomos assim perante eles beijar a cruz, despedimo-nos e viemos comer.

Creio, Senhor, que com estes dois degredados ficam mais dois grumetes, que esta noite se saíram desta nau no esquife, fugidos para terra. Não vieram mais. E cremos que ficarão aqui, porque de manhã, prazendo a Deus, fazemos daqui nossa partida.

Esta terra, Senhor, me parece que da ponta que mais contra o sul vimos até a outra ponta que contra o norte vem, de que nós deste porto houvemos vista, será tamanha que haverá nela bem vinte ou 25 léguas por costa. Tem, ao longo do mar, nalgumas partes, grandes barreiras, delas vermelhas, delas brancas; e a terra por cima toda chã e muito cheia de grandes arvoredos. De ponta a ponta, é toda praia parma, muito chã e muito formosa.

Pelo sertão nos pareceu, vista do mar, muito grande, porque, a estender olhos, não podíamos ver senão terra com arvoredos, que nos parecia muito longa.

Nela, até agora, não pudemos saber que haja ouro, nem prata, nem coisa alguma de metal ou ferro; nem lho vimos. Porém a terra em si é de muito bons ares, assim frios e temperados como os de Entre Douro e Minho, porque neste tempo de agora os achávamos como os de lá.

Águas são muitas; infindas. E em tal maneira é graciosa que, querendo-a aproveitar, dar-se-á nela tudo, por bem das águas que tem.

Porém o melhor fruto, que nela se pode fazer, me parece que será salvar esta gente. E esta deve ser a principal semente que Vossa Alteza em ela deve lançar.

E que aí não houvesse mais que ter aqui esta pousada para esta navegação de Calecute, bastaria. Quando mais disposição para se nela cumprir e fazer o que Vossa Alteza tanto deseja, a saber, acrescentamento da nossa santa fé.

E nesta maneira, Senhor, dou aqui a Vossa Alteza do que nesta vossa terra vi. E, se algum pouco me alonguei, Ela me perdoe, que o desejo que tinha, de Vos tudo dizer, mo fez assim pôr pelo miúdo.

E pois que, Senhor, é certo que, assim neste cargo que levo, como em outra qualquer coisa que de vosso serviço for, Vossa Alteza há de ser de mim muito bem servida, a Ela peço que, por me fazer singular mercê, mande vir da ilha de São Tomé a Jorge de Osório, meu genro — o que d'Ela receberei em muita mercê.

Beijo as mãos de Vossa Alteza.

Deste Porto Seguro, da Vossa Ilha de Vera Cruz, hoje, sexta-feira, primeiro dia de maio de 1500.

Pero Vaz de Caminha

28

MELHOR UM LADRÃO QUE DOIS
DO PADRE ANTÔNIO VIEIRA PARA D. JOÃO IV
4 ABR. 1654

O português Antônio Vieira (1608-97), padre jesuíta, foi também escritor, orador e pensador político corajoso. Ao longo de sua carreira como missionário no Brasil e nas temporadas que passou na Europa, notabilizou-se pela luta contra a Inquisição e pela defesa de índios e judeus. Orador brilhante, Vieira deixou um conjunto de sermões que ainda hoje é estudado por sua excelência linguística e literária. Ou seja: a forma ficava à altura do conteúdo. Um pouco de cada uma dessas qualidades pode ser apreciado nesta duríssima carta enviada do Maranhão ao rei de Portugal, que lhe pedira conselhos administrativos. A elite colonial é apresentada como servidora do demônio — nada menos.

SENHOR — No fim da carta de que V. M. me fez mercê me manda V. M. diga meu parecer sobre a conveniência de haver neste estado ou dois capitães-mores ou um só governador.

Eu, Senhor, razões políticas nunca as soube, e hoje as sei muito menos; mas por obedecer direi toscamente o que me parece.

Digo que menos mal será um ladrão que dois; e que mais dificultoso serão de achar dois homens de bem que um. Sendo propostos a Catão dois cidadãos romanos para o provimento de duas praças, respondeu que ambos lhe descontentavam: um porque nada tinha, outro porque nada lhe bastava. Tais são os dois capitães-mores em que se repartiu este governo: Baltasar de Sousa não tem nada, Inácio do Rego não lhe basta nada; e eu não sei qual é maior tentação, se a necessidade, se a cobiça. Tudo quanto há na capitania do Pará, tirando as terras, não vale 10 mil cruzados, como é notório, e desta terra há-de tirar Inácio do Rego mais de 100 mil cruzados em três anos, segundo se lhe vão logrando bem as indústrias.

Tudo isto sai do sangue e do suor dos tristes índios, aos quais trata como tão escravos seus, que nenhum tem liberdade nem para deixar de servir a ele nem para poder servir a outrem; o que, além da injustiça que se faz aos índios, é ocasião de padecerem muitas necessidades os portugueses e de perecerem os pobres. Em uma capitania destas confessei uma pobre mulher, das que vieram das Ilhas, a qual me disse com muitas lágrimas que, dos nove filhos que tivera, lhe morreram em três meses cinco filhos, de pura fome e desamparo; e, consolando-a eu pela morte de tantos filhos, respondeu-me: "Padre, não são esses os porque eu choro, senão pelos quatro que tenho vivos sem ter com que os sustentar, e peço a Deus todos os dias que me os leve também".

São lastimosas as misérias que passa esta pobre gente das Ilhas, porque, como não têm com que agradecer, se algum índio se reparte não lhe chega a eles, senão aos poderosos; e é este um desamparo a que V. M. por piedade deverá mandar acudir com efeito: mas também a isto se acode nos capítulos de um papel que com esta vai.

Tornando aos índios do Pará, dos quais, como dizia, se serve quem ali governa como se foram seus escravos, e os traz quase todos ocupados em seus interesses, principalmente no dos tabacos, obriga-me a consciência a manifestar a V. M. os grandes pecados que por ocasião deste serviço se cometem.

Primeiramente nenhum destes índios vai senão violentado e por força, e o trabalho é excessivo, e em que todos os anos morrem muitos, por ser venenosíssimo o vapor do tabaco: o rigor com que são tratados é mais que de escravos; os nomes que lhes chamam e que eles muito sentem, feíssimos; o comer é quase nenhum; a paga tão limitada que não satisfaz a menor parte do tempo nem do trabalho; e como os tabacos se lavram sempre em terras fortes e novas, e muito distante das aldeias, estão os índios ausentes de suas mulheres, e ordinariamente eles e elas em mau estado, e os filhos sem quem os sustente, porque não têm os pais tempo para fazer suas roças, com que as aldeias estão sempre em grandíssima fome e miséria.

Também assim ausentes e divididos não podem os índios ser doutrinados, e vivem sem conhecimento da fé, nem ouvem missa nem a têm para a ouvir, nem se confessam pela Quaresma, nem recebem nenhum outro sacramento, ainda na morte; e assim morrem e se vão ao Inferno, sem haver quem tenha cuidado de seus corpos nem de suas almas, sendo juntamente causa estas crueldades de que muitos índios já cristãos se ausentam de suas povoações, e se vão para a gentilidade, e de que os gentios do sertão não queiram vir para nós, temendo-se do trabalho a que os obrigam, a que eles de nenhum modo são costumados, e assim se vêm a perder as conversões e os já convertidos; e os que governam são os primeiros que se perdem, e os segundos serão os que os consentem; e isto é o que cá se faz hoje e o que se fez até agora.

Assim que, Senhor, consciência e mais consciência é o principal e único talento que se há-de buscar nos que vierem governar este Estado. Se houvesse dois homens de consciência, e outros que lhes sucedessem, não haveria inconvenientes em estar o governo dividido. Mas, se não houver mais que um, venha um que governe tudo e trate do serviço de Deus e de V. M.; e se não houver nenhum, como até agora parece que não houve, não venha nenhum, que melhor se governará o Estado sem ele que com ele. Se para a justiça houver um letrado reto, para o político basta a Câmara e para a guerra um sargento-maior, e esse dos da terra e não de Elvas nem de Flandres; porque este Estado, tendo tantas léguas de costa e de ilhas e de rios abertos, não se há-de defender, nem pode, com fortalezas nem com exércitos, senão com assaltos, com canoas, e principalmente com índios e muitos índios; e esta guerra só a sabem fazer os moradores que conquistaram isto, e não os que vêm de Portugal.

E bem se viu por experiência que um governador que veio de Portugal, Bento Maciel Parente, perdeu o Maranhão, e um capitão-mor, Antônio Teixeira, que cá se elegeu, o restaurou, e isto sem socorro do Reino. Aqui há homens de boa qualidade que podem governar com mais notícia e também com mais temor; e ainda que tratem do seu interesse, sempre será com muito maior moderação, e tudo o que granjearem ficará na terra, com que ela se irá aumentando; e se desfrutarem a herdade será como donos, e não como rendeiros, que é o que fazem os que vêm de Portugal. Mas uma vez que os índios estiverem independentes dos governadores, arrancada esta raiz, que é o pecado capital e original deste Estado, cessarão também todos os outros que dele se seguem, e Deus terá mais motivo de nos fazer mercê.

Este é, Senhor, o sentir de quase todos; mas o meu sentir, e o meu chorar, e o meu lamentar, é que tenho vindo a este Estado, e trazido a ele tantos religiosos muito servos de Deus, só com intento de o servirmos mais e com mais quietação, e de não tratarmos de outra coisa que da salvação de nossas almas e das desta pobre gente, sem nos divertirmos a nenhum outro cuidado, como até agora pela bondade de Deus temos feito; e que, apesar de tudo isto, seja tão poderoso o demônio neste Estado, e V. M. tão mal servido nele, que os que mais nos deveram favorecer, e ainda compadecer-se de nossos trabalhos, por não dizer edificar-se da constância e alegria com que os veem padecer e desprezar, esses sejam os que nos têm posto no maior trabalho de todos, perturbando nossas missões, impedindo o remédio e salvação de tantas almas, e sobretudo a quietação das nossas, principalmente da minha que é a mais fraca, sendo-me necessário andar com pleitos e requerimentos e informações, e ainda descer ao particular de escrever vidas e procedimentos alheios, de que só Deus é verdadeiro juiz, e o que eu não posso fazer sem grande pena e ainda escrúpulo, posto que tudo o que digo, Senhor, é sem paixão nem ódio algum contra as pessoas de quem falo, e somente porque V. M. não pode deferir ao remédio que pedimos sem ser inteiramente informado, e esta informação se não pode fazer sem nomear as pessoas que nos encontram, e as causas e interesses que a isto as movem, para que se atalhem.

Assim que, rei e senhor, V. M. mande considerar se é bem que estes índios sirvam a Deus, a V. M., à república, aos pobres, e à conservação de muitos outros índios; ou que, desprezados todos estes respeitos, sirvam com tantas ofensas de Deus aos interesses de um só homem, que é o que sempre fizeram e fazem. E porque a distância do lugar não sofre dilações nem interlocutórias, V. M. se sirva de mandar tomar no particular de nossas missões uma resolução última, com a qual nos livre V. M. por uma vez de requerimentos e de demandas com os ministros de V. M.; porque, se não estivermos totalmente isentos deles, nunca poderemos conseguir o fim para que viemos, da conversão e salvação das almas, e será melhor retirarmo-nos a tratar só da quietação das nossas.

A muito alta e poderosa pessoa de V. M. guarde Deus como a Cristandade e os vassalos de V. M. havemos mister.

Maranhão, 4 de abril de 1654.

Antônio Vieira

Senhor:

Acabo de receber a honra da vossa carta de 16 de outubro e muito me penaliza não a ter recebido mais cedo, mas tive de ficar no campo até agora por causa de minha saúde e já que vejo que as minhas informações vos chegam às mãos com segurança vou ter a honra de as comunicar.

Sou brasileiro e sabeis que a minha desgraçada pátria geme em atroz escravidão, que se torna todos os dias mais insuportáveis depois da vossa gloriosa independência, pois que os bárbaros portugueses nada poupam para tornar-nos desgraçados com medo que vos sigamos as pisadas, e como sabemos que estes usurpadores, contra a lei da natureza e da humanidade, não cuidam senão de oprimir-nos, estamos decididos a seguir o admirável exemplo que acabais de dar-nos e, por conseguinte, quebrar as nossas cadeias e fazer reviver a nossa liberdade, que está de todo morta e oprimida pela força, que é o único direito que os europeus têm sobre a América.

Mas cumpre que haja uma potência que dê a mão aos brasileiros, visto que a Espanha não deixará de unir-se a Portugal e, apesar das vantagens que temos para defender-nos, não o poderemos fazer, ou pelo menos não seria prudente aventurar-nos, sem certeza de sermos bem-sucedidos.

Isto posto, senhor, é a vossa nação que julgamos mais própria para ajudar-nos, não somente porque foi quem nos deu o exemplo, mas também porque a natureza fez-nos habitantes do mesmo continente e, por conseguinte, de alguma sorte compatriotas; pela nossa parte estamos prontos a dar todo o dinheiro que for necessário e a manifestar a todo tempo a nossa gratidão para com os nossos benfeitores.

Senhor, aqui tendes pouco mais ou menos o resumo das minhas intenções, e é para desempenhar esta comissão que vim à França, visto como eu não podia na América deixar de suscitar suspeitas naqueles que disto soubessem. Cumpre-vos agora ajuizar se elas são realizáveis e, no caso de quererdes consultar a vossa nação, estou habilitado para dar-vos todas as informações que julgardes necessárias.

Tenho a honra de ser com a mais perfeita consideração, senhor, vosso muito humilde e muito obediente servo.

Em Montpellier, 21 de novembro de 1786.

Vendek

29

DÊ A MÃO AOS BRASILEIROS

DE JOSÉ JOAQUIM MAIA PARA THOMAS JEFFERSON

21 NOV. 1786

A correspondência entre o estudante brasileiro José Joaquim Maia e Thomas Jefferson, um dos heróis da independência americana, é um episódio curioso na história das lutas de libertação que sacudiram o Novo Mundo nos séculos XVIII e XIX. Usando o pseudônimo de "Vendek", Maia, que estudava na Europa, pede a Jefferson, então embaixador na França, ajuda americana para a revolução brasileira. Supõe-se que fosse ligado aos inconfidentes mineiros (a data da carta sustenta a tese), mas a extensão desse envolvimento é desconhecida. Jefferson, que poucos anos depois se tornaria o terceiro presidente dos Estados Unidos, respondeu com simpatia e chegou a se encontrar com Maia, mas sem se comprometer.

OS CONTEMPORANEOS

S. A. Sisson del. e lith.

MARQUEZ DE BARBACENA

Marquez de Barbacena

S. A. Sisson Editor, Rua do Carmo 45

30

BEIJO OS PÉS DE V. EXCIA.
DE JOAQUIM SILVÉRIO DOS REIS
PARA O VISCONDE DE BARBACENA
11 ABR. 1789

O papel de Judas no Evangelho é o mesmo que coube ao português Joaquim Silvério dos Reis na história do Brasil. O nome desse coronel de cavalaria, fazendeiro e proprietário de minas virou sinônimo de traidor devido a uma carta. A denúncia que Silvério apresentou ao visconde de Barbacena não foi a única, mas se revelaria a mais substancial no processo contra os inconfidentes. Arruinado em seus negócios e a princípio cooptado pelos conspiradores, tudo indica que sua delação foi motivada por ganhos materiais, e não por lealdade à Coroa. Os historiadores não sabem se de fato teve os ganhos que ambicionava, mas é certo que sua vida virou um inferno depois disso.

Ilmo. e Exmo. sr. visconde de Barbacena

Meu senhor: Pela forçosa obrigação que tenho de ser leal vassalo à nossa augusta soberana, ainda apesar de se me tirar a vida, como logo se me protestou na ocasião em que fui convidado para a sublevação que se intenta, prontamente passei a pôr na presença de V. Excia. o seguinte:

Em o mês de fevereiro deste presente ano; vindo da revista do meu regimento, encontrei no arraial da Laje o sargento-mor Luís Vaz de Toledo; e falando-me em que se botavam abaixo os novos regimentos, porque V. Excia. assim o havia dito, é verdade que eu me mostrei sentido e queixei-me ao sargento-mor: me tinha enganado, porque em nome da dita senhora se me havia dado uma patente de coronel, chefe do meu regimento, com o qual me tinha desvelado em o regular e fardar, e muita parte à minha custa e que não podia levar à paciência ver reduzido à inação o fruto do meu desvelo, sem que eu tivesse faltas do real serviço; e juntando mais algumas palavras em desafogo da minha paixão. Foi Deus servido que isso acontecesse para se conhecer a falsidade que se fulmina.

No mesmo dia viemos dormir à casa do capitão José de Resende; e chamando-me a um quarto particular, de noite, o dito sargento-mor Luís Vaz, pensando que o meu ânimo estava disposto para seguir a nova conjuração pelos sentimentos e queixas que me tinha ouvido, passou o dito sargento-mor a participar-me, debaixo de todo o segredo, o seguinte:

Que o desembargador Tomás Antônio Gonzaga, primeiro cabeça da conjuração, havia acabado o lugar de ouvidor dessa Comarca, e que, isto posto, se achava há muitos meses nessa vila, sem se recolher a seu lugar da Bahia, com o frívolo pretexto de um casamento, que tudo é ideia porque já se achava fabricando leis para o novo regime da sublevação que se tinha disposto da forma seguinte:

Procurou o dito Gonzaga o partido e união do coronel Inácio José de Alvarenga e do padre José da Silva e Oliveira, e outros mais, todos filhos da América, valendo-se para seduzir a outros do alferes (pago) Joaquim José da Silva Xavier; e que o dito Gonzaga havia disposto da forma seguinte: que o dito coronel Alvarenga havia mandar duzentos homens pés-rapados da Campanha, paragem onde mora o dito coronel; e outros duzentos, o dito padre José da Silva; e que haviam de acompanhar a este vários sujeitos, que já passam de sessenta, dos principais destas Minas; e que estes pés-rapados, haviam de vir armados de espingardas e facões, e que não haviam de vir juntos para não causar desconfiança; e que estivessem dispersos, porém perto da Vila Rica, e prontos à primeira voz; e que a senha para o assalto haviam de ser cartas dizendo tal dia é o batizado; e que podiam ir seguros porque o comandante da tropa paga, tenente-coronel Francisco de Paula, estava pela parte do levante e mais alguns oficiais, ainda que o mesmo sargento-mor me disse que o dito Gonzaga e seus parciais estavam desgostosos pela frouxidão que encontravam no dito comandante e que, por essa causa, se não tinha concluído o dito levante.

E que a primeira cabeça que se havia de cortar era a de V. Excia. e depois, pegando-lhe pelos cabelos, se havia de fazer uma fala ao povo que já estava escrita pelo dito Gonzaga; e para sossegar o dito povo se havia levantar os tributos; e que logo passaria a cortar a cabeça do ouvidor dessa vila, Pedro José de Araújo, e ao escrivão da Junta, Carlos José da Silva, e ao ajudante de ordens Antônio Xavier; porque estes haviam seguir o partido de V. Excia. e que, como o intendente era amigo dele, dito Gonzaga, haviam ver se o reduziam a segui-los; quando duvidasse, também se lhe cortaria a cabeça.

Para este intento me convidaram e se me pediu mandasse vir alguns barris de pólvora, o que outros já tinham mandado vir; e que procuravam o meu partido por saberem que eu devia a Sua Majestade quantia avultada; e que esta logo me seria perdoada; e que, como eu tinha muitas fazendas e duzentos e tantos escravos, me seguravam fazer um dos grandes; e o dito sargento-mor me declarou vários entrados neste levante; e que se eu descobrisse, se me havia tirar a vida como já tinham feito a certo sujeito da Comarca de Sabará. Passados poucos dias fui à Vila de São José, aonde o vigário da mesma, Carlos Correia, me fez certo quanto o dito sargento-mor me havia contado; e disse-me mais: que era tão certo que estando o dito pronto para seguir para Portugal, para o que já havia feito demissão da sua igreja a seu irmão, o dito Gonzaga lhe embaraçara a jornada fazendo-lhe certo que com brevidade cá o poderiam fazer feliz, e que por este motivo suspendera a viagem.

Disse-me o dito vigário que vira já parte das novas leis fabricadas pelo dito Gonzaga e que tudo lhe agradava menos a determinação de matarem a V. Excia. e que ele, dito vigário, dera o parecer ao dito Gonzaga que mandasse antes a V. Excia. botá-lo do Paraibuna abaixo e mais a senhora viscondessa e seus meninos, porque V. Excia. em nada era culpado e que se compadecia do desamparo em que ficavam a dita senhora e seus filhos com a falta de seu pai; ao que lhe respondeu o dito Gonzaga que era a primeira cabeça que se havia de cortar porque o bem comum prevalece ao particular e que os povos que estivessem neutros, logo que vissem o seu general morto, se uniriam ao seu partido.

Fez-me certo este vigário, que, para esta conjuração, trabalhava fortemente o dito alferes pago Joaquim José, e que já naquela comarca tinha unido ao seu partido um grande séquito; e que cedo havia de partir para a capital do Rio de Janeiro a dispor alguns sujeitos, pois o seu intento era também cortar a cabeça do senhor vice-rei; e que já na dita cidade tinham bastante parciais.

Meu senhor, eu encontrei o dito alferes, em dias de março, em marcha para aquela cidade, e pelas palavras que me disse me fez certo o seu intento e do ânimo que levava; e consta-me, por alguns da parcialidade, que o dito Alferes se acha trabalhando este particular e que a demora desta conjuração era enquanto se não publicava a derrama; porém que, quanto tardasse, sempre se faria.

Ponho todos estes tão importantes particulares na presença de V. Excia. pela obrigação que tenho de fidelidade, não porque o meu instinto nem vontade sejam de ver a ruína de pessoa alguma, o que espero em Deus que, com o bom discurso de V. Excia., há de acautelar tudo e dar as providências sem perdição de vassalos. O prêmio que peço tão somente a V. Excia. é o rogar-lhe que, pelo amor de Deus, se não perca a ninguém.

Meu senhor, mais algumas coisas tenho colhido e vou continuando na mesma diligência, o que tudo farei ver a V. Excia. quando me determinar. Que o céu ajude e ampare a V. Excia. para o bom êxito de tudo. Beijo os pés de V. Excia., o mais humilde súdito.

Joaquim Silvério dos Reis, coronel de cavalaria dos Campos Gerais
Borda do Campo. 11 de abril de 1789.

31

QUE ALEGRIA FOI A NOSSA!!!!
DE D. PEDRO I PARA
A MARQUESA DE SANTOS
1826

A fama de mulherengo do primeiro imperador do Brasil, d. Pedro I, era justificada, mas nenhuma de suas amantes foi tão importante — ou provocou tanto escândalo — quanto Domitila de Castro Canto e Melo. Os dois se conheceram em 1822, pouco antes da Independência, quando ela era uma mulher de 24 anos que tentava se divorciar do marido. Entre altos e baixos, ficaram juntos até 1829, às vésperas do segundo casamento do imperador. Em 1826, Domitila ganhou do amante o título de marquesa de Santos. A correspondência dos dois é farta e recheada de exclamações e termos de alcova — como o apelido Fogo Foguinho, com o qual d. Pedro assinou diversas cartas.

Meu bem

Forte gosto foi o de ontem à noite que nós tivemos. Ainda me parece que estou na obra. Que prazer!! Que consolação!!! Que alegria foi a nossa!!!! Vim conversando com a proprietária quando de lá saí e ela me disse que mecê lhe disse que tinha a moléstia de Lázaro. Eu lhe disse que tinha muita pena, ela me disse que mecê lhe tinha dito e que ela também tinha pena, mas que muita gente tinha a tal moléstia. Eu respondi "ou tenha ou não, cá para mim não [...] me importa, porque não tenho tratos com ela". Eu assento que isso foi para ver o que eu lhe correspondia, e nunca me apanha nem há de apanhar descalço. O melhor é que eu, quando sair de dia, nunca lhe vá falar para que ela não desconfie do nosso "santo amor", e mesmo quando for para essa banda ir pelo outro caminho, e em casa nunca lhe falar em mecê, e sim em outra qualquer madama, para que ela desconfie de outra e nós vivamos tranquilos, à sombra do nosso saboroso amor. Tenho o prazer de lhe ofertar essas rosas e essas duas trocazes, que comeremos à noite. Aceite os mais puros e sinceros votos de amor do C.

Deste seu
amante constante
e verdadeiro e que se
derrete de gosto quando... com mecê,

O Fogo Foguinho

P.S.
Esta letra
parece estar
boa, mas mecê dirá à noite

32

BOA NOITE, BELO BROTO
DE LUCIANO BERIO PARA JOCY DE OLIVEIRA

27 FEV. 1961

A compositora e pianista brasileira Jocy de Oliveira tinha 24 anos quando recebeu esta carta do compositor italiano Luciano Berio, então com 35. Ela em começo de carreira, ele já festejado, os dois estavam no estágio inicial da "longa e incandescente relação" — palavras de Jocy em seu livro *Diálogo com cartas* — mantida ao longo da década de 1960 entre viagens de trabalho pelos Estados Unidos e pela Europa. A mecânica delicada dos casos extraconjugais se revela nas referências de Berio ao maestro Eleazar de Carvalho, marido de Jocy, e à meio-soprano Cathy Berberian, mulher do italiano. No entanto, Berio cogita topar a sociedade proposta por Eleazar num terreno em Mato Grosso.

Jocy,

Estou sempre com você, tanto com você que me parece quase inútil de lhe escrever. Mas eu preciso ter algo de você: não importa o quê: uma carta, uma palavra. É quase certo que irei por dois dias a S. Francisco (dias 3 e 4) e eu lhe telefonarei. Fique em casa no dia 3: farei todo o possível para lhe telefonar.

Estive esta manhã no correio de Chicago (posta-restante) com a ilusão de encontrar uma carta sua. Sabia que não era possível: mas precisava tentar assim mesmo.

Minha Jocy, estou sempre o mesmo, como estava quando você partiu. Estou dentro de você, com você.

É tarde. Estive com Eleazar, na casa do cônsul italiano em Chicago, que nos convidou para jantar (com Geraldine, Cathy e dez outras pessoas). Como tudo se torna difícil! Falamos sobre o Mato Grosso, naturalmente, Eleazar me propôs de comprar um terreno com ele. Decidi que farei isso! Isso também!

Eleazar me perguntou sobre sua viagem. Cathy lhe havia dito que você esqueceu dois pequenos pacotes no meu caminhão. Eu disse a ela que você tinha tanta bagagem que foi totalmente normal que você tenha esquecido alguma coisa no caminhão.

Meu amor, trabalhei muito estes últimos dias. Amanhã à noite, o concerto. É suficiente.

Renunciei também aos concertos em Cologne e em Estocolmo. É ainda uma outra loucura de simplificar tanto as coisas: mas agora eu somente tenho vontade de trabalhar e me reencontrar só e de pensar em você. Tudo que conheço de você e tudo que ainda não compreendi: ou melhor, que eu não conheço ainda.

Boa noite, belo broto. Te abraço muito forte. Te amo. Desculpe se te escrevo rapidamente. Luciano.

Quando você receber esta carta, estarei já em S. Francisco ou em NY. Não esqueça que te ligarei dia 3.

33

TENHO RAIVA DE TI, MEU AMOR
DE GRACILIANO RAMOS PARA
HELOÍSA LEITE DE MEDEIROS
16 JAN. 1928

O escritor alagoano Graciliano Ramos, autor de *Vidas secas*, é um dos grandes nomes da literatura brasileira. É também dono de uma prosa inconfundível, enxuta e cortante, da qual fez emprego extraliterário quando cortejava aquela que viria a ser sua segunda e última mulher. Heloísa de Medeiros ainda não completara dezoito anos quando, viúvo e maduro em seus 35, mas ainda inédito como ficcionista, Graciliano se apaixonou pela adolescente. Feita em grande parte por escrito, a corte favorecia o então prefeito de Palmeira dos Índios (AL), que subvertia o estilo açucarado das cartas de amor para, de modo desconcertante, seduzir. Era um risco. Deu certo: um mês depois estavam casados.

Heloísa,

Chegaram-me as duas linhas e meia que me escreveste. Pareceram-me feitas por uma senhora muito séria, muito séria! muito antiga, muito devota, dessas que deitam água benta na tinta.

Tanta gravidade, tanta medida, só vejo em documentos oficiais. Até sinto desejo de começar esta carta assim: "Exma. Sra.: tenho a honra de comunicar a V. Exa., etc.".

Onze palavras! Imagina o que um indivíduo experimenta ao receber onze palavras frias da criatura que lhe tira o sono? Não imaginas. E sabes o que vem a ser isto de passar horas acordado, sonhando coisas absurdas? Não sabe. Pois eu te conto.

Sento-me à banca, levado por um velho hábito, olho com rancor uma folha de papel, que teima em tornar-se branca, penso que o Natal é uma festa deliciosa. Os bazares, a delegacia de polícia, a procissão de Nossa Senhora do Amparo... E depois o jogo dos disparates, excelente jogo. "Iaiá caiu no poço." Ora o poço! Quem caiu no poço fui eu.

Principio uma carta que devia ter escrito há três meses, não posso concluí-la. Fumo cigarros sem contar, olhando um livro aberto, que não leio. Dançam na minha cabeça uma chusma de ideias desencontradas. Entre elas, tenaz, surge a lembrança de uma criaturinha a quem eu disse aqui em casa, depois da prisão do vigário, nem sei que tolices.

Apaga-se a luz, deito-me. O sono anda longe. Que vieste fazer em Palmeira? Por que não te deixaste ficar onde estavas?

Não consigo dormir. O nordeste, lá fora, varre os telhados. Na escuridão vejo distintamente essa mancha que tens no olho direito e penso em certa conversa de cinco minutos, à janela do reverendo. Por que me falaste daquela forma? Desejei que o teto caísse e nos matasse a todos.

Andei criando fantasmas. Vi dentro de mim outra muito diferente da que encontrei naquele dia.

Por que me quisestes? Deram-te conselhos? Por que apareceste mudada em vinte e quatro horas? Eu te procurei porque endoideci por tua causa quando te vi pela primeira vez.

É necessário que isto acabe logo. Tenho raiva de ti, meu amor.

Fui visitar o padre Macedo.

Falou-me de ti, mas o que me disse foi vago, confuso, diante de dez pessoas. É triste que, para ter notícias tuas, minha filha, eu as ouça em público. Foram minhas irmãs que me disseram o dia do teu aniversário e me deram teu endereço.

Tinha razão quando afirmaste que entre nós não havia nada. Muito me fazes sofrer.

É preciso que tenhas confiança em mim, que me escrevas cartas extensas, que me abras largamente as portas de tua alma.

Beijo-te as mãos, meu amor.

Recomendo-me aos teus, com especialidade a dona Lili, que vai ser minha sogra, diz ela. Acho-a boa demais para sogra.

Amo-te muito. Espero que ainda venhas a gostar de mim um pouco.

Teu Graciliano
Palmeira, 16 de janeiro de 1928.

34

AMO-TE! AMO-TE!
DE OLAVO BILAC PARA
AMÉLIA DE OLIVEIRA
1887

Olavo Bilac (1865-1918) foi o mais importante poeta brasileiro do período parnasiano, autor de versos como "Ora (direis) ouvir estrelas" e "Ama, com fé e orgulho, a terra em que nasceste!". A carioca Amélia de Oliveira, a quem ele se declara com fervor nesta carta escrita (provavelmente em 1887) em São Paulo, onde Bilac cursava a faculdade de direito, era irmã do também poeta Alberto de Oliveira, com quem ele travara amizade anos antes na faculdade de medicina — que nenhum dos dois chegou a concluir. A moça foi o grande amor da vida do poeta. Ficaram noivos, mas outro dos quinze irmãos de Amélia se opôs a seu casamento com um "boêmio". Bilac acabaria morrendo solteiro.

Amélia

Amo-te, amo-te! Como é bom poder enfim dizer o que nos enchia o coração! Amo-te, amo-te, amo-te cegamente, loucamente, mais que a tudo! Amo-te porque és para mim a melhor, a mais pura, a mais santa de todas as criaturas. Amo-te, porque tu, meu orgulho e minha vida, foste a única mulher que me soube fazer conhecer toda a divina delícia, toda a suave tortura do verdadeiro amor.

Amei-te no primeiro dia em que te vi: amei-te em silêncio, em segredo, sem esperança de te possuir e sem refletir. Não quis saber quem eras, nem quis saber se me poderias amar; amei-te e amo-te cada vez mais. Estou em S. Paulo por tua causa. Trabalharei, farei sacrifício de tudo, lutarei contra tudo, mas juro-te que serás minha, inteiramente minha, unicamente minha. Amo-te! Amo-te! Amo-te!

Olavo

35

SER PUTA NO CARIBE É UM BARATO

DE "GISELLE" PARA JOSÉ CARLOS OLIVEIRA

DEZ. 1974

Entre as cartas recebidas pelo cronista José Carlos Oliveira — uma das estrelas da época de ouro do *Jornal do Brasil*, nos anos 1970 —, a mais intrigante chegou de Porto Rico no final de 1974. Era assinada por Giselle, uma jovem brasileira que se orgulhava de uma glamorosa carreira na prostituição internacional. O boêmio Carlinhos se apaixonou. Dedicou uma crônica a Giselle, rebatizada de Priscilla. A moça continuou lhe escrevendo por algum tempo de novos destinos turísticos, até que um dia sumiu. Passaram-se mais de dois anos antes que um amigo, o jornalista José Gueiros, confessasse ao mortificado cronista que ele mesmo escrevera as cartas: Giselle era uma ficção.

Caro Carlinhos:

Você vai achar estranho receber uma carta de mulher desconhecida, mas não se preocupe, sou das que não chateiam. Nasci e morei no Rio até os 23 anos. Recentemente decidi abraçar a mais velha das profissões e tenho viajado muito na qualidade de representante do Brasil nos jogos sexuais internacionais. Aqui por estas ilhas ao sol e ao luar romântico tenho atiçado algumas paixões tão intensas quanto efêmeras. Ser puta no Caribe é um barato, acredite. Os porto-riquenhos têm pau pequeno, mas são muito simpáticos e generosos. Sinto falta do *Jornal do Brasil* por aqui; é uma pena não poder ler seus artigos como fazia no Rio. Ah! o porra-louquismo carioca!! que saudade! Escrevo a você numa espécie de catarse, querendo desabafar. Como dizem aqui: Santa Madre de Dios, la verdadera, como se houvesse outras falsas.

Beijos da leitora exilada
Giselle

36

HERMES, ESSE SARGENTÃO

DE "ARTHUR BERNARDES" PARA RAUL SOARES

3 JUN. 1921

Em 1921, Arthur Bernardes, então presidente (o equivalente a governador) de Minas Gerais e candidato à sucessão de Epitácio Pessoa na presidência da República, foi vítima de uma fraude que quase lhe custaria a eleição: elegeu-se, mas foi expressivo o desgaste de provar que não era o autor das duas cartas em que seu nome aparecia assinando insultos pesados ao ex-presidente Hermes da Fonseca e aos militares em geral. Aliados à oposição, muitos oficiais "estavam em ensaio geral para intervir à força contra as oligarquias", nas palavras do cientista político Paulo Sérgio Pinheiro. Esta é a primeira das cartas falsas, manuscrita em papel timbrado do governo mineiro.

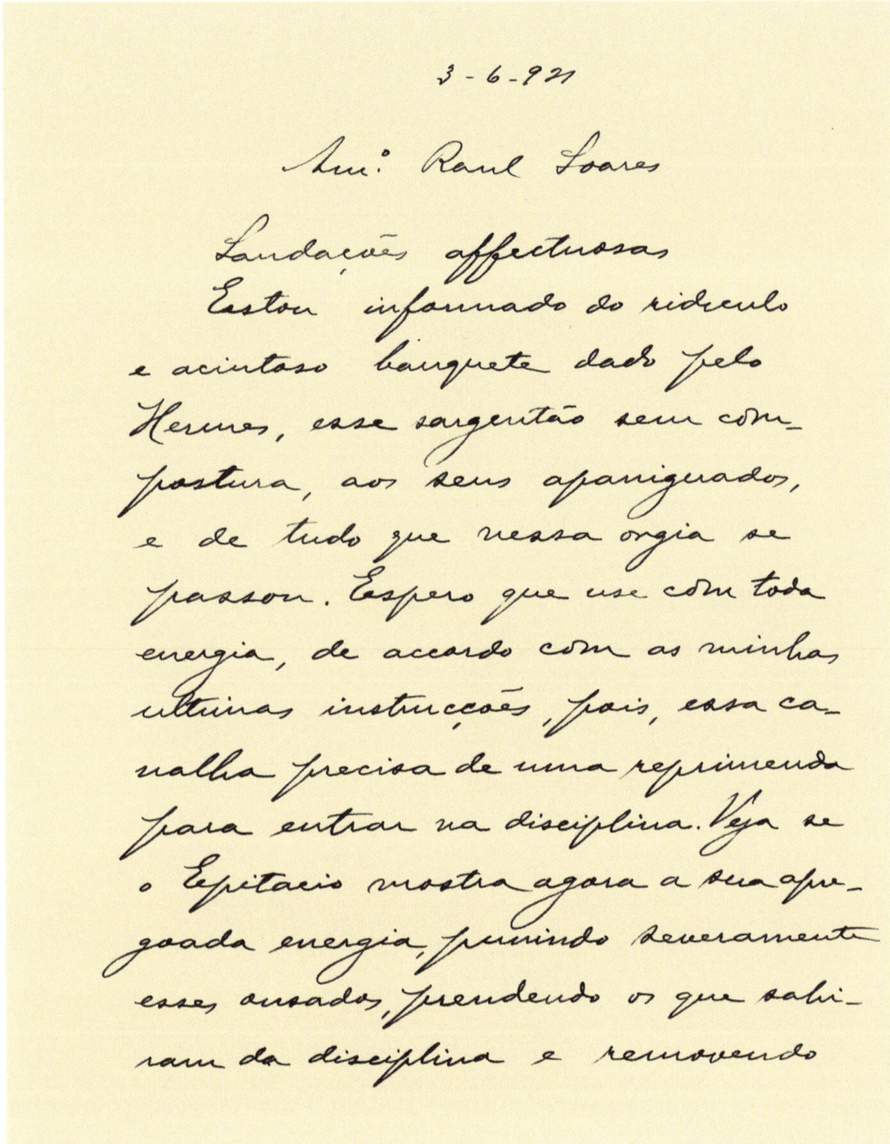

3-6-921

Amº Raul Soares

Saudações affectuosas

Estou informado do ridiculo e acintoso banquete dado pelo Hermes, esse sargentão sem compostura, aos seus apaniguados, e de tudo que nessa orgia se passou. Espero que use com toda energia, de accordo com as minhas ultimas instrucções, pois, essa canalha precisa de uma reprimenda para entrar na disciplina. Veja se o Epitacio mostra agora a sua apregoada energia, punindo severamente esses ousados, prendendo os que sahiram da disciplina e removendo

Belo Horizonte, 3-6-921

Amo. Raul Soares

Saudações afetuosas

Estou informado do ridículo e acintoso banquete dado pelo Hermes, esse sargentão sem compostura, aos seus apaniguados, e de tudo que nessa orgia se passou. Espero que use com toda energia, de acordo com as minhas últimas instruções, pois essa canalha precisa de uma reprimenda para entrar na disciplina. Veja se o Epitácio mostra agora a sua apregoada energia, punindo severamente esses ousados, prendendo os que saíram da disciplina e removendo para bem longe esses generais anarquizadores. Se o Epitácio com medo não atender, use de diplomacia, que depois do meu reconhecimento ajustaremos contas.

A situação não admite contemporizações, os que forem venais, que é quase a totalidade, compre-os com todos os seus bordados e galões.

Abraços do

Arthur Bernardes

[...]

Saudações atenciosas

para bem longe esses Generaes anarchisadores. Se o Epitacio com medo não attender, use de diplomacia que depois do meu reconhecimento ajustaremos contas.

A situação não admitte contemporisações os que forem venaes, que é quasi a totalidade, compre-os com todos os seus bordados e gallões.

Abraços do

Arthur Bernardes.

Amigo Dr. Borges

Saudações attenciosas

37

AÍ, E SÓ AÍ, A EMOÇÃO PASSA
DE CAIO GRACO PARA
CRISTOVÃO TEZZA

ABR. 1970

O escritor Cristovão Tezza, então com menos de dezoito anos, vivia na comunidade teatral hippie liderada pelo dramaturgo Wilson Rio Apa na cidadezinha de Antonina (PR) quando lá chegou o editor paulista de seu guru. Caio Graco, da Brasiliense, gostou de um monólogo do jovem Cristovão — "fraquinho, panfletário", recorda o autor de *O filho eterno* — e instigou-o a lhe enviar tudo o que escrevesse. Meses depois o manuscrito de *O papagaio que morreu de câncer* chegava à mesa do editor, mas não o agradou. "Era um calhamaço infantil", ri Cristovão. A carta de recusa é delicada e perspicaz: "O que interessa são as relações humanas e as modificações que as pessoas sofrem no processo".

Prezado Cristóvão 4/70

Desculpe o atrazo,ando ocupadíssimo depois da prisão de meu Pai (esperamos que o recurso,à ser julgado em Maio ou Junho) ponha um fim nessa loucura) e assim não tive bastante tempo para ler logo,como éra minha vontade,seu livro.Bom,o que vou diser é opinião de leitor,não sou crítico nem tenho capacidade para isso.Se achar bobagem não tem importancia,bote na balança...Quando voce me contou a estória fiquei muito interessado mas lendo os originais tive uma sensação de "peso".Porque?Acho que voce fugiu um bocado do "pessoal" para descrições enormes, na maioria das vezes inúteis.Veja bem:o que interessa fundamentalmente são as relações humanas e asa modificações que as gentes sofrem no processo,como elas são,foram e ficaram.Essa parte,infelizmente,me pareceu pouco cuidadda.Como a gente sempre se põe nos personagens e não poderia ser de outra forma ainda mais voce com 18 anos,será que não houve uma espécie de bloqueio de sua parte que impediu o maior desenvolvimento?No papo que tivemos,na sua peça que assistí,te sinto muito humano,aberto, sensível e sofrido.Nesses termos nos encontramos e,acredito de sua parte tambem a afinidade se baseou nisso.Sua amizade com o Rio Apa prova isso tambem,só gente bacana se aproxima de gente bacana.E onde está isso no livro?Daquí e dalí um esboço e eu pensava "finalmente,vamos mergulhar... mas lá vinha o desvio,a estação,as loongas introduções muita vez mais justificativas que esclarecedoras,enfim acho que seria coisa prá rever, secar,secar,secar depois pegar o resto e fazer "viver" os personagens mais de dentro para fóra (afinal foi voce quem escreveu a peça que é só de dentro para fóra)pode fazer,portanto.Uma sugestão:pegue um trecho qualquer,um que te seja mais íntimo,escreva prá voce mesmo,trancado,da forma que te daria mais prazer ler no livro deoutro e depois compare.Se ajudar umas pingas desarmam defesas e podem contribuir.Sei lá,isto está confuso pácas e não sei se claro (duvido),mas o fato é que acho super possível voce como escritor mas para chegar lá a gente precisa antes abandonar o ato que representamos,e na hora de escrever ser a gente mesm inteirinho,aí,e só aí a emoção passa,que nem entre amigos.

um abração,a crítica pode ter sido estúpidq mas foi por querer bem e acreditar.

Era bom um papo, você nunca vem por aqui?

38

MASTIGUEI MINHAS RAÍZES
DE HILDA HILST PARA
CARLOS DRUMMOND DE ANDRADE

10 AGO. 1962

Hilda Hilst (1930-2004) e Carlos Drummond de Andrade (1902-87) se conheceram em 1952, por intermédio de Lygia Fagundes Telles, quando a poeta paulista tinha 22 anos. O cinquentão consagrado acusou o golpe. A asa que arrastou por Hilda ficou registrada em um poema que viria a público em 1991, no qual dizia: "Hilda dos outros, não minha...". A paixonite era rotina na história da bela, rica, talentosa e boêmia escritora, que em 1963 trocaria a vida mundana pelo retiro em sua Casa do Sol, em Campinas, na fazenda da família. Lá, até morrer, Hilda iria se dedicar à literatura, compondo uma obra intensamente autoral. Esta carta ao admirador data daquele momento crucial de transição.

Drummond, poeta querido

Muito obrigada pelas boas coisas que me disse. Tenho sempre muita saudade de você e espero sempre que um dia a gente possa conversar longamente de corpo presente. Como seria bom! Tantas coisas se fizeram dentro de mim, tantas se diluíram e tantas morreram. Cresci e mastiguei minhas raízes como era preciso. Tenho procurado tanto, Carlos. O que escrevo sempre me parece pequeno, pretensioso e inútil. Mas continuo. E continuo também a amar as gentes, a acreditar como se tivesse nascido logo agora, neste instante. Ou como se estivesse para morrer porque acredito que na morte é mais fácil amar e perdoar. Alguns bons amigos que tenho repetem sempre que tenho uma debilidade anormal porque quero bem até aqueles que não amam e que esse amor em mim é pretensa humildade. No fundo, dizem eles, vontade de parecer melhor que os outros, bondade maldosa.

Será isso, não sei. Li um homem que me impressionou como nunca: o grego Nikos Kazantzakis. Você conhece? O seu livro *Lettres au Grecco* fez com que muitas coisas se iluminassem, fiquei tomada de vida, de esperança e de amor. Foi incrível a luta, a fé e o caminho desse homem. Seus deuses, Cristo, Buda, Lênin, são todos um só, uma grande harmonia, uma grande chama. O anjo, ele diz, nada mais é do que um demônio enriquecido e a mais torturada das criaturas de Deus é Lúcifer. E se você perguntar quem é o filho pródigo pelo qual o pai mata um belo e gordo carneiro, ele dirá, Lúcifer! Ah, Carlos, o homem é de arrepiar os cabelos e tudo mais. E o mais maravilhoso: Ele é poeta dos mais altos. Ainda não consegui o livro de poemas, mas dizem por aí que é a mais bela poesia acontecida.

Carlos, escreva para mim. Sei que você é ocupado, etc., mas é preciso que a gente se fale um pouco, algumas vezes, para matar tanta saudade.

Vejo sempre Lígia e com muito amor falamos sempre de você e da sua grande poesia.

O carinho e o abraço da

Hilda

39

CASUALMENTE RUSSA
DE CLARICE LISPECTOR PARA GETÚLIO VARGAS
3 JUN. 1942

Clarice Lispector era uma escritora inédita quando enviou ao presidente Getúlio Vargas, ditador do Estado Novo, uma carta em que abria o coração: queria ser oficialmente brasileira. E logo! Tinha 21 anos — idade mínima para requerer a naturalização — e estava com pressa. Já era brasileira de fato: nascida na Ucrânia, chegara aqui bebê, trazida pelos pais que fugiam do antissemitismo, e não falava "uma só palavra de russo". Vargas deve ter se omitido, pois o processo de Clarice se resolveu no prazo regulamentar, em 12 de janeiro de 1943, dias antes de seu casamento com o diplomata Maury Gurgel Valente. No fim daquele ano sairia seu primeiro livro, *Perto do coração selvagem*.

Rio de Janeiro, 3 de junho de 1942

Senhor presidente Getúlio Vargas,

Quem lhe escreve é uma jornalista, ex-redatora da Agência Nacional (Departamento de Imprensa e Propaganda), atualmente n'*A Noite*, acadêmica da Faculdade Nacional de Direito e, casualmente, russa também.

Uma russa de 21 anos de idade e que está no Brasil há 21 anos menos alguns meses. Que não conhece uma só palavra de russo mas que pensa, fala, escreve e age em português, fazendo disso sua profissão e nisso pousando todos os projetos do seu futuro, próximo ou longínquo. Que não tem pai nem mãe — o primeiro, assim como as irmãs da signatária, brasileiro naturalizado — e que por isso não se sente de modo algum presa ao país de onde veio, nem sequer por ouvir relatos sobre ele. Que deseja casar-se com brasileiro e ter filhos brasileiros. Que, se fosse obrigada a voltar à Rússia, lá se sentiria irremediavelmente estrangeira, sem amigos, sem profissão, sem esperanças.

Senhor presidente. Não pretendo afirmar que tenho prestado grandes serviços à nação — requisito que poderia alegar para ter direito de pedir a Vossa Excelência a dispensa de um ano de prazo, necessário a minha naturalização. Sou jovem e, salvo em ato de heroísmo, não poderia ter servido ao Brasil senão fragilmente. Demonstrei minha ligação com esta terra e meu desejo de servi-la, cooperando com o DIP, por meio de reportagens e artigos, distribuídos aos jornais do Rio e dos Estados, na divulgação e na propaganda do governo de vossa excelência. E, de um modo geral, trabalhando na imprensa diária, o grande elemento de aproximação entre governo e povo.

Como jornalista, tomei parte em comemorações das grandes datas nacionais, participei da inauguração de inúmeras obras iniciadas por Vossa Excelência, e estive mesmo ao lado de Vossa Excelência mais de uma vez, sendo que a última em 1º de maio de 1941, Dia do Trabalho.

Se trago a Vossa Excelência o resumo dos meus trabalhos jornalísticos não é para pedir-lhe, como recompensa, o direito de ser brasileira. Prestei esses serviços espontânea e naturalmente, e nem poderia deixar de executá-los. Se neles falo é para atestar que já sou brasileira.

Posso apresentar provas materiais de tudo o que afirmo. Infelizmente, o que não posso provar materialmente — e que, no entanto, é o que mais importa — é que tudo que fiz tinha como núcleo minha real união com o país e que não possuo, nem elegeria, outra pátria senão o Brasil.

Senhor presidente. Tomo a liberdade de solicitar a Vossa Excelência a dispensa do prazo de um ano, que se deve seguir ao processo que atualmente transita pelo Ministério da Justiça, com todos os requisitos satisfeitos. Poderei trabalhar, formar-me, fazer os indispensáveis projetos para o futuro, com segurança e estabilidade. A assinatura de Vossa Excelência tornará de direito uma situação de fato. Creia-me, senhor presidente, ela alargará minha vida. E um dia saberei provar que não a usei inutilmente.

Clarice Lispector

40

ESTA É A MINHA DESPEDIDA
DE OLGA BENÁRIO PARA
LUÍS CARLOS PRESTES
E ANITA LEOCADIA

ABR. 1942

É difícil que a leitura de outra carta da história brasileira seja tão dilacerante — qualquer que seja a posição ideológica do leitor, vale dizer — quanto a última que a militante comunista alemã Olga Benário escreveu do campo de concentração de Ravensbrück. Sabendo que no dia seguinte morreria na câmara de gás, ela se despede do marido, Luís Carlos Prestes, e da filha bebê, Anita Leocadia — que, tendo nascido na prisão, fora entregue a uma organização humanitária. Naquele que é considerado o mais covarde crime de Estado da história do Brasil, a judia Olga fora oferecida numa bandeja aos nazistas pela ditadura Vargas, grávida, depois do fracasso da Intentona Comunista.

Queridos:

Amanhã vou precisar de toda a minha força e de toda a minha vontade. Por isso, não posso pensar nas coisas que me torturam o coração, que são mais caras que a minha própria vida. E por isso me despeço de vocês agora. É totalmente impossível para mim imaginar, filha querida, que não voltarei a ver-te, que nunca mais voltarei a estreitar-te em meus braços ansiosos. Quisera poder pentear-te, fazer-te as tranças — ah, não, elas foram cortadas. Mas te fica melhor o cabelo solto, um pouco desalinhado. Antes de tudo, vou fazer-te forte. Deves andar de sandálias ou descalça, correr ao ar livre comigo. Sua avó, em princípio, não estará muito de acordo com isso, mas logo nos entenderemos muito bem. Deves respeitá-la e querê-la por toda a tua vida, como o teu pai e eu fazemos. Todas as manhãs faremos ginástica... Vês? Já volto a sonhar, como tantas noites, e esqueço que esta é a minha despedida. E agora, quando penso nisto de novo, a ideia de que nunca mais poderei estreitar teu corpinho cálido é para mim como a morte.

Carlos, querido, amado meu: terei que renunciar para sempre a tudo de bom que me destes? Conformar-me-ia, mesmo que não pudesse ter-te muito próximo, que teus olhos mais uma vez me olhassem. E queria ver teu sorriso. Quero-os a ambos, tanto, tanto. E estou tão agradecida à vida, por ela haver-me dado a ambos. Mas o que eu gostaria era de poder viver um dia feliz, os três juntos, como milhares de vezes imaginei. Será possível que nunca verei o quanto orgulhoso e feliz te sentes por nossa filha?

Querida Anita, meu querido marido, meu Garoto: choro debaixo das mantas para que ninguém me ouça, pois parece que hoje as forças não conseguem alcançar-me para suportar algo tão terrível. É precisamente por isso que esforço-me para despedir-me de vocês agora, para não ter que fazê-lo nas últimas e difíceis horas. Depois desta noite, quero viver para este futuro tão breve que me resta. De ti aprendi, querido, o quanto significa a força de vontade, especialmente se emana de fontes como as nossas. Lutei pelo justo, pelo bom e pelo melhor do mundo. Prometo-te agora, ao despedir-me, que até o último instante não terão por que se envergonhar de mim. Quero que me entendam bem: preparar-me para a morte não significa que me renda, mas sim saber fazer-lhe frente quando ela chegue. Mas, no entanto, podem ainda acontecer tantas coisas... Até o último momento manter-me-ei firme e com vontade de viver. Agora vou dormir para ser mais forte amanhã. Beijo-os pela última vez.

Olga

41

QUEREMOS CENSORES MELHORES

DA CONGREGAÇÃO MARIANA SÃO GONÇALO PARA O MINISTRO ALFREDO BUZAID

2 AGO. 1970

Em 1970, sob o comando do general Emílio Garrastazu Médici, a ditadura militar atingiu o auge do endurecimento. Na área cultural, a expressão andava menos livre do que nunca desde janeiro, quando um decreto-lei instituíra a censura prévia. Havia quem achasse pouco. Em carta ao ministro da Justiça, Alfredo Buzaid, desencavada nos arquivos pelo historiador Thiago de Sales Silva, seis membros da Congregação Mariana São Gonçalo, organização católica de São Paulo, pediram maior rigor com os comerciais e com as telenovelas *Assim na terra como no céu*, de Dias Gomes; *Irmãos coragem*, de Janete Clair; e *Simplesmente Maria*, de Célia Alcântara, com adaptação de Benedito Ruy Barbosa. Tudo em nome dos "valores morais da nação".

2/

CONGREGAÇÃO MARIANA SÃO GONÇALO

HOMENS

IGREJA DE SÃO GONÇALO — PRAÇA JOÃO MENDES — TEL. 36-2628

SÃO PAULO

São Paulo, 2 de agôsto de 1970

Exmo Sr Ministro da Justiça
Dr Alfredo Buzaid

Respeitosos cumprimentos

Pedimos queira relevar voltarmos ao prezado comapnheiro, que ocupa tão elevado cargo na direção de nossa Pátria, para expressar nossos sentimentos de solidariedade a sua brilhante ação nêsse Ministério e solicitar providências acêrca de certas novelas de televisão.

Em especial desejamos uma salutar ação governamental contra as novelas " Assim na terra como no Céu", Irmãos Coragem e Simplesmente Maria, onde se atinge a honorabilidade do sacerdote e se apresentam exemplos destrutivos da família e da moral.

Quando o govêrno se preocupa em dar uma formação moral e cívica séria, aos estudantes de todos os níveis, como fator importantíssimo na preservação dos valôres morais da Nação, parece-nos que tais novelas penetrando nos lares, vão destruir todo êsse esfôrço e tôda a boa intenção governamental.

Não se contentam os inimigos da Pátria e da Religião em se servir do cinema nacional sobretudo, mas vendo a inércia de muitos homens de boa formação e de responsabilidade no setor público, sentem-se estimulados na sua audácia.

Julgamos muito importante, se o govêrno deseja de fato preservar os valôres morais, uma ação mais enérgica nas televisões, e uma escolha mais cuidadosa dos censores.

Aproveitamos esta ocasião também, para alertar sôbre as deturpações de motivos e frases religiosas e seus símbolos na propaganda comercial de tecidos, bebidas etc. (ex conhaque do Papa), etc.

Esta é a maneira sutil e maliciosa de minar as consciências e destruir o que há de mais sagrado num povo: seus sentimentos religiosos e cívicos.

Aguardando as providências governamentais, respeitosa e confiadamente subscrevemo-nos

P. Walter Hauer de Carvalho — Assistente Eclesiástico

[illegible] (Presidente)

[illegible] Tesoureiro

Carlos S. C. Borges

3690
25 11 70

42

O TIRADENTES DA ÉPOCA DOS COMPUTADORES

DE ZUZU ANGEL PARA TEREZINHA

17 AGO. 1971

A estilista Zuzu Angel tornou-se uma incansável adversária da ditadura militar a partir de 1971, quando seu filho Stuart Jones, filiado ao grupo guerrilheiro MR-8, foi torturado e morto no Centro de Informações da Aeronáutica, no Rio de Janeiro. Ela exigia que lhe apresentassem ao menos o corpo do filho. Famosa e com conexões internacionais (o pai de Stuart era americano), Zuzu era mais difícil de matar. Morreu num acidente de carro em 1976, uma semana depois de escrever o seguinte: "Se eu aparecer morta, por acidente ou outro meio, terá sido obra dos assassinos do meu amado filho". Nesta carta, a estilista responde à mulher de um general que lhe escrevera para dizer que todo mundo morre.

ZUZU ZA ANGEL
RUA NASCIMENTO SILVA, 510
IPANEMA - RIO - GB - ZC - 37
BRASIL

Rio de Janeiro,17 de Agôsto de 1971.

Terezinha,

Agradeço a sua bem intencionada carta, - mas gostaria que você compreendesse que a sua expressão - "Todos vão para lá, não interessa o que tenham feito ou como tenham vivido"- me magoou e feriu profundamente.

Quero que você saiba que nem ao menos tenho certeza se meu filho está morto, pois não me entregaram o corpo.

Do dia 12 a 18 de Maio ele foi torturado, espancado e por fim arrastado por um jeep da Gloriosa Aeronáutica Brasileira no Galeão, porque se recusou a assinar confissão do que lhe era atribuido, e que lógicamente ele nunca fizera.

Um dos seus professores esteve aqui e disse: "Stuart era tão humilde, delicado,bom e calado que ninguem poderia imaginar quanta cultura e sabedoria ele carregava dentro de sí". Ainda disse ele:"Estou vendo o Stuart até pedindo desculpas aos seus algozes por lhes dar este trabalho de espanca-lo, tortura-lo e arratalo num jeep para arrancar confissões hipotéticas.

Terezinha, enquanto houver pessôas como você e outras que acreditam que a nossa melhor juventude, que está sendo torturada e morta nos cárceres brasileiros realmente comete crimes, tudo continuará a ruir ao nosso redor - conforme expressão sua.

Meu filho passou toda a sua existência estudando, estudando, estudando - só linguas falava oito,que eu tenha conhecimento; talvez muitas mais pois ele não gostava de mostrar os seus conhecimentos nem para as pessôas da casa.

Enquanto o Brasil silência sobre o martirio deste jovem, este fato é noticiado em 8.000 (oito mil)jornais no mundo inteiro.

O futuro mostrará o Tiradentes da época dos computadores.

Zuzu Angel

43

O PREÇO DE NOSSOS ERROS
DE CÉSAR BENJAMIN PARA CID BENJAMIN
OUT. 1974

Cientista político, articulista e editor, César Benjamin tinha vinte anos quando escreveu esta carta a seu irmão. Passara os últimos três numa solitária da Vila Militar, no Rio de Janeiro. As folhas de papel que conseguiu contrabandear para fora do quartel com a ajuda de "um soldado que era primo de um ex-colega" impressionam pela serenidade e lucidez, da luta cotidiana contra a loucura à autocrítica da luta armada feita pelo ex-militante do MR-8: "A realidade vai caminhar sem nós". Ao ceder a carta ao produtor Caíque Botkay para publicação no livro *Achados* (2002), Benjamin disse: "Escolhi esta porque muita gente acha hoje que éramos uns trogloditas políticos".

Caríssimo,

São tempos difíceis. Depois de três meses de um sai-não-sai que quase nos leva todos à estafa, sempre com um pé na rua para sempre aparecer um motivo de reversão, começo a me reacostumar com a ideia de mais um longo período por aqui. Eufemismos à parte, pareço estar agora em uma prisão perpétua não declarada, pois minha soltura não depende de penas e datas, mas de minha "recuperação". Você pode imaginar o que isso significa. Sempre fui cético quanto à possibilidade de ser solto em poucos anos: confesso, porém, que dessa vez embarquei na canoa, não sem boas razões — se as leis valessem... —, e o resultado é uma decepção muito grande. Depois de três anos de solitária, volto a ver diante de mim mais prisão e isolamento, não sei por quanto tempo ainda. Temos tido que ser mais fortes do que somos. É claro que não me passa pela cabeça ficar eternamente, e nem mesmo passar o resto da minha juventude aqui, mas o argumento "aguenta que um dia você sai" não ajuda muito. Para minha não soltura, parece ter pesado decisivamente uma fama que acabei tendo, à minha revelia. Nunca dei uma de desbundado, mas também nunca me fiz passar por tremendo revolucionário. Meu comportamento é quieto. Fiz amizade com alguns militares. Sempre defendi minha visão sobre o Brasil, mas ouvindo com abertura de espírito a opinião deles. Essa fama, que acabou crescendo como uma bola de neve, faz com que me superestimem. Insistem em me manter em solitária, e não sei se eles mesmos têm consciência plena do que isso representa para mim. Essa ausência do outro fragiliza o princípio e o sentido de realidade, e a fronteira entre o sonho e o real se torna, ela mesma, irreal. Levada a níveis patológicos, é esquizofrenia, meu caro. Luto comigo mesmo para me manter de pé. [...]

Minha autocrítica com relação à nossa atuação antes da prisão está também menos incompleta, embora talvez ainda falte a parte mais importante. Também sobre isso o isolamento me impede de avançar muito, mas mesmo assim te envio uma opinião. Tomara que lhes seja útil. Penso que apontar mil e um erros (e, que eu saiba, os erros apontados são quase sempre de tática ou simplesmente operacionais), repetindo "ismos" que não acabam mais, é não ver o centro do problema. Houve um erro anterior, estratégico, teórico-político-ideológico que antecede os demais. Nossa posição teve (e tem) raízes muito mais profundas do que simples opções determinadas por nossas vontades. [...] A guerrilha urbana é uma forma de luta que pode ter o seu valor (na verdade, muito limitado) como forma tática em conjunturas específicas, mas sempre a reboque de processos muito mais amplos do que ela mesma. Isolá-la, transformá-la no eixo central da luta, foi próprio de quadros de uma classe média radicalizada. Nosso erro foi consequência da nossa condição e da realidade brasileira da época, e não uma simples questão de opção, de forma quase acidental. Foi estratégico, não tático. Foi político, não operacional. Foi teórico, antes de ser prático. E foi, acima de tudo, ideológico.

A guerrilha urbana tem como uma de suas principais características a rápida radicalização do processo político. Acontece, porém, que tal radicalização se dá à revelia da ação popular organizada — e, consequentemente, à revelia do processo de conscientização popular, que só existe através da prática popular —, de modo que ela é necessariamente precoce. Ora, a radicalização de um processo político qualquer sempre favorece a quem é mais forte naquele momento, pois libera o uso da força. Isso logo conduz a guerrilha a um impasse político-militar: de um lado, não pode avançar mais, justamente por ser guerrilha, isto é, pelas formas de organização adotadas, pelos objetivos (sempre táticos) que perseguiu e pela distância entre sua ação radical e o baixo nível de participação (e consciência) da população. Por outro lado, não pode mais recuar, porque já radicalizou precocemente o processo político. Este impasse marca o período final da guerrilha urbana. A partir do descompasso que cria entre radicalização tática e despreparo estratégico, ela é irremediavelmente destruída, pois não tem capacidade para desdobrar-se em direções mais amplas. O monstro que ajudou a criar volta-se contra ela, que não pode mais nem avançar nem recuar. A partir de certo momento, até mesmo suas vitórias imediatas tornam-se vitórias de Pirro, pois apressam ainda mais esse processo, de modo que cada vitória tática significa uma derrota estratégica. Pois é a repressão quem passa a ter a iniciativa do jogo. É para aí que leva a posição de J. e suas variantes. Ouvi, há tempos atrás, que os Tupamaros haviam feito autocrítica de... terem subestimado a repressão. Meus pêsames. O problema não é montar novas guerrilhas, mais bem-feitas, que poderão talvez resistir um pouco mais tempo, mas cujo processo de aniquilamento político-militar será igualmente inevitável. A problemas estratégicos competem soluções estratégicas: problemas políticos pedem soluções políticas. Apontar soluções táticas e operacionais para esses problemas não tem pé nem cabeça. [...]

O momento atual exige muita calma e paciência, para capitalizar experiências, aprender com as derrotas e tentar encontrar caminhos totalmente novos. Isso é coisa de longo prazo. A América Latina e o Brasil não precisam de novos heróis, mas de novos rumos. É uma opção mais radical do que parece. Às vezes é mais difícil dar a vida por um ideal do que a morte pelo mesmo ideal. Está na hora de pararem de morrer as melhores pessoas desse país. Além disso, precisamos entender que não somos nós quem faz a realidade andar. A atuação que vocês poderiam ter na realidade brasileira hoje, além de mínima, talvez fosse mais prejudicial do que benéfica. Existe uma enorme quantidade de forças atuando em uma sociedade. Nós somos, no máximo, uma delas. Uma coisa é a intenção do ato, outra é o ato em si, e outra, ainda, são as repercussões (ou desdobramentos) do ato. Uma ação qualquer pode ter um sentido objetivo diferente de suas intenções, e seus desdobramentos podem apontar no sentido contrário do pretendido. A realidade vai caminhar sem nós. É o preço a pagar por nossos erros. Lembra do Zé Roberto? "A primeira geração nunca acerta." Além disso, muita coisa está acontecendo no mundo: Portugal, França, Peru. [...]

Espero que você esteja progredindo e estudando, junto com Anita e o resto do pessoal. No quartel em que estou agora o tratamento é o melhor que já recebi. O oficial diretamente responsável por mim é uma pessoa de bom caráter. Há perspectiva de receber mais visitas. Não poderei, é claro, te escrever mais. Do pessoal que permanece preso, quase nada sei. Foram todos para a Fortaleza de Santa Cruz. Permaneci sozinho na Vila Militar. Espero sair em alguns anos e encontrar vocês mais maduros, mas com o mesmo idealismo que nos levou a cometer tantos erros.

Um grande abraço do irmão, amigo e companheiro.

Outubro de 74
C.

44

PURO DELEITE
DE CHARLES DARWIN PARA
ROBERT DARWIN

1 MAR. 1832

Não é difícil compartilhar com o jovem naturalista inglês Charles Darwin, 23 anos, a excitação e o deslumbramento que se renovam a cada dia de viagem rumo ao sul, a bordo do *Beagle*. Darwin registra suas impressões da travessia do Atlântico e dos primeiros contatos com a natureza tropical em uma longa carta que, inicialmente dirigida ao pai, o médico Robert Darwin, logo se esparrama para outros membros da família enquanto não surge uma ocasião de enviá-la — oportunidade que aparece por fim em Salvador, na Bahia. Era o começo de uma viagem que ia durar quase cinco anos e entrar para a história. Charles nunca mais seria o mesmo. A ciência também não.

Bahia de São Salvador,

Meu caro pai,

Estou escrevendo em 8 de fevereiro, um dia de navegação depois de Santiago (Cabo Verde), & pretendo tentar encontrar uma embarcação que se dirija para casa em algum lugar próximo ao Equador. — A data, contudo, vai revelar isso quando a oportunidade ocorrer. — Agora vou começar pelo dia em que deixei a Inglaterra & fazer um breve relato de nosso progresso.

Partimos, como o senhor sabe, no dia 27 de dezembro & eu tenho sido afortunado o bastante para haver encontrado daquele dia até hoje uma brisa agradável e moderada. Mais tarde constatou-se que escapamos de uma tempestade pesada no Canal, de outra na Madeira e de uma terceira na costa da África. — Mas, mesmo escapando da tempestade, sentimos suas consequências: um mar agitado. Na Baía de Biscay o mar estava continuamente muito revolto & os sofrimentos que enfrentei com o enjoo ficaram muito, muito além do que eu imaginava. — Suponho que o senhor esteja curioso a esse respeito. Compartilharei minha experiência tão custosamente adquirida. — Ninguém que só tenha estado no mar por 24 horas tem o direito de dizer que o enjoo seja sequer desconfortável. — O sofrimento verdadeiro só começa quando se está tão exausto que o menor movimento dá uma sensação de desfalecimento. — Descobri que, no meu caso, nada trazia alívio a não ser ficar deitado na rede. — Devo abrir uma exceção especial para sua receita de passas, que são o único alimento que o estômago tolera. — No dia 4 de janeiro nós não estávamos a muitas milhas da Madeira; mas como o mar estava agitado, e a ilha situada a barlavento, considerou-se que não valia a pena irmos até lá. — Mais tarde revelou-se que foi uma sorte termos nos poupado do incômodo: eu estava nauseado demais até para me levantar e olhar os contornos da ilha à distância. — Na noite do dia 6 entramos no porto de Santa Cruz. A essa altura eu me sentia pela primeira vez moderadamente bem, & comecei a imaginar todas as delícias das frutas frescas crescendo em belos vales enquanto lia as descrições de Humboldt sobre as paisagens gloriosas das ilhas. — Talvez o senhor consiga chegar perto de imaginar nossa decepção quando um homem pálido e franzino nos informou que precisaríamos cumprir uma rigorosa quarentena de doze dias. Baixou um silêncio de morte sobre o navio, até que o capitão gritou "Içar velas!", & nós partimos daquele lugar tão ansiado. — Uma calmaria nos deteve por um dia entre Tenerife e a Grã Canária, e aqui eu experimentei pela primeira vez algum contentamento: a vista era gloriosa. O pico de Tenerife entre as nuvens parecia uma visão de outro mundo. — Nosso único problema era o desejo extremo de visitar aquela ilha gloriosa. — Diga a Eyton que não deixe de vir às ilhas Canárias ou à América do Sul; que eu tenho certeza de que a viagem valerá as necessárias penas, mas que ele deve estar preparado para encontrar estas em razoável quantidade. — Estou certo de que ele se arrependerá se não tentar.

De Tenerife a Santiago a viagem foi extremamente agradável. — Instalei uma rede na popa, que capturou um grande número de animais curiosos, o que me ocupou integralmente as horas passadas na cabine, & no convés o tempo estava tão adorável e claro que o céu e a água se uniam na mesma imagem. — No dia 16 chegamos ao porto de Praia, capital de Cabo Verde, e lá ficamos por 23 dias, ou seja, até ontem, 7 de fevereiro. — O tempo passou velozmente, da forma mais deliciosa, nada poderia na verdade ser mais agradável; extremamente ocupado, & tais ocupações tanto um dever quanto um prazer. — Não creio que tenha passado nem meia hora ocioso desde que deixamos Tenerife: Santiago me proporcionou uma coleta extremamente rica em vários ramos da história natural. — Acho que não valem quase nada as descrições de muitos dos animais mais comuns que habitam o trópico. — Refiro-me, naturalmente, àqueles das classes inferiores. — Geologizar em terras vulcânicas é um grande prazer, pois além de seu interesse intrínseco a atividade nos leva aos recantos mais belos e remotos.

Ninguém além de uma pessoa apaixonada pela história natural pode imaginar o prazer de passear sob coqueiros em uma mata cheia de bananeiras, cafeeiros & um número incontável de flores silvestres. — E esta ilha que me proporcionou tanto aprendizado e deleite é considerada talvez o lugar mais desinteressante entre aqueles que vamos visitar em nossa viagem. — É verdade que a maior parte dela é bastante estéril, mas o próprio contraste contribui para que os vales pareçam ter uma beleza ainda mais rara. — É totalmente inútil dizer qualquer coisa sobre a paisagem. Tão proveitoso quanto explicar as cores a um cego seria falar a uma pessoa que nunca saiu da Europa da completa dessemelhança de um cenário tropical. — Sempre que gosto de alguma coisa eu fico ansioso para descrevê-la, seja em meu diário (que vai crescendo em volume), seja numa carta. Perdoe, portanto, arroubos & esses arroubos mal escritos.

Minhas coleções estão cada vez mais maravilhosas, & do Rio eu creio que serei obrigado a despachar um carregamento para casa. — Todos os atrasos intermináveis que enfrentamos em Plymouth foram afortunados, pois eu realmente duvido que qualquer pessoa tenha um dia saído mais bem equipada para coletar amostras e fazer observações nos diferentes ramos da história natural. — Certamente tirei bom proveito de um grande número de conselheiros. — Verifico, para minha grande surpresa, que o navio é um lugar especialmente confortável para todos os tipos de trabalho. — Tudo está sempre tão à mão, e o fato de tudo estar amontoado obriga-nos a ser tão metódicos, que no fim das contas eu saio lucrando.

Já me vejo encarando a volta ao mar como a um lugar tranquilo e familiar, como a volta para casa depois de um longo tempo fora. — Em resumo, considero o navio uma casa muito confortável, com tudo aquilo de que preciso, & se não fosse pelo enjoo todo mundo seria marinheiro. — Não acredito que exista um grande risco de Erasmus seguir o exemplo, mas, caso haja, ele pode ter certeza de que não conhece nem um décimo do sofrimento que é o enjoo em alto-mar. — Gosto dos oficiais muito mais do que gostava no início — em especial Wickham e o jovem King, & Stokes e, na verdade, todos eles. O capitão permanece sempre muito gentil e faz tudo o que está em seu poder para me auxiliar. — Nós nos vemos muito pouco quando estamos no porto, pois nossos afazeres nos levam a tomar direções diversas. — Nunca em minha vida conheci um homem que conseguisse suportar nem perto da enorme carga de cansaço que ele suporta. — Ele trabalha sem cessar, e quando aparentemente não o faz, está pensando. Se não se matar vai realizar ao longo desta viagem uma quantidade fabulosa de trabalho. — Encontro-me bem e aguento tão bem quanto qualquer um o pouco calor que já tivemos. — Logo o calor vai apertar. — Estamos agora nos dirigindo a Fernando de Noronha, ao largo da costa do Brasil, onde não ficaremos por muito tempo, e em seguida vamos navegar as águas rasas entre lá e o Rio, parando talvez na Bahia. Terminarei esta carta quando surgir uma oportunidade de enviá-la.

26 de fevereiro, a cerca de 280 milhas da Bahia. — No dia 10 nós abordamos o paquete *Lyra* em sua viagem para o Rio. Enviei uma breve carta por seu intermédio para ser remetida à Inglaterra na primeira oportunidade. — Temos sido particularmente desafortunados de não encontrar nenhum navio a caminho de casa, mas suponho que da Bahia certamente conseguiremos escrever para a Inglaterra. — Desde que escrevi a primeira metade da carta nada aconteceu, exceto havermos cruzado o Equador e eu ter feito a barba. — Esta operação profundamente desagradável consiste em ter seu rosto esfregado com tinta e alcatrão, que formam uma espuma para o serrote que faz o papel da navalha, & depois ser parcialmente afogado num pedaço de vela cheio de água salgada. — Cerca de cinquenta milhas ao norte da linha, paramos nas rochas de São Paulo. — Essa pequena pinta (aproximadamente meia milha de ponta a ponta) no Atlântico foi poucas vezes visitada. É totalmente estéril, mas coberta por uma infinidade de pássaros. Estes estão tão desabituados dos homens que descobrimos que podíamos matá-los aos montes com pedras e paus. — Depois de algumas horas na ilha, voltamos a bordo com um bote lotado de nossas presas. — Dali seguimos para Fernando de Noronha, uma pequena ilha à qual os brasileiros enviam seus degredados. Atracar lá era tão difícil, devido ao mar agitado, que o capitão decidiu partir no dia seguinte à chegada. — Meu único dia em terra foi extremamente interessante. Toda a ilha é coberta por uma mata única e tão densamente emaranhada de cipós que é muito difícil sair da trilha. — Acho a história natural de todos esses lugares pouco frequentados extremamente interessante, em especial a geologia.

Escrevi este pedaço de modo a poupar tempo na Bahia. — Decididamente, a coisa mais marcante nos trópicos é a novidade das formas vegetais. — Os coqueiros bem podem ser imaginados a partir dos desenhos, caso lhes acrescentemos certa leveza graciosa da qual nenhuma árvore europeia compartilha. — Bananeiras e bananeiras-da-terra são exatamente iguais àquelas de estufa; acácias e tamarindos são marcantes pelo azul de sua carnação; mas das gloriosas laranjeiras nenhuma descrição ou desenho dá uma ideia justa: em vez do verde doentio de nossas laranjas, as frutas nativas vão além do louro português na profundidade do matiz e o superam infinitamente na beleza da forma.

Coqueiros, mamoeiros, bananeiras verde-claras e laranjeiras carregadas de frutos costumam cercar as vilas mais abastadas. Contemplando tais cenários, sentimos a impossibilidade de fazer qualquer descrição passar perto do alvo — que dirá superá-lo.

Primeiro de março, Bahia de São Salvador. — Cheguei a este lugar no dia 28 de fevereiro e estou escrevendo esta carta depois de fazer incursões muito sérias pelas florestas do Novo Mundo. — "Ninguém poderia imaginar nada tão bonito quanto a velha cidade da Bahia, aninhada graciosamente numa mata luxuriante de belas árvores e situada numa encosta íngreme, comandando uma vista das águas calmas da grande baía de Todos os Santos. — As casas são brancas e espaçosas, & pelo fato de suas janelas serem estreitas e alongadas têm uma aparência de grande leveza e elegância. Conventos, pórticos e edifícios públicos quebram a uniformidade das casas. A baía é pontilhada de grandes barcos. Em resumo, o que pode ser dito além disso é que é uma das visões mais belas do Brasil". — (Copiado do meu diário.) Mas o raro e glorioso prazer de caminhar entre essas flores e essas árvores só pode ser compreendido por quem tiver a experiência. — Mesmo em latitude tão baixa, o clima não é desagradavelmente quente, mas no momento encontra-se bastante úmido, pois estamos na estação das chuvas. — Tenho achado o clima por enquanto admiravelmente do meu agrado: faz a gente ansiar por passar um tempo vivendo tranquilamente num país como este. — Se o senhor quiser mesmo ter uma ideia dos países tropicais, *estude* Humboldt. Pule as partes científicas e comece depois que ele deixa Tenerife. Meu sentimento de admiração cresce quanto mais o leio. — Digam a Eyton (dou-me conta de que estou escrevendo para minhas irmãs!) o quanto estou apreciando a América e que será uma grande lástima se ele não tentar partir. — Esta carta vai ser despachada no dia 5 & eu receio que levará um bom tempo para chegar a vocês. — Que isso sirva como alerta de que, em outras partes do mundo, vocês poderão passar um longo tempo sem notícias minhas. Um ano pode transcorrer acidentalmente assim.

Em torno do dia 12 partiremos para o Rio, mas no caminho vamos dedicar algum tempo a explorar o arquipélago de Abrolhos. Digam a Eyton que, segundo minha experiência, ele deve estudar espanhol, francês, desenho e Humboldt. Espero sinceramente ter notícias dele (ou então vê-lo) na América do Sul. — Espero encontrar cartas suas no Rio. Até que eu acuse o recebimento de cada uma, mencionem a data dela na seguinte.

Superamos todos os outros barcos nas manobras, tanto que o oficial comandante diz que não precisamos seguir seu exemplo, pois fazemos tudo melhor do que seu grande navio. — Começo a desenvolver um grande interesse por questões navais, especialmente agora que, como todos dizem, somos o número 1 da América do Sul. Suponho que nosso capitão seja um oficial excelente. — Foi bastante glorioso o modo como superamos hoje o *Samarang* no recolhimento do velame. É uma novidade que um "navio de pesquisa científica" derrote uma embarcação de guerra. — E no entanto o *Beagle* não é de modo algum um navio especial: Erasmus vai entender isso claramente quando souber que já passei noites sentado nos precintos sagrados do tombadilho superior. — O senhor deve perdoar essas cartas esquisitas, & lembrar que em geral elas são escritas à noite, após meus dias de trabalho. Ponho mais capricho no meu diário de viagem, de modo que um dia o senhor tenha um bom relato de todos os lugares que visito.

Até o momento tenho reagido *admiravelmente bem* à viagem, & mesmo assim hoje compreendo melhor sua sabedoria em jogar água na fervura do plano todo: são tão grandes as chances de que tudo dê errado — sinto isso de modo tão forte que, se alguém me pedisse conselho em uma situação semelhante, eu seria muito cauteloso em encorajá-la. — Não tenho tempo para escrever a mais ninguém, então entre em contato com Maer para fazê-los saber que, no meio da gloriosa paisagem tropical, não me esqueço de como eles foram fundamentais em me colocar aqui. — Não vou me deixar levar por arroubos outra vez, mas mereço todos os créditos por não ter enlouquecido de puro deleite.

Transmita meu amor a todos os de casa, & diga aos Owens que eu acredito que os afetos de uma pessoa, como outras coisas positivas, floresçam e aumentem nestas regiões tropicais.

A convicção de que estou pisando um novo mundo é ainda agora maravilhosa aos meus próprios olhos, & ouso dizer que para o senhor seja só um pouco menos receber uma carta enviada por um filho de tais paragens.

Creia-me, meu caro pai, seu filho mais afetuoso,

Charles Darwin
São Salvador, Brasil

Percebo que depois da primeira página comecei
a escrever para minhas irmãs.

45

O CRIME NÃO COMPENSA!
DE RONALD BIGGS PARA
GARY KING
9 OUT. 1995

Com participação menor no crime milionário que ficaria conhecido como "Grande Assalto ao Trem", ocorrido em 1963, o inglês Ronald Biggs começou a se transformar num personagem pop ao fugir da cadeia em 1965 e, cinco anos depois, se refugiar no Brasil, país em que constituiu família e do qual nunca foi extraditado. Cultuado ironicamente pelo movimento punk nos anos 1970-80, acabou voltando à Inglaterra por vontade própria em 2001, financiado por um tabloide londrino em troca da exclusividade da história. Foi preso ao desembarcar e libertado oito anos depois. Morreu em 2013, aos 84 anos, num asilo para idosos de Londres. Esta carta foi endereçada ao colecionador inglês Gary King.

9 de outubro de 1995
Rua Monte Alegre, 470/201
Santa Teresa,
Rio de Janeiro, RJ
Brasil

Caro G. King,

Obrigado pela sua carta, e obrigado também pelos jornais. A maioria dos jornais me deprime, mas eu gosto de fazer as palavras cruzadas!

A razão pela qual entrei no Roubo de Trem foi o desejo de pôr as mãos em um monte de dinheiro! Imaginei que pudesse resolver todos os meus problemas financeiros e ter uma vida mansa, mas as coisas não saíram exatamente como eu planejava!

De qualquer forma, boa sorte com seu projeto — e sempre se lembre de que o Crime Não Compensa (e nunca compensará)!

Com os melhores votos,

Ronnie Biggs. Rio, 1995.

Rua Monte Alegre 470/201
Santa Teresa,
Rio de Janeiro, R.J
Brasil.

Oct. 9th. 1995.

Dear G King.

Thankyou for your letter, and thankyou also for the newspaper. Most newspapers depress me but I like to do crossword puzzles!

The reason I got into the Train Robbery was the desire to lay my hands on a lot of money! I imagined that I could solve all my financial problems and arrive on Easy Street, but things didn't work out exactly as I planned!

Anyway, good luck with your project – and remember always that Crime Doesn't (and never will!) Pay!

With Best Wishes,

Ronnie Biggs. Rio, 1995.

46

QUE POSSAM VER A AURORA APÓS A LONGA NOITE!
DE STEFAN ZWEIG
22 FEV. 1942

O judeu austríaco Stefan Zweig, um dos mais renomados escritores europeus do início do século XX, deixou seu país logo após a ascensão de Adolf Hitler, em 1934. Mudou-se a princípio para a Inglaterra e, em 1940, com o agravamento da guerra, cruzou o Atlântico em companhia de Lotte, sua ex-secretária, com quem se casara no ano anterior. Após breve escala nos Estados Unidos, adotou o Brasil, país que o acolheu com entusiasmo e pelo qual se apaixonou. Seu livro *Brasil, país do futuro* saiu em 1941. Em 23 de fevereiro de 1942, o casal foi encontrado morto, de mãos dadas, em sua casa em Petrópolis, na serra fluminense, vítima de doses letais de barbitúricos. Zweig deixou esta carta de despedida.

Antes de deixar a vida, de livre vontade e juízo perfeito, uma última obrigação se me impõe: agradecer do mais íntimo a este maravilhoso país, o Brasil, que propiciou a mim e à minha obra tão boa e hospitaleira guarida. A cada dia fui aprendendo a amar mais e mais este país, e em nenhum outro lugar eu poderia ter reconstruído por completo a minha vida, justo quando o mundo de minha própria língua se acabou para mim e meu lar espiritual, a Europa, se autoaniquila.

Mas depois dos sessenta anos precisa-se de forças descomunais para começar tudo de novo. E as minhas se exauriram nestes longos anos de errância sem pátria. Assim, achei melhor encerrar, no devido tempo e de cabeça erguida, uma vida que sempre teve no trabalho intelectual a mais pura alegria, e na liberdade pessoal, o bem mais precioso sobre a terra.

Saúdo a todos os meus amigos! Que ainda possam ver a aurora após a longa noite! Eu, demasiado impaciente, vou-me embora antes.

Stefan Zweig
Petrópolis, 22.II.1942

47

É MUITO INTERESSANTE ADOECER EM PORTUGUÊS
DE ELIZABETH BISHOP PARA ANNY BAUMAN

8 JAN. 1952

Elizabeth Bishop, um dos grandes nomes da poesia americana no século xx, viveu no Brasil entre 1951 e 1965 com sua companheira Lota de Macedo Soares, arquiteta e paisagista. Os poemas e relatos que Bishop deixou acerca de temas brasileiros revelam uma curiosa mistura de olhar crítico e amoroso sobre o país. Em suas cartas predomina o mesmo tom agridoce, como nesta narrativa cômica de um estranho problema de saúde em que os tratamentos são ineficazes, mas, em compensação, todos se desdobram em gentilezas porque "ficam na maior animação quando tem alguém doente". Mesmo com tudo isso, a estrangeira confessa que há anos não se sente tão feliz.

Fazenda Alcobaça
Petrópolis, 8 de janeiro de 1952.

Feliz Ano-Novo [...]. Tenho uma longa história de infortúnios para lhe contar — há cerca de três semanas, de repente comecei a ter uma reação alérgica espantosa a alguma coisa. O médico achou que era a caju, porque foi a única coisa que eu comi que nunca tinha comido antes, e há pessoas que têm alergia a essa fruta. Mas só dei duas mordidas num caju, duas mordidas muito azedas. Naquela noite meus olhos começaram a arder, e no dia seguinte comecei a inchar — e inchar e inchar; eu não sabia que era *possível* uma pessoa inchar tanto assim. Durante mais de uma semana fiquei sem enxergar nada. Comecei a tomar Piribenzamina e adrenalina, e então meus amigos chamaram o médico deles lá no Rio. Ele foi muito simpático — trabalhou cinco anos no Memorial Hospital de Nova York etc. —, mas nada do que tentou deu certo. (Foi só a minha cara que inchou, e depois as mãos.) O médico me passou um monte de pílulas que segundo ele eram a mesma coisa que Piribenzamina, só que melhor ainda, e tomei umas injeções de um anti-histamínico, e passei a ir diariamente a um hospital que tem aqui para tomar uns dez ou quinze centímetros cúbicos de cálcio na veia. Eu estava tendo crises de asma o tempo todo — aliás ainda estou — e apesar de explicar para ele que estava tendo que tomar sete ou oito centímetros cúbicos de adrenalina por dia, não consegui me fazer entender, porque ele me deu de presente uma ampola de meio centímetro cúbico para eu tomar "em caso de emergência". Além disso, começaram a tirar quinze centímetros cúbicos de sangue de uma extremidade do meu corpo e injetá-lo na outra mais ou menos diariamente.

Depois de mais ou menos uma semana, tive um ataque de eczema, muito forte, principalmente nas orelhas e nas mãos — igualzinho como eu tinha quando era menina, mas nunca tive igual depois de adulta. Até que acabei me enchendo de ficar toda espetada feito são Sebastião, e simplesmente suspendi tudo de repente — e agora estou bem, fora um pouco de eczema, nada sério, e a asma que continua, embora agora eu só esteja precisando tomar três ou quatro centímetros cúbicos de adrenalina todas as noites. Fiquei todo esse tempo sem poder escrever à mão nem à máquina por causa de minhas mãos.

Ontem eu estava me sentindo muito melhor, tanto que resolvi lavar a cabeça, e desmaiei. A pobre da minha anfitriã [Lota] ficou tão assustada que começou a desmaiar — sem dúvida, é a anfitriã

perfeita. Foi muito engraçado. Felizmente todo mundo tem sido gentilíssimo. Todos os amigos e parentes me trazem sugestões e frascos de pílulas etc., e quando eu estava pior foi difícil convencer minha anfitriã a não telefonar para você. Acho que não ia adiantar nada eu lhe passar os ingredientes dos remédios antialérgicos daqui, em português — mas como você conhece meu organismo muito bem, talvez possa me sugerir alguma coisa para eu tomar se tiver outra crise, e aí o médico traduz para o português. Antes de tudo começar, eu já havia reparado que minha boca doía quando eu comia abacaxi demais, pelo menos foi o que me pareceu, e por isso eu quase não comi mais abacaxi — e manga também — e senti, mesmo sem entender nada do assunto, que o cálcio estava piorando o eczema. Pode mesmo ter esse efeito? Minhas orelhas pareciam dois cogumelos enormes e em brasa, e ainda estão muito grandes e vermelhas. Ah, meu Deus. Fora isso, estou me divertindo muito, e tenho muito trabalho para fazer — mas estou com um pouco de medo de embarcar no dia 26 deste mês, a menos que eu fique completamente boa. Seja como for, é muito interessante adoecer e tomar remédio em português, e os brasileiros ficam na maior animação quando tem alguém doente — acho que minha doença fez com que eles se afeiçoassem a mim.

O sulfato de norisodrina parece não estar mais surtindo muito efeito, creio que porque eu tive que tomar demais. Assim mesmo, acho que eu devia encomendar mais [...] Umas três caixas de doze cada, a 25%, devem dar, e por via aérea chega aqui em uma semana: a/c Lota de Macedo Soares, rua Antônio Vieira, 5, Leme, Rio de Janeiro, apto. 1101 [...] Em troca, eu gostaria de lhe mandar (1) café, (2) um papagaio, (3) um desses macaquinhos que vivem no morro logo atrás aqui do prédio — eles assobiam. Talvez só o primeiro item interesse a você. Aqui servem café até nos ônibus de primeira classe — tem uma espécie de kitchenette ao lado do motorista, e enquanto o ônibus desce a serra um garoto de jaleco branco fica enchendo umas xícaras pequenas e servindo aos passageiros, junto com caixinhas de biscoito onde está escrito: "Oferta".

Fora a cara inchada e a asma, estou me sentindo bem, e embora saiba que dizer isso é provocar a Providência Divina, há dez anos não me sinto tão feliz [...]

48

VIGO É UM MARANHÃO PIORADO
DE ALUÍSIO AZEVEDO PARA PEDRO FREIRE
24 JUN. 1896

O escritor maranhense Aluísio Azevedo, autor de clássicos do naturalismo brasileiro como *O cortiço* e *O mulato*, ressentia-se de não poder se dedicar de maneira integral à literatura que o apaixonava. Diplomata, servia na Espanha em 1896 quando escreveu a seu superior hierárquico no Brasil, Pedro Freire, esta curiosa carta em que compara a cidade de Vigo, na Galícia, com sua terra natal — e dá a vitória a esta por larga margem! A missiva é reveladora também da atitude de dependência quase servil assumida diante do Estado burocrático por um importante intelectual brasileiro, disposto a comemorar com tremenda fanfarra verbal a chegada de seus salários atrasados.

Vigo, 24 junho 96.

Meu bom e querido Pedro Freire

Ora, venha de lá esse abraço! Ainda há pouco, às oito horas da manhã, quando o correio me entregou a tua carta de 1º do corrente e no sobrescrito dela reconheci tua letra, confirmada pelo dístico da tua secretaria, tive tão vivo prazer, que este dia, dia de S. João, de insípido e mau, como ameaçava ser, à semelhança dos anteriores, se me fez alegre e feliz. E esse prazer cresceu logo de intensidade ao ter posse do que dentro vinha escrito: é que eu ansiava por essas tuas palavras animadoras com mais sobressalto que o namorado quando espera aflito a resposta definitiva do pai da moça com quem quer casar. Muito obrigado! Ah! que alívio, meu bom Pedro! Imagina que a minha situação aqui começava a melindrar-se perigosamente, porque, confiado, e, com razão, no teu socorro, endividei-me um pouco para montar casa e vai pingar justamente agora a data do pagamento. Pela que marcas para me chegar ao pelo o revigorante sopro do áureo Amazonas, estarei sem dúvida salvo e desembaraçado. Sim, senhor, respiro hoje um pouco melhor! Meu desejo, acredita, era poder dar braços e lábios a todas estas garatujas que me estão saindo da pena, para que te cobrissem de beijos e abraços agradecidos. Mas é impossível que estas palavras, escritas ainda sob a impressão imediata da alegria que me deu tua carta, não respirem alguma cousa da felicidade que me dilata o coração e me alegra o rosto. Sinto-me contente. Puseste-me a alma em dia de festa: abriste-me as infernizadas janelas deste velho castelo já meio desmantelado; acendeste-me os poeirentos lustres que há muito jaziam esquecidos e mortos, sinistramente dependurados do teto, como inúteis esqueletos de antigas alegrias já extintas; arrancaste-me os instrumentos dos estojos em que dormiam como cadáveres, levantaste a tampa do piano, e eis, meu Pedro, que os meus formosos e travessos demônios dos dias felizes, tão raros, aliás, sobem já do porão, onde cabeceavam de tédio, e atiram-se aos saltos e aos guinchos, a rir e a cantar, cá acima para o sótão, onde hoje há festa e onde neste instante se preparam para dar um concerto em tua honra e em grata homenagem ao bem que me fizeste.

A minha louca de casa, essa doida e amada Fantasia, que tem a culpa de todas as tolices que tenho escrito até hoje; essa, pudesses vê-la tu! anda neste momento às braçadas com as flores para engrinaldar o castelo que reanimaste com a tua carta, e supõe, a tonta! que vai receber tua visita. E hoje é dia de S. João! e todo esse bulício festivo que vem das ruas até a mesa em que te escrevo, me parece um prolongamento dos preparos da minha festa.

Como é poderoso o efeito de uma boa notícia! — ainda ontem à noite e mesmo já hoje ao levantar-me da cama, irritavam-me as gaitas galegas e os cantos folgazões dos que passavam na rua. Não tive ânimo de sair ontem à noite, recolhi-me triste com o coração encharcado de desconsolo e saudade, e eis que agora me alegram e fazem bem aos nervos esses mesmos bandos que continuam, pelas ruas, a passear o menino S. João entre cantigas populares e música de bombo, guitarra e gaita! Pois viva S. João, com bombas e outros tantos foguetes de estalo ou sem estalo; e viva tu, que para mim também foste um Batista, derramando-me na moleira ressequida a pinga reanimadora.

E agora, enquanto os meus demônios azuis folgam e se divertem, deixa que te diga que a tal Espanha salerosa de que falas só perdura na imaginação dos que sonharam com Byron e outros encantadores mentirosos. Queres saber o que isto é? é uma cousa que faz saudades do Brasil por tudo e todos os motivos. Se comparasse uma a uma as comarcas deste velho país com os tenros estados do Brasil, a vantagem seria toda nossa. E particularmente de Vigo, dir-te-ei que isto é uma espécie de Maranhão, mas sem a índole hospitaleira de nossa terra, sem o oriental asseio dos nossos costumes entre ricos e pobres, sem aquela doce ingenuidade das famílias do Norte do Brasil e aquela proverbial virtude das senhoras de toda idade e condição, e, principalmente, sem aquela vivacidade satírica dos maranhenses e aquela dominadora inteligência dos nossos patrícios, que por toda a parte se espalha e por toda a parte domina. Este povo, ao contrário do nosso, é porco, é estúpido e é velhaco. A estupidez e a brutalidade andam aqui aos coices pelo ar e são respiradas por todos os poros. Bestianizo-me aqui de um modo fantástico, meu amigo; sinto brotarem-me ferraduras por todo o corpo e até na alma já me repontaram orelhas de burro. Felizmente tenho muito que fazer e o tempo que me sobrar do trabalho consular será absorvido pelas letras e pela pintura, pois ainda conservo o gosto por essa velha cachaça dos pincéis.

Termino pedindo-te ainda um obséquio: manda-me o teu retrato, que tenho aqui em casa, em uma das paredes do meu gabinete de trabalho, lugar reservado para ele, entre outros que amo. O meu aí vai por esta mesma via.

Teu Aluísio Azevedo

49

SINTO-ME SÓ E IGNORANTE
DE IBERÊ CAMARGO PARA
MÁRIO CARNEIRO

8 NOV. 1953

O que tem de mais belo esta carta do pintor e gravurista gaúcho Iberê Camargo (1914-94) ao amigo Mário Carneiro, seu correspondente regular, é algo que a um leigo parece contraintuitivo: a humildade do grande artista perante a criação, o reconhecimento de que a experiência acumulada não elimina o sentimento de desamparo e solidão diante dos desafios sempre únicos de um novo trabalho. A Carneiro — que ficaria mais conhecido como o principal diretor de fotografia do Cinema Novo, mas que também era artista plástico —, a quem chamava de general, Camargo envia um conto de sua autoria e fala com entusiasmo de uma "grande novidade": os satélites russos.

Rio de Janeiro, 8 de novembro de 1953.

Caríssimo general,

Ontem terminei um quadro que me custou muito trabalho. Trata-se de uma tela grande. Mede 1,50 m × 0,53 — retângulo áureo — onde alinhei uma porção de latas, garrafas, laranjas, enfim, os meus brinquedos de sempre. Trabalhei nesse quadro mais de um mês, gastei uma pequena fortuna em tintas. Mais de uma vez, voltei tarde para casa, depois de me extenuar horas a fio, em botar e tirar uma cor que não se ajustava. Tu sabes, isso me acontece frequentemente. O final dos meus quadros é sempre dramático. Fico refletindo no que disse na *Para Todos* o pintor tcheco Arnost Paderlik, que veio para a Bienal, referindo-se à minha pintura. Entre outras coisas, comentou: "[...] colorista respeitável, que chegou à madureza no domínio dos segredos do seu métier [...]". Segredos do métier, aqui está uma coisa que não compreendo. Quando encontro uma dificuldade, e isso acontece frequentemente, procuro valer-me do disco das cores. Vejo, então, que esse não me serve para nada. Aí apelo para outros conhecimentos e também não acho nada que sirva. Sinto-me só e ignorante diante da tela, como um estudante de belas-artes. Só o instinto me guia. Fui procurado por um jovem que me pediu conselhos. Pediu-me também para que lhe deixasse ver como trabalho. Consenti. O resultado foi que ele viu um homem que se desesperava, inutilmente, a procurar uma cor para o fundo do quadro, ou melhor, para uma pequena parte do quadro. Grande lição! Mas eu creio que lhe disse uma coisa certa. Foi isso: o esforço é o mesmo, para quem sabe, como para quem não sabe. Há só essa pequena diferença: aquele que sabe termina acertando, e aquele que não sabe, jamais. Meu caro general, seria também absurdo concluir como certos pintores, que dizem que a criação é um salto no escuro.

A verdade está no meio. Não me lembro desse Veronese que estás copiando. Recordo outros, belíssimos de cor, que vi na Itália. Predomina neles um ocre verdoso, quente, às vezes chapado. Aproveita essa gente o mais que puderes. O caso da tua gravura é estranho, vou pedir explicações ao Raul, que é mestre em causas do outro mundo. Falei com Beatriz. Ela me entregou o livro e o verniz. Eu te agradeço muito essas coisas. Depois que fostes para Paris, eu não fiz mais gravura. Tu tens me feito muita falta. Eu escrevi, aconselhado pelo Érico, ao *Lire*, diretor da seção de artes visuais da União Pan-americana, pedindo-lhe que fixe uma data certa para a minha exposição, em 1958. Eu já estou cheio com tudo isso. A asiática andou por aqui, também me pegou; mas foi fraca, felizmente. A grande novidade são os satélites russos. Eu estou muito satisfeito com isso. Os americanos estão apavorados, levaram um bruto cagaço. E tudo por terem a mania de serem os maiores e únicos. O Pena Boto ou melhor, o apenas boto, anda alucinado com o perigo comunista. Isso aqui continua uma desgraça, tudo se agrava. Nada tem solução, acontecem as coisas mais absurdas. Respira com força esse ar da Europa e te regozijes por poderes estar aí. Junto vai "O colchão", que foi traduzido e publicado ontem na *Para Todos*. Quando voltares, poderemos pensar no filme. Demorei um pouco em responder-te porque estava todo metido no quadro que acabei, e numa outra história que estava escrevendo. Vou parar por aqui, a letra já está ficando que não se entende. Manda notícias.

Maria e eu te abraçamos afetuosamente

Iberê

50/51

CAIPIRAS EM PARIS?
DE TARSILA DO AMARAL PARA
MÁRIO DE ANDRADE

23 MAIO 1923

DE MÁRIO DE ANDRADE PARA
TARSILA DO AMARAL

15 NOV. 1923

O escritor Mário de Andrade, pai de *Macunaíma*, e a pintora Tarsila do Amaral, mãe do *Abaporu*, integraram o núcleo duro do movimento modernista que fez a Semana de 1922 ao lado de Oswald de Andrade, Menotti del Picchia e Anita Malfatti — o chamado Grupo dos Cinco. Que logo se desfez: em 1923, casada com Oswald, Tarsila foi morar em Paris, de onde enviava ao amigo cartas cheias de provocações e notícias — salpicadas de nomes ilustres — sobre a efervescente "modernidade de Paris". Mário, que logo se desentenderia com Oswald para sempre, manteve com a amiga um tom carinhoso, mas não deixou de revidar: "Vocês se parisianizaram na epiderme. Isso é horrível!".

Paris, 23 maio 1923.

Mário, meu caro amigo

Escrevi ao Menotti uma carta terrível contra você. O Osvaldo logo que chegou fez tantas intrigas entre nós (a respeito da modernidade ocidental) que resolvi cortar relações com você. Mas vieram as suas cartas, as suas irresistíveis cartas — *knock-out!*

Agora não faço mais bombeirismo para sua desolação artística. Faço cubismo. Está contente?

Lastimo que não esteja aqui o Grupo dos Cinco da modernidade de S. Paulo. Agora é a modernidade de Paris: Serge Milliet, Osvaldo, Brecheret, Souza Lima e eu.

Isto aqui está lindo. Por que você não resolve uma viagem? O brasileiro se engana, pensando que é preciso uma fortuna para vir a Paris.

Até agora não recebi nem um número do *Klaxon*. Só vi o último, enviado a Vera Janacopoulos. Aposto que ela não pagou assinatura.

Leu na *Vie des Lettres et des Arts*, ao lado das asnidades de Baudoin, um magistral artigo de meu mestre Gleizes? Vocês aí devem divulgá-lo.

Até breve. Outro sorriso de

Tarsila
9, rue Hégésippe Moreau
Paris 18e.

*

São Paulo, 15 de novembro — Viva a República!

Tarsila, minha querida amiga:

(Agora a letra corrente da conversa:)

Cuidado! fortifiquem-se bem de teorias e desculpas e coisas vistas em Paris. Quando vocês aqui chegarem, temos briga, na certa. Desde já, desafio vocês todos juntos, Tarsila, Oswaldo, Sérgio para uma discussão formidável. Vocês foram a Paris como burgueses. Estão *épatés*. E se fizeram futuristas! hi! hi! hi! Choro de inveja. Mas é verdade que considero vocês todos uns caipiras em Paris. Vocês se parisianizaram na epiderme. Isso é horrível! Tarsila, Tarsila, volta para dentro de ti mesma. Abandona o Gris e o Lhote, empresários de criticismos decrépitos e de estesias decadentes! Abandona Paris! Tarsila! Tarsila! Vem para a mata virgem, onde não há arte negra, onde não há também arroios gentis. Há MATA VIRGEM. Criei o matavirgismo. Sou matavirgista. Disso é que o mundo, a arte, o Brasil e minha queridíssima Tarsila precisam.

Se vocês tiverem coragem venham para cá, aceitem meu desafio.

E como será lindo ver na moldura verde da mata a figura linda, renascente de Tarsila Amaral. Chegarei silencioso, confiante e te beijarei as mãos divinas.

Um abraço muito amigo

do Mário

52

OXÓSSI TE PROTEJA NESSAS INGLATERRAS
DE DORIVAL CAYMMI PARA JORGE AMADO
30 SET. 1976

Descontadas contribuições secundárias, a projeção nacional e internacional de uma ideia de "baianidade" — mistura de hedonismo bonachão, espiritualidade afro-brasileira e culto de certa sabedoria popular — é obra feita a quatro mãos no século xx por dois contemporâneos, o primeiro nascido em 1912, o outro um ano e meio depois: o escritor Jorge Amado e o compositor Dorival Caymmi. É natural, assim, que o texto mais baiano de todos os tempos — repleto de nomes de seres vivos ou místicos — seja esta carta de Caymmi para Jorge, que na época morava em Londres.

II -- BILHETE DE DORIVAL CAYMMI A SEU IRMÃO , QUANDO ESTE SE ENCONTRAVA EM LONDRES

Jorge meu irmão, são onze e trinta da manhã e terminei de compor uma linda canção para Yemanjá pois o reflexo do sol desenha seu manto em nosso mar , aqui na Pedra da Sereia. Quantas canções compuz para Janaina, nem eu mesmo sei , é minha mãe , dela nasci. Talvez Stela saiba , ela sabe tudo, que mulher , duas iguais não existem, que foi que eu fiz de bom para merecê-la? Ela te manda um beijo , outro para Zelia e eu morro de saudade de voces. Quando vierem , me tragam um pano africano para eu fazer um blusão e ficar irresistivel. Ontem saí com Carybé, fomos buscar Camafeu na Rampa do Mercado, andamos por aí trocando pernas , sentindo os cheiros, tantos , um perfume de vida ao sol , vendo as cores , só de azues contamos mais de quinze e havia um ocre na parede de uma casa, nem te digo. Então ao voltar , pintei um quadro , tão bonito , irmão, de causar inveja a Graciano. De inveja, Carybé quase morreu e Jenner , imagine! , se fartou de elogiar, te juro. Um quadro simples : uma baiana , o taboleiro com abarás e acarajés e gente em volta. Se eu tivesse tempo, ia ser pintor, ganhava uma fortuna. O que me falta é tempo para pintar , compor vou compondo devagar e sempre , tu sabes como é , musica com pressa é aquela droga que tem às pampas sobrando por aí. O tempo que tenho mal chega para viver: visitar dona Menininha, saudar Xangô, conversar com Mirabeau, me aconselhar com Celestino sobre como investir o dinheiro que não tenho e nunca terei , graças a Deus, ouvir Carybé mentir , andar nas ruas, olhar o mar , não fazer nada e tantas outras obrigações que me ocupam o dia inteiro. Cadê tempo pra pintar? Quero te dizer uma coisa que já te disse uma vez, ha mais de vinte anos quando te deu de viver na Europa e nunca mais voltavas: a Bahia está viva, ainda lá , cada dia mais bonita , o firmamento azul , esse mar tão verde e o povareu. Por falar nisso, Stela de Oxossi é a nova iyalorixá do Axé e na festa da consagração ikedes e iaôs, todos na roça perguntavam onde anda Obá Arolu que não veio ver sua irmã subir ao trono de rainha? Pois ontem, às quatro da tarde , um pouco mais ou menos , saí com Carybé e Camafeu a te procurar e não te encontrando , indagamos: que faz ele que não está aqui se aqui é seu lugar? A Lua de Londres, já dizia um poeta lusitano que li numa antologia de meu tempo de menino , é merencória. A daqui, é aquela lua. Porque foi ele para a Inglaterra? Não é inglês ,nem nada, que faz em Londres? Um bom filho-da-puta é o que ele é, nosso irmãosinho. Sabes que vendi a casa da Pedra da Sereia? Pois vendi. Fizeram um edificio medonho bem em cima dela e anunciaram nos jornais: venha ser visinho de Dorival Caymmi. Então fiquei retado e vendi a casa , comprei um apartamento na Pituba , vou ser visinho de James e de João Ubaldo, daquelas duas linguas viperinas, veja que irresponsabilidade a minha. Mas hoje, antes de me mudar , fiz essa canção para Yemanjá que fala em peixe e em vento, em saveiro e no mestre do saveiro, no mar e na Bahia. Nunca soube falar de outras coisas. Dessas e de mulher , Dora, Marina, Adalgisa, Analia, Rosa morena , como vais morena Rosa , quantas outras e todas, como sabes, são a minha Stela com quem um dia me casei te tendo de padrinho. A benção, meu padrinho, Oxossi te proteja nessas inglaterras , um beijo para Zelia, não esqueçam de trazer meu pano africano , volte logo, sua casa é aqui e eu sou seu irmão Caymmi.

53

UM JAPONÊS NOS ATROPELOU
DE JORGE AMADO PARA JOSÉ SARAMAGO E PILAR DEL RÍO
13 OUT. 1994

Dois dos maiores escritores da língua portuguesa, Jorge Amado e José Saramago travaram uma amizade tardia mas dedicada. Alimentaram-na por meio de cartas, faxes e alguns encontros na Europa e no Brasil. De tudo isso, participavam suas mulheres, Zélia e Pilar, quase sempre incluídas entre remetentes e destinatários. Reunida no livro *Com o mar por meio*, a correspondência entre o brasileiro e o português tinha como tema recorrente o Nobel de literatura, até então nunca concedido a um escritor lusófono, mas que ambos disputavam e que Saramago viria a ganhar em 1998. Aqui, Jorge — missivista prolífico mas zeloso de sua privacidade, cujos arquivos mal começam a ser revelados — comenta com humor a premiação do japonês Kenzaburo Oe.

Salvador, 13 de outubro de 1994.

Queridos Pilar e José,

Ainda não será desta vez que iremos, os quatro, a Estocolmo festejar o Nobel de José: um japonês nos atropelou. Mesmo assim, podemos fazer uma boa festa — em lugar do gelo de Estocolmo, o sol da Bahia.

Pensamos estar aqui até os fins de fevereiro, por que vocês não vêm festejar conosco?

Passei três dias fazendo exames na vista no Centro Brasileiro de Cirurgia de Olhos, um extraordinário instituto na cidade de Goiânia, em Goiás, hoje de renome mundial. Fui fazer o controle da aplicação do laser, tudo bem, o trabalho do professor Coscas foi admirável, salvou-me uma parte da visão central do olho direito. Aproveitei para estudar com os médicos do Centro os recursos que me possibilitarão ler e escrever. Deram-me óculos com os quais consigo ler sem maior esforço. Começarei, na próxima semana, a trabalhar com um computador adaptado às minhas necessidades.

Todos aqui de casa, a começar por Zélia, juntam-se a mim num abraço afetuoso e saudoso para vocês dois com muito carinho.

Vosso, devoto
Jorge Amado

P.S.: Para dizer toda a verdade, devo convir que os 950 mil dólares do Nobel cairiam muito bem no bolso de um romancista português ou brasileiro, pobre de marré, marré.

54

OLHA O CORONEL RAMIRO!
DE ZÉLIA AMADO (GATTAI) PARA ZORA E ANTÔNIO OLINTO

SEM DATA

A telenovela *Gabriela* (1975), baseada no romance de Jorge Amado e com Sônia Braga no papel-título, estreou em maio de 1977 em Portugal. Primeiro produto do gênero a entrar num país recém-saído do obscurantismo salazarista, abriu caminho para muitos outros, mas fixou um padrão de sucesso — e de escândalo — que nunca seria igualado.
A carta que, em viagem a Portugal, Zélia Amado (que então ainda não se assinava Gattai) envia ao casal Zora e Antônio Olinto, fundidos por ela como "Zolintos", é provavelmente do fim dos anos 1970 e se diverte com a confusão feita pelos fãs entre criador e criatura, ou seja, entre Jorge e seus personagens.

HT

Hotel Tivoli

★★★★★

AVENIDA DA LIBERDADE, 185 • LISBOA 2 • PORTUGAL
TELEF.: 53 01 81 (20 LINHAS) • TELEX 12588
TELEGRAMAS: HOTIVO LISBOA

Meus Zolintos

vossa comadre aqui adorou receber o vosso telegrama no dia 2. Foi ponto alto dos festejos (houve até discurso no jantar, que português não faz por menos). Desde o dia 1º que andamos rindo por aqui, rindo à toa, com os filhos pendurados ao pescoço. Jorge é apontado — muitas vezes parado — pelas ruas como o gajo das novelas. Isso porque o povo acha — Portugal em peso assiste as novelas brasileiras — que Jorge é o autor delas todas e, alguns que ele é ator: "Olhe lá o gajo que escreve as novelas!" "Olhe que o sinhoire tem cabeça!" "O sinhoire por acaso não é o coronel Ramiro?" (Paulo Gracindo!) Metem os pés pelas mãos, confundem tudo.

Enquanto isso, pelas calçadas, meninos de oito, dez anos, fazem seu comércio apregoando: "Comprem revistas de safadeza!" E as safadezas são aquele pornô...

Mas eu queria mesmo dizer que gostei muito do artigo da Zora sobre o lançamento dos livros, e que fiquei comovida com o telegrama. Espero ainda vê-los nesta estada de Europa. Beijos muitos e o carinho da

Zélia

55

TENHO ALGO DE IMPETUOSO EM MEU ESPÍRITO

DE GLAUBER ROCHA PARA WILSON MENDES DE ANDRADE

15 JAN. 1953

O Glauber Rocha que escreveu esta carta para seu tio e conselheiro Wilson Mendes de Andrade tinha apenas treze anos, mas soava mais velho tanto no conteúdo quanto na linguagem apurada e curiosamente formal. O contraste é marcante com o cinema de vanguarda que o jovem baiano começaria a fazer dentro de poucos anos e mais ainda com a prosa convulsa, cifrada e ortograficamente rebelde que seria uma marca do diretor de *Terra em transe* a partir de 1977 e até sua morte, em 1981. O certo é que, mesmo negando com desdém a "influência de fitas cinematográficas", aquele menino baiano de inteligência muito acima da média não era nada econômico na ambição artística.

Tio Wilson

Demorei muito para responder tua carta, porém hoje o faço, já que me sinto disposto para tal.

Gostei do que me escrevestes e podes ficar certo que teus conselhos serão seguidos. Só tenho que discordar, ou melhor, explicar-te, acerca d'alguns pormenores sobre minha personalidade.

Quero que fiques tranquilo a respeito da leitura de *X-9* e *Detetive*, pois realmente poucas vezes eu os li; quanto às revistas em quadrinhos, eu as leio até hoje, de vez em quando, e ainda me distraio com as aventuras de Superman ou outro qualquer...

Não quero com isso que penses que sou criança, não! Mas é que uma revista em quadrinhos faz-nos esquecer certas amarguras... Quanto à peça, quero explicar-te a razão da história se desenrolar em um país estrangeiro. Durante o ano letivo, eu e alguns colegas, interessados em teatro, resolvemos mostrar ao colégio, em réplica a uma peça que levaram, "como se fazia teatro" (como se fôssemos teatrólogos diplomados). Bem, deixaram o argumento a meu cargo. Que fiz? Vim para casa e lutei em busca de um assunto invulgar, um assunto que revolucionasse a "turma". Precisamos entregar tudo no dia seguinte. Pensei, pensei e nasceu-me aquela ideia. Rápido minha pena desenhou no papel todo o enredo. Mas... no Brasil não poderia ser, pois aqui não há pena de morte, então mudei para a França. Aquela peça absolutamente não revela a minha personalidade (pois penso que um escritor deve escrever o que pensa e o que sente, enfim deve expressar sua própria filosofia).

Creio que me entendestes.

Quanto a Poe e Kipling, já os li. O segundo melhor do que o primeiro (opinião minha!). E aquela sua poesia "Se" é o que de mais belo pode haver em matéria de filosofia, mas que considero, por assim dizer, impraticável. Às vezes chego a duvidar do autor de *Mowgli, o menino lobo*, *Kim* e outros... Bem, duvidar porque acredito que ele não seguia os mandamentos que escreveu em "Se" e assim sendo seria... Bem, não pretendo e não estou à altura de criticar o grande poeta e escritor Rudyard Kipling. Mande-me tua opinião acerca dele. Quanto a aprender e observar as coisas, obrigado: saberei de hoje em diante observá-las melhor.

Tio, se algum dia tornar-me escritor, fique certo que escreverei sobre minha terra. Saiba também que prefiro os escritores brasileiros aos europeus. Não que tenha vasta cultura literária, a ponto de querer compará-los, mas prefiro conhecer antes a filosofia dos meus patrícios para depois conhecer a dos europeus. Não quero dizer com isto que Dickens, Stevenson e outros são maus escritores.

Li *Terras do sem-fim*, de Jorge Amado, e achei mais do que "realista". A sua linguagem poder-se-ia dizer quase imoral. Virgílio, Margot, Ester, Juca Badaró são sem dúvida personagens que cativam o leitor, porém nunca como o Eugênio, a Olívia, a Dora e o Simão, a Eunice e todos os outros personagens de Veríssimo em *Olhai os lírios do campo*; o li de uma só vez, tal o seu poder de atração, e pretendo relê-lo para sentir novamente a tragédia íntima de Eugênio e pensar na existência.

Quero confessar-te uma coisa: às vezes pareço-me com Eugênio, às vezes sinto o irrefreável complexo de inferioridade. São coisas da vida, creio que todos nós temos um pouco de Eugênio em nossas almas.

Tio, quero dizer-te ainda que nunca deixei-me influenciar por fitas cinematográficas ou histórias em quadrinhos. Bons filmes como *O Cristo proibido*, italiano, *Chaga de fogo*, americano, *Uma rua chamada pecado*, americano, e *Luzes da ribalta*, de Chaplin, deixam uma certa impressão em nosso espírito, mas convém dizer que trata-se de filmes humanos, feitos por homens conscientes, cada qual procurando difundir sua filosofia através da sétima arte (tenho também de citar *Orfeu*, de Jean Cocteau).

Filosofia, sim, estou lendo. Schopenhauer (*Dores do mundo*), Nietzsche (*Assim falava Zaratustra*), além de pequenos comentários a respeito da filosofia de Bacon, Platão, Aristóteles, Sócrates, Spinoza, Voltaire e muitos outros. Filosofia faz-nos pensar melhor acerca do mundo e dos homens. Porém, como dizer-te que nunca seguirei o ponto de vista deste ou daquele? Nunca serei "superior" como Nietzsche, pessimista como Schopenhauer ou cínico como Voltaire, isto não! Podes ficar certo que procurarei seguir a minha própria filosofia.

Como disse em minha carta anterior, vou estudar direito. Agora, em 1954, vou começar "vida nova", estudar, escrever e também... namorar; apesar de não ser nenhum Apolo no físico ou um d. Juan na "lábia", porém vou tentar. Acho muito difícil namorar: primeiro sou tímido, segundo odeio as mocinhas frívolas, terceiro só me interessam aquelas que forem cultas e inteligentes e que não ardem pensando no topete de John Derek ou T. Curtis, quarto não sou de "flirt" barato e passageiro, quero amor como no século passado: romance ardente e perigoso. Não sei como, mas tenho algo de impetuoso no meu espírito. Tenho raiva das coisas fáceis, idolatrando as que, para consegui-las, arranquem-nos suor da face.

Escrevi muito, talvez encontre asneiras, mas não importar-me-ei se, na próxima carta que me fizeres, apontá-las criticando-as separadamente.

Quanto ao discurso, sinto muito: não houve uma cópia datilografada e limpa. Como sabes (se não sabes, fique sabendo) sou displicente, portanto não cuidei do papel, e sim do conteúdo. Obtive mesmo sucesso, pelo menos houve muitos aplausos e parabéns por parte dos colegas, convidados, professores etc. Rasguei o original. Mas sei que não vais dar importância a isso.

Tenho um vasto plano para 1954 cheio de surpresas (apenas para mim e para o sr.). Mas surpresas apenas para nós, já que meus planos só a ti são revelados. Espere, que as surpresas talvez sejam boas.

Despeço-me, augurando-lhe um "happy new year" juntamente com a "tia" Fabíola e...

Até a próxima,

Glauber

56

O CAVALO DO GRILO
DE MATHEUS NACHTERGAELE
PARA ARIANO SUASSUNA
23 JUL. 2014

O ator paulista Matheus Nachtergaele alcançou o maior sucesso de público de sua carreira no papel de João Grilo, protagonista esperto e trambiqueiro da peça teatral *Auto da compadecida*, na adaptação que Guel Arraes lançou em 1999 como minissérie de TV e no ano seguinte no cinema. A peça é uma das obras-primas do pernambucano Ariano Suassuna, autor também do *Romance d'A pedra do reino* e fundador do chamado Movimento Armorial, de resgate e estudo das manifestações artísticas populares de sua terra. No dia em que Ariano morreu, de um AVC, aos 87 anos, Nachtergaele publicou no site do *Diário de Pernambuco* esta emocionada carta de despedida.

Carta para Ariano,

Quem te escreve agora é o Cavalo do teu Grilo. Um dos cavalos do teu Grilo. Aquele que te sente todos os dias, nas ruas, nos bares, nas casas. Toda vez que alguém, homem, mulher, criança ou velho, me acena sorrindo e nos olhos contentes me salva da morte ao me ver Grilo.

Esse que te escreve já foi cavalgado por loucos caubóis: por Jó, cavaleiro sábio que insistia na pergunta primordial. Por Trepliev, infantil édipo de talento transbordante e melancólicas desculpas. Fui domado por cavaleiros de Shakespeare, de Nelson, de Tchékhov. Fui duas vezes cavalgado por Dias Gomes. Adentrei perigosas veredas guiado por Carrière, por Büchner e Yeats. Mas de todos eles, meu favorito foi teu Grilo.

O Grilo colocou em mim rédeas de sisal, sem forçar com ferros minha boca cansada. Sentou-se sem sela e estribo, a pelo e sem chicote, no lombo dolorido de mim e nele descansou. Não corria em cavalgada. Buscava sem fim uma paragem de bom pasto, uma várzea verde entre a secura dos nossos caminhos. Me fazia sorrir tanto que eu, cavalo, não notava a aridez da caminhada. Eu era feliz e magro e desdentado e inteligente. Eu deixava o cavaleiro guiar a marcha e mal percebia a beleza da dor dele. O tamanho da dor dele. O amor que já sentia por ele, e por você, Ariano.

Depois do Grilo de você, e que é você, virei cavalo mimado, que não aceita ser domado, que encontra saídas pelas cercas de arame farpado, e encontra sempre uma sombra, um riachinho, um capim bom. Você Ariano, e teu João Grilo, me levaram para onde há verde gramagem eterna. Fui com vocês para a morada dos corações de toda gente daqui desse país bonito e duro.

Depois do Grilo de você, que é você também, que sou eu, fui morar lá no rancho dos arquétipos, onde tem néctar de mel, água fresca e uma sombra brasileira, com rede de chita e tudo. De lá, vê-se a pedra do reino, uns cariris secos e coloridos, uns reis e uns santos. De lá, vejo você na cadeira de balanço de palhinha, contando, todo elegante, uma mesma linda estória pra nós. Um beijo, meu melhor cavaleiro.

Teu,

Matheus Nachtergaele

57

É CRIME E PECADO TOMAR O ALHEIO
DO PADRE CÍCERO PARA ANTÔNIO JOAQUIM LANDIM
25 JUL. 1931

A influência exercida em todo o Nordeste pelo padre cearense Cícero Romão Batista (1844-1934), nascido no Crato e radicado em Juazeiro do Norte, ia muito além da religião, estendendo-se pela vida social e política. Punido pela Igreja católica, que desaprovava seu estilo carismático e o culto popular que gerava, só seria reabilitado no papado de Francisco, em 2015, mais de oitenta anos após sua morte. Nada que perturbasse seus milhões de fiéis, para quem o Padim Ciço era uma mistura de santo, sábio e mediador de conflitos. Nesta carta, escrita quando o padre tinha 87 anos, um senhor de engenho acusado de conduta desonesta recebe um puxão de orelha firme.

25 de julho de 1931.

Amigo sr. Antônio Joaquim Landim

Salutem in Domino.

É portadora deste d. Vicência Maria de Jesus, que informa ter moído aí umas canas no engenho do sr. e que o sr. não quer entregar-lhe a sua parte; dizendo que toma em pagamento de dívida de outra pessoa. Uma causa tão fora de direito só acredito porque não ponho em dúvida a sinceridade de quem informa. Peço-lhe pois entregar a parte que cabe a sra. d. Vicência da moagem que o sr. fez das canas dela. É crime e pecado tomar o alheio. Certo de que fará o meu pedido antecipo os meus agradecimentos. De seu amigo.

Pe. Cícero Romão Batista

58

ELA SÓ TEM MEIO MILHÃO!
DE SANTOS DUMONT PARA PEDRO LIMA GUIMARÃES
23 DEZ. 1901

O tema da sexualidade do Pai da Aviação é tão controverso em nossa era de fascínio pela vida privada das celebridades que chega a ser cômico. Tendo permanecido solteiro a vida inteira, há quem diga que o genial inventor do 14-Bis foi um celibatário empedernido. Outros, que era mulherengo. O que não impede o movimento gay de reivindicá-lo para a galeria dos homossexuais ilustres. Namorador de beldades na Paris elegante de seu tempo, isso Alberto foi com certeza. Embora os ganhos financeiros não parecessem estar entre as prioridades de um inventor que deixou públicos os direitos de suas patentes, surge nesta carta uma curiosa discussão sobre o dote da bela herdeira americana que ele estava cortejando, Edna Powers.

Paris, 23-12-1901

Caro Pedro

Estimo saber que estás melhor, porém te aconselho de não abusar...

Aqui vai-se indo bem, no dia 2 vou a Monte Carlo, o balão já lá está.

Enfim aqui chegou a querida no dia 19. No dia 21 fui tomar chá na casa dela (sou verdadeiramente corajoso) e ontem ela veio tomar chá na casa da amiga aonde nos encontramos de novo. Depois eu conduzi ela e o pai no automóvel!!!

Ela é muito gentil e linda, porém eu logo que vi a família, não sei por quê, desconfiei que não deviam de ser muito ricos, e só hoje é que a amiga dela me explicou a coisa. O pai dele é que é muito rico, porém ele está brigado com o pai e deserdado, são os dois outros irmãos que têm o dinheiro!!!!

C'est vraiment la guigne ["Isso é um grande azar"].

Acabo de vir de uma casa americana aonde eu toquei no assunto dizendo que eles me convidaram para ir jantar amanhã, dia de Noël [Natal] com eles, e então esta senhora americana me disse a mesma coisa, que eles passam por ser muito ricos aqui em Paris, porém que a verdade é que eles só têm um meio milhão e que a pequena não tem dote!!!! Porém, o meu coração está já muito com ela... e não sei o que fazer, se parar o namoro ou se continuar. É uma posição muito crítica.

Paris - 23-12-1901

Caro Pedro

Estimo saber que estás melhor, porem te aconselho de não abusar. . . .

Aqui vae-se indo bem, no dia 2 vou à Monte Carlo o balão já lá está.

Enfim aqui chegou a querida no dia 19. No dia 21 fui tomar chá na casa d'ella (sou verdadeiramente corajoso) e hontem ella veio tomar chá na casa da amiga aonde nos encontramos

59

FOOTBALL FOREVER!

DE LIMA BARRETO PARA LUCILO VAREJÃO

26 SET. 1922

A obra do escritor Lima Barreto (1881-1922), autor do romance *Triste fim de Policarpo Quaresma*, é marcada pela aguda visão crítica, tanto social quanto política, que sua condição — a de um talentoso intelectual negro de origem humilde que transitava na capital da ultraconservadora República Velha — lhe permitia ter como poucos. Identificado com causas populares, o escritor foi também o mais eloquente inimigo do futebol em seus anos de implantação no país. Explica-se: àquela altura, o esporte ainda era um passatempo da elite. Lima Barreto morreu pouco mais de um mês depois de escrever esta carta furiosa ao jornalista pernambucano Lucilo Varejão.

Rio, 26 de setembro de 1922

Meu caro Lucilo Varejão,

Recebi tua carta de 5, na qual me deste o prazer de participar que já tinhas tirado 5 mil exemplares do teu último trabalho. Quando escrevi aquelas linhas na *Tribuna*, não imaginei tanto. Sabendo, como agora sei, do elevado número da tiragem, fico mais contente e dou parabéns a vocês daí que encontram leitores prestimosos. O Rio não dá nada. O *football* veio matar o pequeno interesse que ele tinha pelas coisas nobres do espírito humano. É pegares um jornal daqui ou uma revista e verás que a maior parte dele e dela é tomada com coisas de *sport*, sobretudo de *football*, mesmo no que toca ao noticiário policial. A pouca literatura que sai em jornais daqui é lida por alguns e aborrecida por quase todos. *Football for ever!* Convenceram a todos esses panurgianos daqui que essa história de dar pontapés em bolas, quebrar canelas e braços, é grego ou coisa que valha, e eles levam a vida toda a cogitar nela, não tendo tempo para pensar em qualquer outra coisa.

As bibliotecas vivem às moscas; os museus, os concertos, as exposições de pintura, os arrabaldes pitorescos não têm nenhuma frequência; mas, nos domingos e dias feriados, não há campo de *football*, por mais vagabundo que seja, onde não se encontre uma multidão para ver homens possuidores de grandes habilidades nos pés. Depois, à tarde, vêm os "rolos".

Terei muito prazer em travar conhecimento com o Araújo Filho, e logo que sair o *Feiras e mafuás* hei de lhe oferecer um exemplar.

Recebi daí dois livros de mérito. Um é um romance — *Os irmãos Marçal*, de Olívio de Figueiredo; e outro é do senhor Estêvão Pinto — *Pernambuco no século XIX*. De ambos, queria tratar largamente; mas estou disposto a retirar-me aos poucos da imprensa, quer diária, quer periódica. Dá muito trabalho, provoca aborrecimentos e nenhum proveito se tira. Por isso, não escreverei os artigos.

Quanto aos teus livros, tanto o que está com o Monteiro como o que está com o Schettino, nada sei de positivo.

No que toca à última parte da tua carta, hás de me permitir que não te diga nada. Contudo, devo lembrar-me que a nossa revolta só é legítima quando em nome de um ideal, ou contra alguma injustiça; e ela deve ser sempre literária e nunca tomar o tom de difamação à Apulero de Castro, nem a feição injuriosa de debate entre articulistas políticos.

Recomenda-me aos amigos e sou sempre um teu admirador e amigo

Lima Barreto

60

GÊNIO VIGOROSO
DE FÉLIX PACHECO PARA BENITO MUSSOLINI

SEM DATA

O político piauiense Félix Pacheco, ministro das Relações Exteriores no governo Arthur Bernardes, nos anos 1920, era um fervoroso simpatizante de Benito Mussolini. A maior prova disso é a carta que escreveu ao chefe do fascismo italiano — em português — quando estava em Roma, usando o papel do Grand Hotel de Russie. A data é incerta, mas compreendida entre 1922, quando Mussolini ascendeu ao poder, e 1935, quando Pacheco morreu. Não se sabe se a carta chegou ao destino. A simpatia pelo fascismo era comum nos meios políticos brasileiros da época. Só em 1942 o ditador Getúlio Vargas poria fim à sua hesitação para assumir o lado dos Aliados na Segunda Guerra.

A Sua Excelência o Sr. Presidente
Benito Mussolini

Não quero partir de Roma sem repetir de modo muito especial a Vossa Excelência a minha profunda admiração pela sua admirável obra de governo. Percorri a Itália de norte a sul e notei por toda parte uma febre de ação renovadora que faz honra à capacidade de reconstruir, que foi sempre o apanágio do espírito latino e enobrece sobremodo o regime que integrou sob novos moldes esta grande terra de ordem, de beleza, de cultura, de força e de sonho. Discute-se muito lá fora o fascismo como doutrina, mas o que ninguém pode discutir sem má-fé é o conjunto brilhante de vitórias que o partido criado pelo gênio vigoroso de Vossa Excelência tem sabido obter no terreno das realizações efetivas. A Itália agiganta-se agora triplicemente coesa e unida, no cetro da Casa de Saboya, na reconciliação com a Igreja e no entusiasmo geral que se observa pela orientação do Chefe de Governo.

O retrato que Vossa Excelência teve a bondade de oferecer-me tem seu lugar marcado sobre a minha mesa de trabalho do lado da fotografia do Príncipe Herdeiro, a quem tive a honra de receber no Estado da Bahia, como Ministro das Relações Exteriores de meu país, quando Sua Alteza passou pelo Brasil.

Renovo a Vossa Excelência a expressão dos meus melhores agradecimentos.

Félix Pacheco

Grã-Cruz da Ordem da Coroa da Itália
Diretor do *Jornal do Commercio* do Rio de Janeiro e ex-Ministro
das Relações Exteriores do Rio de Janeiro

GRAND HOTEL DE RUSSIE
ROME

(S.A.T.A.)

THE SIGN OF HOSPITALITY

ROMA. . . .	GRAND HOTEL DE RUSSIE
ROMA. . . .	HOTEL MAJESTIC
ROCCA DI PAPA	GRAND HOTEL
GENOVA . . .	GRAND HOTEL MIRAMARE
BOLOGNA . .	GRAND HOTEL MAJESTIC (BAGLIONI)
NAPOLI . . .	GRAND HOTEL
CAPRI . . .	QUISISANA GRAND HOTEL
BRINDISI . .	HOTEL INTERNATIONAL

A Sua Excellencia o Sr. Presidente
Benito Mussolini

Não quero partir de Roma sem repetir de modo muito especial a Vossa Excellencia a minha profunda admiração pela sua admiravel obra de governo. Percorri a Italia de norte a sul e notei por toda parte uma febre de acção renovadora que faz honra á capacidade de reconstruir, que foi sempre o apanagio do espirito latino e ennobrece sobremodo o regimen que integrou sob novos moldes esta grande terra de ordem, de belleza, de cultura, de força e de sonho. Discute-se muito lá fora o fascismo como doutrina, mas o que ninguem pode discutir sem má fé é o conjuncto brilhante de victorias que o partido creado pelo genio vigoroso de Vossa Excellencia tem sabido obter no terreno das realisações effectivas. A Italia agiganta-se agora triplicemente cohesa e unida, no sceptro da Casa de Saboya, na reconciliação com a Igreja e no enthusiasmo geral que se observa pela orientação do Chefe do governo.

O retrato que Vossa Excellencia teve a bondade de offerecer-me tem seu lozar marcado sobre a minha mesa de trabalho do lado da ~~da Sua Altexa~~ photographia o Principe Herdeiro, a quem tive a honra de receber no Estado da Bahia, como Ministro das Relações Exteriores de meu paiz, quando Sua Altexa passou pelo Brasil.

Renovo a Vossa Excellencia a expressão dos meus melhores agradecimentos

Felix Pacheco

Grã Cruz da Ordem da Corôa d'Italia

Director do Jornal do Commercio do Rio de Janeiro, e ex-Ministro das Relações Exteriores do Rio de Janeiro

61

ESTA GUERRA NÃO É COMO AS OUTRAS
DE IMERO AMARANTE PARA SEUS PAIS
15 JAN. 1945

Dividida entre simpatizantes dos Aliados e do Eixo, a ditadura de Getúlio Vargas (Estado Novo) custou a se decidir pelos primeiros. Entrou tarde na Segunda Guerra Mundial, em agosto de 1942, e só enviou tropas para a Europa quase dois anos depois, em julho de 1944, quando o conflito se aproximava do fim. Foram à Itália cerca de 25 mil homens da Força Expedicionária Brasileira (FEB) — o número de baixas ficaria em torno de 10%. Entre os que sobreviveram estava o terceiro-sargento Imero Amarante, herói anônimo que nesta carta, encontrada pelo colecionador Paulo José da Costa, procura convencer a família de que correria mais riscos num piquenique.

Em qualquer parte do Front da Itália em 15 de janeiro de 1945.

Meus queridos pais!

Em primeiro lugar, desejo à nossa família um Feliz Ano Novo, e espero que esta vá encontrar todos com boa saúde. Eu aqui vou indo bem, graças a Deus, só com muitas saudades de todos, de casa, mas muito me alegrou estes dias em saber que todos em casa vão indo bem, recebi uma carta da mamãe e um telegrama do papai, mamãe, pois a senhora não calcula quanto vale uma cartinha de casa aqui, é o que mais se espera, com ansiedade. O meu embarque foi inesperado para mim, mas deixei uma carta escrita com um colega no Rio, para ele pôr no correio, e não sei se receberam aí, a sua carta, da Olivia e um telegrama, eu recebi antes do embarque no Rio. A data do meu embarque foi dois dias mais do que a senhora soube aí.

Mamãe, a senhora não se impressione comigo por estar na Guerra, pois esta guerra não é como as de outros tempos, em que se passava fome etc., (mas a gente vai) porém, boa não é, mas a gente vai levando-se como ela é, coragem, e fé em Deus para voltarmos, com a vitória para o nosso Brasil, e para junto de nossas famílias, o que não há de tardar se Deus quiser.

Os nossos inimigos aqui são os tedescos (tedescos aqui para nós é alemão) e a neve, porém, o inimigo número um é os tedescos, mas eles estão vendo de que não são mais do que um brasileiro, o que nos faltava era material, mas agora temos, apesar de não estarmos acostumado com o frio europeu, mas temos suportado de bom humor, e temos bons conceitos com os Comandantes Aliados, nós pertencemos ao 5º Exército Norte-Americano mas temos o nosso Front separado, já dei muitos tiros contra o maldito tedesco, está sendo esta a minha contribuição para a derrota do Nazi-Facismo. E o nosso inimigo número dois é a neve, mas para combatermos o frio temos ótimas roupas e calçados Americanos. Apesar de ser na guerra, nós temos algumas horas de descanso, às vezes dias. Essas horas às vezes aproveita-se para andar na neve de "skis", aliás escorregar, a neve aqui neste tempo não desaparece.

Papai eu recebi o seu telegrama em que dizia ter recebido o dinheiro, mas eu fiquei em dúvida por não saber qual o dinheiro que o sr. recebeu, porque em princípios de Novembro eu remeti por intermédio do Banco do Brasil, L$ 10.000 liras que correspondem a Cr$ 2.000,00 Cruzeiros, peço ao sr. mandar-me dizer se recebeu esse dinheiro o mais urgente possível, e o do Ministério da Guerra também, bem como a quantia que lhe pagaram e até em que data. O sr. precisando desse dinheiro pode lançar mão, o que o sr. fizer está bem feito. Mamãe, fico-lhe muito obrigado, atualmente não estou precisando de nada, mas se a senhora quiser mandar-me alguma coisa, pode mandar, será prazer para mim.

A nossa comida aqui é tudo em conservas, com exceção do arroz e o feijão, que é comida de luxo aqui para nós, ovos e leite não nos falta temos diariamente, e de vez em quando galinhas, perus etc. para comida de guerra não é ruim, e as vezes para passar o tempo fuma-se um bom cigarro Norte-Americano, que no Brasil custa mais ou menos uns Cr$ 10,00 (mas não sou viciado a fumar não).

Papai, vou lhe mandar alguns dados, que se caso o sr. precisar já tem, o meu número de identificação militar é 25823-5G — esse é o número de identificação na 5ª Região Militar, e o 5G deve acompanhar o número, para saber em que gabinete foi identificado, 5G é 5º Gabinete em Curitiba. E a minha declaração de herdeiros foi arquivada na (Ministério) Secretaria Geral do Ministério da Guerra sob o número 1.749, se algum dia for necessário o sr. manda esse número que será mais fácil de encontrarem o documento.

Mamãe, mande-me dizer quantas cartas minhas já receberam, porque infelizmente temos uns certos brasileiros na censura que não compreendem que é a maior alegria de cada um de nós em que aqui nos encontramos, é em receber uma carta de nossa família, e igualmente a família de cada um de nós em receber notícias. Que mais tarde serão estes os defensores da causa, ou melhor, da Pátria, que ficam na retaguarda, e nem algum dia viram a explosão de uma bomba tedesca.

Por hoje termino mamãe, pedindo-lhe mais uma vez, que não tenhas cuidado de mim, que Deus se encarregará de meu destino.

Muitas lembranças e abraços a todos os meus queridos irmãos, cunhado e a Noca, e aos que por mim perguntarem.

E um saudoso abraço aos sobrinhos e um especialmente ao Percy.

Queiram abençoar este seu filho que lhes beija as mãos e pede benção.

Abraços,

Imero Amarante

Em qualquer parte do Front da Italia em 15 de Janeiro de 1945

Meus queridos paes!

Em primeiro lugar, dezejo, a nossa familia um Feliz Ano Novo, e espero que esta va encontrar todos, com bôa saude. Eu, aqui vou indo bem, graças, a Deus, só com muitas saudades de todos, de casa, mas muito me alegrou estes dias em saber, que todos em casa vão indo bem, recebi uma carta, da mamãe e 1 um telegrama do papãe, mamãe pois, a senhora não calcula quanto vale uma cartinha de casa aqui, é o que mais se espera, com anciedade. O meu embarque foi inesperado para mim, mais deixei uma carta escrita no com um, colega no Rio, para ele por no Correio, e não sei se receberam ahi, a sua carta, da Olivia e um telegrama, eu recebi antes do embarque no Rio. A data do meu embarque foi dois dias mais do que a senhora soube ahi.

Mamãe, a senhora não se impressione comigo por estar na Guerra, pois esta guerra não é como as de outros tempos, em que se passava fome etc., (mas (agente vai) pôrem, bôa não é, mas agente vai levando-se como ela é, coragem, e fé em Deus para voltar-mos, com a vitoria para, o nosso Brasil, e para junto de nossas familias, o que não há de tardar se Deus quizer.

II

Os nossos inimigos aqui são os tedescos (tedescos aqui para nós é alemão) e a néve, pârece, o inimigo numero um é os tedescos, mas eles estão vendo de que não são mais doque um brasileiro, o que nos faltava era material, mas agóra temos, apezar de não estármos acostumado com o frio Europeu, mas temos supartado de bom humor, e temos bons conceitos com os Comandantes Aliados, nós pertencemos ao 5º Exercito Norte-Americano mas temos o nosso Front separado, ja dei muitos tiros contra o maldito tedesco, está sendo ~~ésta~~ a minha contribuição para a derróta do Nazi-Facismo. E o nosso inimigo numero dois é a néve. más para combatermos o frio temos otimas roupas e calcados Americanos. Apezar de ser na guerra, más temos algumas horas de descanso, as vezes dias. Essas horas ás vezes aproveita-se para andar na néve de "Skis", aliás escorregar, a néve aqui neste tempo não desaparece.

Papae eu recebi o seu telegrama em que dizia ter recebido o dinheiro, mas eu fiquei em duvida por não saber qual o dinheiro que o sr. recebeu, porque em principios de Novembro eu remeti por intermedio do Banco do Brasil, L$ 10.000 liras que correspondem a Cr$ 2.000,00 Cruzeiros, péço ao sr. mandar-me dizer si recebeu esse dinheiro, o mais urgente possivel, e o do Ministerio da Guerra tambem, bem como a garantia que lhe pagaram e até em que data. O sr. precizando desse dinheiro póde lançar mão, o que o sr. fizer está bem feito. Mamãe, fico-lhe muito obrigado, atualmente não estou precizando de nada, mas se a senhora quizer mandar-me alguma cousa, póde mandar, será prazer para mim.

A nóssa comida aqui é tudo em conservas, com esccepção do arroz e o feijão, que é comida de luxo aqui para nós, óvos e leite não nos falta temos diariamente, e de vez em quando galinhas perús etc. para comida de guerra não é ruim, e as vezes para passar o tempo fuma-se um bom cigarro Norte-Americano, que no Brasil custa mais ou menos uns Cr$ 1,00. (mais não sou viciado a fumar não).

Papae, vou lhe mandar alguns dados, que se caso o sr. precizar ja tem, "O meu numero de identificação Militar é 25823 - 5 G - esse é o numero de identificação na 5ª Região Militar, e o 5 G deve acompanhar o numero, para saber em que Gabinete foi identificado, 5 G é 5º Gabinete em Curitiba. E a minha declaração de Herdeiros foi Arquivada na (Ministerio) Secretariado Geral do Ministerio da Guerra sob o numero 1.749,

IV

se algum dia for necessario o sr. manda esse numero que será mais facil de encontrarem o documento.

Mamãe, mande-me dizer quantas cartas minhas ja receberam, porque infelizmente temos uns cértos brasileiros na cencura que não compreendem que é a maior alegria de cada um de nós em que aqui nos encontramos, é em receber uma carta de nossa familia, e igualmente a familia de cada um de nós em receber noticias. Que mais tarde serão estes os defensores da causa, ou melhor da Patria, que ficam na retaguarda, e nem algum dia viram a esplosão de uma bomba tedesca.

Por hoje termino mamãe, pedindo-lhe mais uma vez, que não tenhas cuidado de mim, que Deus se encarregará de meu destino

Muitas lembranças e abraços a todas as meus queridas irmaas, cunhado e a Nóca, e aos que por mim perguntarem

E um saudoso abraço aos sobrinhos, e um especialmente ao Percy.

Queiram abençôar este seu filho que lhes beija as mãos e péde abenção   Abraços.

Imero Amarante.

62/63

SAIO DA VIDA PARA ENTRAR NA HISTÓRIA

DE GETÚLIO VARGAS

AGO. 1954

O tiro que o presidente Getúlio Vargas deu no coração na madrugada de 24 de agosto de 1954 foi cuidadosamente premeditado. É o que sugerem as duas cartas de despedida que ele escreveu. Manuscrita e divulgada muitos anos mais tarde, a primeira versão é do dia 13. A segunda e "oficial", datilografada em três vias, do próprio dia da morte, foi lida pelo então deputado João Goulart no enterro em São Borja (RS), cidade natal de ambos. A comoção popular com sua morte provocou uma reviravolta dramática na crise política terminal em que o presidente se encontrava desde o atentado contra o inimigo Carlos Lacerda, ordenado pelo chefe de sua guarda pessoal, Gregório Fortunato.

[Rio de Janeiro, agosto de 1954.]

Deixo à sanha dos meus inimigos o legado da minha morte.

Levo o pesar de não haver podido fazer, por este bom e generoso povo brasileiro e principalmente pelos mais necessitados, todo o bem que pretendia.

A mentira, a calúnia, as mais torpes invencionices foram geradas pela malignidade de rancorosos e gratuitos inimigos numa publicidade dirigida, sistemática e escandalosa.

Acrescente-se a fraqueza de amigos que não me defenderam nas posições que ocupavam, a felonia de hipócritas e traidores a quem beneficiei com honras e mercês e a insensibilidade moral de sicários que entreguei à justiça, contribuindo todos para criar um falso ambiente na opinião pública do país, contra a minha pessoa.

Se a simples renúncia ao posto a que fui elevado pelo sufrágio do povo me permitisse viver esquecido e tranquilo no chão da pátria, de bom grado renunciaria. Mas tal renúncia daria apenas ensejo para, com mais fúria, perseguirem-me e humilharem.

Querem destruir-me a qualquer preço. Tornei-me perigoso aos poderosos do dia e às castas privilegiadas. Velho e cansado preferi ir prestar contas ao Senhor, não de crimes que não cometi, mas de poderosos interesses que contrariei, ora porque se opunham aos próprios interesses nacionais, ora porque exploravam, impiedosamente, os pobres e os humildes.

Só Deus sabe das minhas amarguras e sofrimentos. Que o sangue de um inocente sirva para aplacar a ira dos fariseus.

Agradeço aos que de perto ou de longe trouxeram-me o conforto de sua amizade.

A resposta do povo virá mais tarde...

Getúlio Vargas

PRESIDÊNCIA DA REPÚBLICA

GABINETE DO PRESIDENTE

Deixo a sanha dos meus inimigos o legado da minha morte.

Levo o pesar de não haver podido fazer, por este bom e generoso povo brasileiro e principalmente pelos mais necessitados, todo o bem que pretendia.

A mentira, a calúnia, as mais torpes invencionices foram geradas pela malignidade de rancorosos e gratuitos inimigos, numa publicida

Rio de Janeiro, 24 de agosto de 1954.

Mais uma vez, as forças que os interesses contra o povo coordenaram novamente se desencadeiam sobre mim.

Não me acusam, me insultam; não me combatem, caluniam. E não me dão o direito de defesa. Precisam sufocar a minha voz e impedir a minha ação, para que eu não continue a defender, como sempre defendi, o povo e principalmente os humildes.

Sigo o destino que me é imposto. Depois de decênios de domínio e espoliação dos grupos econômicos e financeiros internacionais, fiz-me chefe de uma revolução e venci. Iniciei o trabalho de libertação e instaurei um regime de liberdade social. Tive que renunciar. Voltei ao governo nos braços do povo. A campanha subterrânea dos grupos internacionais aliou-se à dos grupos nacionais revoltados contra o regime de garantia do trabalho. A lei de lucros extraordinários foi detida no Congresso. Contra a justiça da revisão do salário mínimo se desencadearam os ódios. Quis criar a liberdade nacional na potencialização das nossas riquezas através da Petrobras e mal começa a funcionar a onda de agitação se avoluma. A Eletrobras foi obstaculada até o desespero. Não querem que o trabalhador seja livre. Não querem que o povo seja independente.

Assumi o governo dentro da espiral inflacionária, que destruía os valores de trabalho. Os lucros das empresas estrangeiras alcançavam até quinhentos por cento ao ano. Nas declarações de valores do que importávamos existiam fraudes constatadas de mais de 100 milhões de dólares por ano. Veio a crise do café, valorizou-se o nosso principal produto. Tentamos defender seu preço e a resposta foi uma violenta pressão sobre nossa economia a ponto de sermos obrigados a ceder. Tenho lutado mês a mês, dia a dia, hora a hora, resistindo a uma agressão constante, incessante, tudo suportando em silêncio, tudo esquecendo, renunciando a mim mesmo, para defender o povo que agora se queda desamparado. Nada mais vos posso dar a não ser o meu sangue. Se as aves de rapina querem o sangue de alguém, querem continuar sugando o povo brasileiro, eu ofereço em holocausto a minha vida. Escolho este meio de estar sempre convosco. Quando vos humilharem, sentireis minha alma sofrendo a vosso lado. Quando a fome bater a vossa porta, sentirei em vosso peito a energia para a luta por vós e vossos filhos. Quando vos vilipendiarem, sentireis no meu pensamento a força para a reação. Meu sacrifício nos manterá unidos e meu nome será a vossa bandeira de luta.

Cada gota de meu sangue será uma chama imortal na vossa consciência e manterá a vibração sagrada para a resistência. Ao ódio respondo com o perdão. E aos que pensam que me derrotaram, respondo com a minha vitória. Eu era escravo do povo e hoje me liberto para a vida eterna. Mas esse povo de quem fui escravo, não mais será escravo de ninguém. Meu sacrifício ficará para sempre em sua alma e meu sangue será o preço do seu resgate.

Lutei contra a espoliação do Brasil. Lutei contra a espoliação do povo. Tenho lutado de peito aberto. O ódio, as infâmias, a calúnia não abateram meu ânimo. Eu vos dei a minha vida. Agora ofereço a minha morte. Nada receio. Serenamente dou o primeiro passo no caminho da eternidade e saio da vida para entrar na História.

Getúlio Vargas

Mais uma vez, as forças que os interessses contra o povo coordenanram novamente, se desencadeam sobre mim.
Naõ me acusam, me insultam;não me combatem,caluniam. E não me dão o direito de defeza. Precisam sufocar a minha voz e impedir a minha ação,para que eu não continue a defender, como sempre defendi,o povo e principalmente os umildes.
Sigo o destino que me é imposto. Depois de decenios de dominio e espoliaçaõ dos grupos econimicos e financeiros internacionaes, fiz-me Chefe de uma revoluçaõ e venci. Iniciei o trabalho de libertaçaõ e instaurei um regime de liberdade social. Tive que renunciar. Voltei ao governo nos braços do povo.A campanha subterranea dos grupos internnacionaes aliou-se a dos grupos nacionaes revoltados contra o regimen de garantia do trabalho.
A lei de lucros extraoridnarios foi detida no Congresso. Contra a justiça da revisão do salario minimo se desencadearam os odios.
Quiz crear a liberdade nacional na potencializaçaõ das nossas riquezas atraves da Petrobas e xxxx mal começa a funcionar a onda de agitaçaõ se avoluma. A Electrobras foi obstaculada até o desespero. Naõ querem que o trabalhador seja livre. Naõ querem que o povo seja independente.
Assumi o governo dentro da espeiral inflacionaria,que destruia os valores de trabalho. Os lucros das empresas extrangeiras alcançavam até 500 por cento ao ano. XXX Nas declaraçoẽs de valores do que importavamos existiam fraudes constatadas de mais de cem milhoẽs de dolars por ano. Veio a crise do café, valorizou-se o nosso principal produto. Tentamos defender seu preço e a resposta foi uma violenta

64

DE NÓS TÃO ESTREMECIDA
DE D. PEDRO II PARA O POVO BRASILEIRO

16 NOV. 1889

Era um homem quebrado por dentro o imperador deposto que, antes de embarcar para a Europa com a família, despediu-se do Brasil com esta breve carta, um dia depois do golpe de Estado republicano que pôs fim a um reinado de 48 anos (desde sua coroação, aos quinze anos de idade). Às vésperas de seu 64º aniversário, o culto e reflexivo d. Pedro II recusou todos os apelos dos monarquistas para que liderasse a repressão à revolta republicana, dizendo-se "cansado" e interessado em sua "aposentadoria". Esta seria profundamente melancólica, passada em hotéis de Paris em meio a dificuldades financeiras, até sua morte, dois anos mais tarde. Nunca retornou ao seu país natal.

À vista da representação escrita que me foi entregue hoje, às três horas da tarde, resolvo, cedendo ao império das circunstâncias, partir, com toda a minha família, para a Europa, deixando esta pátria, de nós tão estremecida, à qual me esforcei por dar constantes testemunhos de entranhado amor e dedicação durante quase meio século em que desempenhei o cargo de chefe de Estado. Ausentando-me, pois, com todas as pessoas de minha família, conservarei do Brasil a mais saudosa lembrança, fazendo os mais ardentes votos por sua grandeza e prosperidade.

Rio de Janeiro, 16 de novembro de 1889.

D. Pedro de Alcântara

A. Carlos Gomes

Chicago, 9 de outubro de 1893.

Meu bom Tornaghi,

Você deve ter acompanhado os acontecimentos revolucionários do Brasil... A guerra civil, ou melhor *incivil*, porque entre militares, está arruinando as poucas esperanças que tínhamos para o futuro. Os homens sensatos parecem ter enlouquecido!

Eis realizada a profecia do imperador d. Pedro!

Nem preciso falar sobre a péssima impressão que todos os componentes da comissão brasileira tivemos. Surpresa, incerteza, confusão... *tablau*!

Aqui, por enquanto, ignora-se a *verdade* sobre o ocorrido e o progresso da revolução, que talvez se estenda pelo continente...

Mas todos já podemos calcular a ruína que isso acarretará...

Não cuido de política, nem da do meu país, mas infelizmente conheço Melo e Peixoto de perto, e receio que isso é apenas o começo!

Gostaria de estar enganado. Amém!

Mudando de assunto, a apresentação do *Guarani*, em Chicago, foi por água abaixo, pois o governo brasileiro não deu a subvenção esperada. No dia 7, houve apenas um concerto *convidando* o mundo oficial daqui. Portanto, entrada *grátis*. Mandei o programa para você.

Confirmo meu telegrama dizendo que responderei à Casa Ricordi pelos direitos autorais dos trechos executados naquele concerto. No dia 12 do corrente, a comissão italiana dará um concerto vocal, com acompanhamento de piano. Também terá *entrada grátis*, pois se trata da Comemoração Colombiana. Tomo parte no programa, pois fui convidado a executar a Sinfonia do *Guarani* a quatro mãos, em quatro pianos. Todo o programa foi organizado pelo barítono Carpi.

Esperava fazer aqui um mundo de *negócios*, mas depois percebi a triste realidade! Neste país, caro Tornaghi, a arte é um mito. Os americanos não se interessam por nada que não seja uma *novidade da vida prática*, ou seja, o meio mais fácil de ganhar dólares! Para você ter uma pequena ideia de uma grande verdade, os editores daqui não têm a música italiana nos seus magazines empoeirados. É provável que nem se encontre a partitura inteira do *Trovatore*, por aqui. Por curiosidade, perguntei pela minha música, e em Nova York encontrei a *Piccirela* traduzida em inglês, que estou enviando pelo correio para você. Espero estar em Milão em dezembro.

Dói-me muito ter perdido a amizade de Giulio Ricordi.

Não me lembro de ter-lhe causado mal ou prejuízo algum. De nada me acusa a consciência.

Seu velho amigo, sempre

Gomes

65

OS HOMENS SENSATOS PARECEM LOUCOS

DE CARLOS GOMES PARA EUGÊNIO TORNAGHI

9 OUT. 1893

Era um homem doente e amargurado o Carlos Gomes que escreveu esta carta ao amigo e procurador da Casa Ricordi, lendária editora italiana de ópera que também era a sua. Monarquista ferrenho que fizera seus estudos na Itália sob os auspícios de d. Pedro II, o compositor de *O Guarani* revela preocupação com a situação política no Brasil, que acredita estar em guerra civil, queixa-se da falta de apoio governamental para sua arte e deplora que os americanos só pensem em dinheiro. Não menciona seus problemas de saúde, já graves àquela altura, mas é evidente que o câncer que o mataria três anos depois contribui para sua visão de mundo apocalíptica.

66

MINHA INDIGNIDADE EPISTOLAR
DE CARLOS DRUMMOND DE ANDRADE PARA JOÃO CABRAL DE MELO NETO
30 JUL. 1948

Os dois maiores poetas brasileiros mantiveram ao longo de muitos anos uma correspondência que nunca chegou a ser efusiva. João Cabral de Melo Neto (1920-99) começou a escrever em 1940 ao amigo já consagrado, com uma postura humilde de aprendiz. Carlos Drummond de Andrade (1902-87), pouco expansivo, respondia com missivas mais secas, ainda que corteses. Às vezes se calava, o que em 1948 fez Cabral se queixar com Manuel Bandeira. O recado deve ter chegado a Drummond, que escreveu então a mais efusiva de suas cartas ao amigo — que àquela altura, tendo lançado o livro *Psicologia da composição com a fábula de Anfion e Antiode*, era também seu maior desafiante.

Rio, 30 julho 1948

João, querido João:

Quem lhe escreve estes traços é o seu aparentemente infiel amigo Carlos, mas só aparentemente. No íntimo, ele mantém comércio intenso com v., como nos velhos tempos em que vadiávamos um pouco à tarde, pelos cafés do Castelo. Só que não escreve cartas... De resto, isso é "tão Brasil" que v., espero, não irá proscrever nenhuma amizade tão só pelo motivo de insuficiência epistolar. A verdade, João, é que v. continua presente em conversas e pensamentos. Ultimamente, então, com o "Anfion" e a "Antiode", a presença é mais viva, e ficamos por aqui considerando que v. está abrindo um caminho para a nossa poesia empacada diante de modelos já gastos. Deu-me uma grande alegria o diabo do seu livro, tão rigoroso, de uma pureza tão feroz. Escorel falou-me também de umas traduções suas, muito apuradas, do catalão. Quando veremos isso? E por que v. não manda de vez em quando alguma coisa para os jornais daqui? Sei que v. não frequentava os suplementos quando morava no Rio, mas que diabo, eles servem para a gente ficar a par do trabalho dos amigos, e depois, insisto, acho que sua poesia está adquirindo um valor didático (nada de confusões quanto a esta palavra), um caráter de prova límpida, de exemplo, que há de ser muito proveitoso para os rapazes desorientados de cá. Bem sei que v. não pretende provar nada, mas por isso mesmo sua poesia prova. É de uma qualidade artística evidente. E por mais individual que seja a sua solução para o impasse geral de nossa poesia, ela é um tipo de solução e sobretudo convida ao esforço e à pesquisa. Insisto mais uma vez. V. precisa comunicar-se regularmente com os nossos índios.

Queria dizer ainda a você e a Stela uma palavra de pesar pelo falecimento de Vera, que não podia ser indiferente aos seus amigos desta casa. Quis Deus que vocês fossem compensados dessa tristeza pelo nascimento de Inez, e isso é também uma alegria para nós. Dolores e Maria Julieta se juntam a mim no abraço grande que mando para o casal e para sua prole em abençoado crescimento.

Não faça uso da minha indignidade epistolar e mande suas notícias para o velho

Carlos

67

ISSO NÃO É MÚSICA!

DE CAMARGO GUARNIERI PARA OS "MÚSICOS E CRÍTICOS DO BRASIL"

7 NOV. 1950

A "Carta aberta aos músicos e críticos do Brasil", que o compositor e maestro paulista Camargo Guarnieri (1907-93) publicou em 1950, é um dos mais fortes documentos do eterno debate brasileiro sobre arte. Nacionalismo ou universalismo? Diálogo com as vanguardas ou com o povo? Ligado a Mário de Andrade, Guarnieri atacou violentamente o grupo dodecafônico Música Viva, liberado pelo compositor e professor Hans-Joachim Koellreutter (1915-2005), nascido na Alemanha e radicado em São Paulo. Reacionário para uns, patriota para outros, o autor da carta-manifesto ficou marcado por ela — o que não o impediu de, décadas mais tarde, compor usando o método serial que havia condenado.

CARTA ABERTA AOS MÚSICOS E CRÍTICOS DO BRASIL

Considerando as minhas grandes responsabilidades como compositor brasileiro, diante de meu povo e das novas gerações de criadores na arte musical, e profundamente preocupado com a orientação atual da música dos jovens compositores que, influenciados por ideias errôneas, se filiam ao dodecafonismo — corrente formalista que leva à degenerescência do caráter nacional de nossa música — tomei a resolução de escrever esta carta aos músicos e críticos do Brasil.

Através deste documento, quero alertá-los sobre os enormes perigos que, neste momento, ameaçam profundamente toda a cultura musical brasileira, a que estamos estreitamente vinculados. Esses perigos provêm do fato de muitos jovens compositores, por inadvertência ou ignorância, estarem se deixando seduzir por falsas teorias progressistas da música, orientando a sua obra nascente num sentido contrário ao dos verdadeiros interesses da música brasileira.

Introduzido no Brasil há poucos anos, por elementos oriundos de países onde se empobrece o folclore musical, o dodecafonismo encontrou aqui ardorosa acolhida por parte de alguns espíritos desprevenidos.

À sombra de seu maléfico prestígio se abrigaram alguns compositores, moços de grande valor e talento, como Cláudio Santoro e Guerra Peixe que, felizmente, após seguirem essa orientação errada, puderam se libertar dela e retomar o caminho da música baseada no estudo e no aproveitamento artístico-científico do nosso folclore. Outros jovens compositores, entretanto, ainda dominados pela corrente dodecafonista (que desgraçadamente recebe o apoio e a simpatia de muitas pessoas desorientadas), estão sufocando o seu talento, perdendo o contato com a realidade e a cultura brasileiras, e criando uma música cerebrina e falaciosa, inteiramente divorciada de nossas características nacionais.

Diante dessa situação que tende a se agravar dia a dia, comprometendo basilarmente o destino de nossa música, é tempo de erguer um grito de alerta para deter a nefasta infiltração formalística e antibrasileira que, recebida com tolerância e complacência hoje, virá trazer, no futuro, graves e insanáveis prejuízos ao desenvolvimento da música nacional do Brasil.

É preciso que se diga a esses jovens compositores que o dodecafonismo em música corresponde ao abstracionismo em pintura; ao hermetismo em literatura; ao existencialismo em filosofia; ao charlatanismo em ciência.

Assim, pois, o dodecafonismo (como aqueles e outros contrabandos que estamos importando e assimilando servilmente) é uma expressão característica de uma política de degenerescência cultural, um ramo adventício da figueira-brava do cosmopolitismo que nos ameaça com suas sombras deformantes e tem por objetivo oculto um lento e pernicioso trabalho de destruição de nosso caráter nacional.

O dodecafonismo é assim, do ponto de vista mais geral, produto de culturas superadas, que se decompõem de maneira inevitável; é um artifício cerebralista, antinacional, antipopular, levado ao extremo; é química, é arquitetura, é matemática da música — é tudo que quiserem — mas não é música! É um requinte de inteligências saturadas, de almas secas descrentes da vida; é um vício de semimortos, um refúgio de compositores medíocres, de seres sem pátria, incapazes de compreender, de sentir, de amar e revelar tudo o que há de novo, dinâmico e saudável no espírito de nosso povo.

Que essa pretensa música encontre adeptos no seio de civilizações e culturas decadentes, onde se exaurem as fontes originais do folclore (como é o caso de alguns países da Europa); que essa tendência deformadora deixe as suas raízes envenenadas no solo cansado de sociedades em decomposição, vá lá! Mas não encontre acolhida aqui na América nativa e especialmente em nosso Brasil, onde um povo novo e rico de poder criador tem todo um grandioso porvir nacional a construir com suas próprias mãos! Importar e tentar adaptar no Brasil essa caricatura de música, esse método de contorcionismo cerebral antiartístico, que nada tem em comum com as características específicas de nosso temperamento nacional, e que se destina apenas a nutrir o gosto pervertido de pequenas elites de requintados e paranoicos, reputo um crime de lesa-pátria! Isso constitui, além do mais, uma afronta à capacidade criadora, ao patriotismo e à inteligência dos músicos brasileiros.

O nosso país possui um folclore musical dos mais ricos do mundo, quase que totalmente ignorado por muitos compositores brasileiros que, inexplicavelmente, preferem carbonizar o cérebro para produzir música segundo os princípios aparentemente inovadores de uma estética esdrúxula e falsa.

Como macacos, como imitadores vulgares, como criaturas sem princípios, preferem importar e copiar nocivas novidades estrangeiras, simulando assim que são "originais", "modernos" e "avançados", e esquecem, deliberada e criminosamente, que temos todo um amazonas de música folclórica — expressão viva do nosso caráter nacional — à espera de que venham também estudá-lo e divulgá-lo para engrandecimento da cultura brasileira. Eles não sabem ou fingem não saber que somente representaremos um autêntico valor, no conjunto de valores internacionais, na medida em que soubermos preservar e aperfeiçoar os traços fundamentais de nossa fisionomia nacional em todos os sentidos.

Os nossos compositores dodecafonistas adotam e defendem essa tendência formalista e degenerada da música porque não se deram ao cuidado elementar de estudar os tesouros da herança clássica, o desenvolvimento autônomo da música brasileira e suas raízes populares e folclóricas. Eles, certamente, não leram estas sábias palavras de Glinka: — "... as suas regras são por demais ingenuamente escolásticas. Permitem ao não músico escrever a mesma música que escreveria um indivíduo altamente dotado...".

Mas o que pretende, afinal, essa corrente antiartística que procura conquistar principalmente os nossos jovens músicos, deformando a sua obra nascente?

Pretende, aqui no Brasil, o mesmo que tem pretendido em quase todos os países do mundo: atribuir valor preponderante à forma; despojar a música de seus elementos essenciais de comunicabilidade; arrancar-lhe o conteúdo emocional; desfigurar-lhe o caráter nacional; isolar o músico (transformando-o num monstro de individualismo) e atingir o seu objetivo principal que é justificar uma música sem pátria e inteiramente incompreensível para o povo.

Como todas as tendências de arte degenerada e decadente, o dodecafonismo, com suas facilidades, truques e receitas de fabricar música atemática, procura menosprezar o trabalho criador do artista, instituindo a improvisação, o charlatanismo, a meia ciência como substitutos da pesquisa, do talento, da cultura, do aproveitamento racional das experiências do passado, que são as bases para a realização da obra de arte verdadeira.

Camargo Guarnieri

68

DO TRISTE AMIGO VELHO
DE MACHADO DE ASSIS PARA JOAQUIM NABUCO

20 NOV. 1904

Cinco anos mais velha que Machado de Assis, a portuguesa Carolina Augusta Xavier de Novais, mulher de grande cultura literária, casou-se com o então futuro maior escritor brasileiro em 1869. Tudo indica que a união, que não gerou filhos, foi de raro companheirismo e serena felicidade. A morte da esposa, em 1904, mergulhou Machado numa nuvem de tristeza que o acompanharia até a morte, em 1908. Em seu soneto mais famoso, "A Carolina", diz que a vida perdera o sentido: "que eu, se tenho, nos olhos mal feridos,/ pensamentos de vida formulados,/ são pensamentos idos e vividos". Nesta carta ao amigo Joaquim Nabuco, confessa em prosa sentimentos semelhantes.

Rio de Janeiro, 20 de Nov. de 1904

Meu caro Nabuco,

Tão longe, em outro meio, chegou-lhe a notícia da minha grande desgraça, e você expressou logo a sua simpatia por um telegrama. A única palavra com que lhe agradeci ["obrigado"] é a mesma que ora lhe mando, não sabendo outra que possa dizer tudo o que sinto e me acabrunha. Foi-se a melhor parte da minha vida, e aqui estou só no mundo. Note que a solidão não me é enfadonha, antes me é grata, porque é um modo de viver com ela, ouvi-la, assistir aos mil cuidados que essa companheira de 35 anos de casados tinha comigo; mas não há imaginação que não acorde, e a vigília aumenta a falta da pessoa amada. Éramos velhos, e eu contava morrer antes dela, o que seria um grande favor; primeiro porque não acharia a ninguém que melhor me ajudasse a morrer; segundo, porque ela deixa alguns parentes que a consolariam das saudades, e eu não tenho nenhum. Os meus são os amigos, e verdadeiramente são os melhores; mas a vida os dispersa, no espaço, nas preocupações do espírito e na própria carreira que a cada um cabe. Aqui me fico, por ora na mesma casa, no mesmo aposento, com os mesmos adornos seus. Tudo me lembra a minha meiga Carolina. Como estou à beira do eterno aposento, não gastarei muito tempo em recordá-la. Irei vê-la, ela me esperará.

Não posso, meu caro amigo, responder agora à sua carta de 8 de outubro; recebi-a dias depois do falecimento de minha mulher, e você compreende que apenas posso falar deste fundo golpe.

Até outra e breve; então lhe direi o que convém ao assunto daquela carta, que, pelo afeto e sinceridade, chegou à hora dos melhores remédios. Aceite este abraço do triste amigo velho

Machado de Assis

Rio de Janeiro, 20 de Nov
1904

Meu caro Nabuco,

Tão longe, em outro meio, chegou-lhe a noticia da minha grande desgraça, e Você expressou logo a sua sympathia por um telegramma. A unica palavra com que lhe agradeci é a mesma que ora lhe mando, não sabendo outra que posse dizer tudo o que sinto e me acabrunha. Foi-se a melhor parte da minha vida, e aqui estou só no

mundo. Note que a solidão
não me é enfadonha, antes
me é grata, porque é um modo
de viver com ella, ouvil-a,
assistir aos mil cuidados que
essa companheira de 35 annos
de casados tinha commigo; mas
não ha imaginação que me
accorde, e a vigilia augmenta
a falta da pessoa amada.
Eramos velhos, e eu contava
morrer antes della, o que
seria um grande favor; pri-
meiro, porque não acharia
ninguem que melhor me
ajudasse a morrer; segundo,
porque ella deixa alguns parentes
que a consolariam das saudades,

e eu não tenho nenhum. Os meus são os amigos, e verdadeiramente são os melhores; mas a vida os dispersa, no espaço, nas preoccupações do espírito e na propria carreira que a cada um cabe. Aqui me fico, por ora na mesma casa, no mesmo aposento, com os mesmos adornos seus. Tudo me lembra a minha meiga Carolina. Como estou á beira do eterno aposento, não gastarei m.to tempo em recordal-a. Irei vel-a, ella me esperará.

Não posso, meu caro

amigo, responder agora á sua carta de 8 de Outubro; recebi-a dias depois do fallecimento de minha mulher, e Você comprehende que apenas posso falar deste fundo golpe.

Até outra e breve; então lhe direi o que convem ao assumpto daquella carta, que, pelo affecto e sinceridade, chegou á hora dos melhores remedios. Aceite este abraço do triste amigo velho

Machado de Assis

69

INCRÍVEL IMUNDÍCIE
DE OSWALDO CRUZ PARA
EMÍLIA DA FONSECA

11 JUL. 1910

Não surpreende que o maior médico sanitarista brasileiro, Oswaldo Cruz (1872-1917), misturasse em cartas à mulher, que chamava carinhosamente de Miloquinha, as mais elevadas expressões de amor e o desgosto com as deploráveis condições de saúde e higiene que encontrava em suas andanças pelo Brasil profundo. Aqui ele escreve de Porto Velho, futura capital de Rondônia, que então pertencia ao estado do Amazonas e nem tinha status de município. Cruz participava como sanitarista da equipe reunida pelo empreiteiro americano Percival Farquhar para a construção da estrada de ferro Madeira-Mamoré, um prodígio de engenharia em região assolada por epidemias.

Porto Velho de Santo Antônio
11 de julho de 1910

Minha querida Miloquinha,

Chegamos aqui ontem à tarde após esplêndida e rápida viagem, tendo gastado apenas cinco dias de Manaus até aqui, o que constitui exceção sobretudo nesta época em que o rio está descendo e não se pode viajar à noite.

Fui muito bem recebido em Manaus, onde o governador foi me buscar a bordo, tendo sido eu hospedado na casa d'um dos empreiteiros da cia., o sr. May, um ativo americano, moreno com cara de brasileiro.

Não imaginas como essa gente me tem tratado: como um verdadeiro príncipe. Puseram à minha disposição um navio da cia. e às minhas ordens puseram o mordomo da companhia, que depois de indagar ao Belizário da minha dieta etc., pôs um cozinheiro para meu regime e durante toda a viagem, nessas paragens onde não há recursos, fui alimentado a vegetais, ovos, galinhas, doces, águas minerais, enfim, tudo quanto podia desejar.

O navio trouxe um carregamento desses alimentos para aqui a fim de que me não falte cousa alguma. Instalamo-nos na casa do médico em chefe, que abandonou seus cômodos e tudo nos entregou. Temos criados chineses. Enfim, todo o conforto possível numa grande cidade tenho aqui nessas inóspitas paragens. São verdadeiramente inóspitas! O impaludismo reina aqui de maneira assombrosa. Visitamos ontem a *cidade* de S^{to} Antônio. Não podes imaginar o que seja. Qualquer descrição, por mais pessimista, ficaria aquém da realidade. Basta que te diga que na cidade não há *um* só habitante filho do lugar. *Todas* as crianças que ali nascem morrem infalivelmente e as poucas ali nascidas estão de tal modo doentes que fatalmente morrerão breve. A imundície é incrível. Para dar um ideia pálida do que é ela, basta que te diga que matam os bois nas ruas e aí abandonam as vísceras, cabeça etc., que deixam apodrecer em plena rua, e o mau cheiro é de tal ordem que quase se fica sufocado. Estou horrorizado com tanta porcaria!

Adeus, minha querida, muitos carinhos a nossos filhinhos, saudades a todos e muitos beijos e saudades de teu saudosíssimo

Oswaldo

Porto Velho de Santo Antonio

11 de Julho de 1910.

Minha querida Miloquinha

Chegamos aqui hontem á tarde após explendida e rapida viagem tendo gastado apenas 5 dias de Manáos até aqui o que constitue excepção sobretudo nesta epoca em que o rio está descendo e não se póde viajar á noite.

Fui muito bem recebido em Manáos onde o Governador foi me buscar á bordo, tendo sido eu hospedado em casa d'um dos proprietarios da Cia. o Snr. May um activo americano, moreno com cara de brasileiro.

Não imaginas como essa
gente me tem tratado como um
verdadeiro principe. Puzeram a
minha disposição um navio da
Cia e ás minhas ordens puzeram
o Mordomo da Companhia que
depois de indagar do Belizario
de minha dieta etc. poz um
cosinheiro para meu regime e
durante toda a viagem, nessas
paragens onde não ha recursos
fui alimentado a vegetaes, ovos
gallinhos, doces, aguas mineraes,
enfim tudo quanto podia desejar.
O navio trouxe um carregamento

deram alimento para que assim
de que me não falte cousa alguma.
Installámo-nos na casa do medico
em chefe que abandonou seus commo-
dos e tudo nos entregou. Temos
criados chinezes. Emfim todo o
conforto possivel numa grande
cidade tenho-o aqui nessas inhospi-
tas paragens. São verdadeiramente
inhospitas!! O impaludismo reina
aqui de maneira assombrosa. Visi-
támos porém a cidade de Sto Antonio.
Não podes imaginar o que seja.
Qualquer descripção por mais pessi-
mista ficaria aquem da realidade,

Basta que se diga que na cidade não ha <u>um</u> só habitante filho do logar. <u>Todos</u> as creanças que ali nascem morrem infallivelmente e os poucos ali nascidos estão de tal modo doentes que fatalmente morrerão breve. A immundicie é incrivel. Para dar uma idéa pallida de que é ella basta que se diga que matam os bois nas ruas e ali abandonam as visceras cabeça etc. que deixam apodrecer uma semana e o mau cheiro é de tal ordem que quasi se fica suffocado. Estou horrorisado com tanta porcaria!

Adeus minha querida muitos carinhos a nossos filhinhos, saudades a todos e muitos beijos e saudades do teu

saudosissimo

Oswaldo

70

O QUE EU QUERO É O SEU "SIM"
DA MADRE MARIA JOSÉ DE JESUS PARA CAPISTRANO DE ABREU
27 JUL. 1927

O maior desgosto de Capistrano de Abreu, um dos grandes historiadores brasileiros, foi ver sua filha primogênita, Honorina, tornar-se uma freira carmelita descalça. Agnóstico, opôs-se à ideia, mas não a impediu de ingressar em 1911 no convento de Santa Teresa, no Rio, para se tornar a madre Maria José de Jesus. Era "uma alma desapropriada por utilidade religiosa", escreveu Capistrano a um amigo. Nunca mais se viram. "Procurar uma filha e apenas encontrar uma freira é decepção que não me animo a afrontar", disse em outra carta. A filha tampouco conseguiu convertê-lo, como desejava. Suas cartas, reunidas no livro *A voz do silêncio*, são apelos cheios de amor e tristeza.

Rio, 27-7-1927

Meu querido pai,

Jesus seja louvado!

Quis muito escrever-lhe no dia 13, aniversário de minha mãe, e, de então para cá, proponho cada dia fazê-lo, mas não me tem sido possível, quer porque o trabalho vai aumentando, com mais duas postulantes que entraram, quer porque já não estou passando muito bem e às vezes falto ao coro e tenho de rezar o ofício divino ou fazer oração em particular, o que me toma muito tempo. Por enquanto a asma está razoável. Nossa madre está experimentando mandar-me ficar deitada logo que começo a passar mal, para ver se evita que eu fique com as longas crises dos outros anos, e, com efeito, até agora, tem dado bom resultado.

Soube, meu querido pai, que você mandou imprimir o soneto que lhe fiz,* a fim de oferecê-lo aos amigos. Mas de que serve isto? O que eu quero é a sua resposta, o seu sim. Ah! meu pai, como meu coração vive tão magoado, vendo-o assim tão afastado de Deus! Por que não procura um padre jesuíta?

Não leve a mal que eu lhe fale assim: é que eu vejo que é preciso que você se converta. [...]

A você, querido pai, beija as mãos a filha saudosa e grata

Honorina

* O soneto a que Honorina se refere é este, intitulado "A meu pai":

"Foste tu, caro Pai, que do seio do Eterno/ Me arrancaste e trouxeste a este mundo, a esta vida.../ Quando eu desabrochei — qual flor recém-nascida — / O sol que me aqueceu foi teu amor tão terno.// Teu sangue é o sangue meu... Teu trabalho paterno/ Ganhou-me o pão com que eu cresci e fui nutrida./ Ah! quanto te custei!... quanta dor! quanta lida!/ Desde teu quente estio até teu frio inverno!// E, agora, dá-me a mão... É noite. Vem comigo!/ Vem, que eu te levarei a Jesus, teu Amigo,/Que te espera saudoso... Oh! dize-me que sim!// Foste meu pai, e eu tua mãe serei agora.../ Dar-te-ei a Eterna Luz de que me deste a aurora,/ Dar-te-ei — por esta vida — a Vida que é sem fim..."

71

ENTRE OS MEUS DEFEITOS NÃO FIGURA A ALGIDEZ

DE CARLOS DRUMMOND DE ANDRADE PARA CARLOS CASTELLO BRANCO

20 MAIO 1976

O poeta Carlos Drummond de Andrade e o colunista político Carlos Castello Branco eram duas glórias de Minas Gerais — o primeiro uma glória nativa, o segundo uma glória importada do Piauí — que, tendo um monte de amigos em comum, não se bicavam. Quase vinte anos mais moço, Castellinho atribuía a desavença ao fato de ter escrito, em 1946, uma crônica sobre a participação de Drummond no Congresso Brasileiro de Escritores, na qual dizia: "O poeta empacou". Drummond não gostou do verbo. A reconciliação entre os dois Carlos, ou algo próximo disso, viria nessa carta de pêsames pela morte prematura do filho mais velho de Castello, Rodrigo, aos 25 anos de idade.

Rio, 20 de maio de 1976.

Castello,

Acabo de saber, por uma amiga comum, que foi notada, na correspondência dirigida a você pela perda do seu filho, a ausência de manifestação de minha parte. Devo dizer que, como toda a criatura sensível e experimentada pela vida, senti muito, senti com você e com sua mulher, a tristeza do acontecimento. Se não a manifestei, foi devido a um movimento de discrição, que me inibiu de dirigir-me a você por serem tão vagas e distantes as nossas relações pessoais, apesar da admiração que voto à sua inteligência e à sua linha cívica — admiração que nunca escondi das pessoas com quem trato. Achei que iria, de certa maneira, invadir aquele território a que só têm acesso os amigos — e eu nunca tive oportunidade de estabelecer com você laços de amizade, o que lamento. Entre os meus defeitos creio não figurar a algidez diante da dor humana, e a de vocês dois atrai imediatamente todas as solidariedades, expressas ou silenciosas. Triste é também que, ao me aproximar de você, como agora o faço, o motivo seja dessa ordem, quando poderia ser festivo ou ocasional. Não quero, entretanto, que perdure em seu espírito a menor dúvida sobre a minha reação ante o fato que o acabrunhou. Nada posso dizer ou fazer no sentido de induzi-lo a um estado de conformidade e aceitação do inelutável. Eu sei, de ciência própria, que só as forças interiores — e você as tem, apuradas — são capazes de nos fazer assimilar uma perda como essa e de criar as condições para o ressurgimento ou recuperação da vida moral. Ignoro se você é homem de fé. Eu não tenho nenhuma, porém me alentaram, mais de uma vez, as reflexões de Kierkegaard sobre os mortos e o relacionamento entre eles e nós.

Receba, com sua mulher, o abraço de fraternal sentimento, meu e de Dolores.

Seu

Carlos Drummond

72

TÔ TÃO SÓ, ZÉZIM
DE CAIO FERNANDO ABREU
PARA JOSÉ MÁRCIO PENIDO

22 DEZ. 1979

As cartas espalhadas entre amigos pelo escritor Caio Fernando Abreu, missivista prolífico, são "parte da [sua] obra literária". Quem diz isso é o crítico Italo Moriconi, que reuniu uma seleção delas em 2002 em livro da Editora Aeroplano — seis anos após a morte do autor de *Morangos mofados*, aos 47 anos, de complicações decorrentes da aids. Impossível discordar. A voz do Caio que encontramos em suas cartas — e talvez em nenhuma delas com mais beleza que nesta, enviada ao jornalista José Márcio Penido — é a mesma de seus livros: visceral e intensa, sem perder de vista que, se não for salva pelo estilo, até mesmo a dor mais funda soará banal.

Porto, 22.12.79

Zézim,

cheguei hoje de tardezinha da praia, fiquei lá uns cinco dias, completamente só (ótimo!), e encontrei tua carta. Esses dias que tô aqui, dez, e já parece um mês, não paro de pensar em você. Tou preocupado, Zézim, e quero te falar disso. Fica quieto e ouve, ou lê, você deve estar cheio de vibrações adeliopradianas e, portanto, todo atento aos pequenos mistérios. É carta longa, vai te preparando, porque eu já me preparei por aqui com uma xícara de chá Mu, almofada sob a bunda e um maço de Galaxy, a decisão pseudointeligente.

Seguinte, das poucas linhas da tua carta, doze frases terminam com ponto de interrogação. São, portanto, perguntas. Respondo a algumas. A solução, concordo, não está na temperança. Nunca esteve nem vai estar. Sempre achei que os dois tipos mais fascinantes de pessoas são as putas e os santos, e ambos são inteiramente destemperados, certo? Não há que abster-se: há que comer desse banquete. Zézim, ninguém te ensinará os caminhos. Ninguém me ensinará os caminhos. Ninguém nunca me ensinou caminho nenhum, nem a você, suspeito. Avanço às cegas. Não há caminhos a serem ensinados, nem aprendidos. Na verdade, não há caminhos. E lembrei duns versos dum poeta peruano (será Vallejo? não estou certo): "*Caminante, no hay caminos. Pero el camino se hace al andar*".

Mais: já pensei, sim, se Deus pifar. E pifará, pifará porque você diz "Deus é minha última esperança". Zézim, eu te quero tanto, não me ache insuportavelmente pretensioso dizendo essas coisas, mas ocê parece cabeça-dura demais. Zézim, não há última esperança, a não ser a morte. Quem procura não acha. É preciso estar distraído e não esperando absolutamente nada. Não há nada a ser esperado. Nem desesperado. Tudo é maya/ilusão. Ou samsara/círculo vicioso.

Certo, eu li demais zen-budismo, eu fiz ioga demais, eu tenho essa coisa de ficar mexendo com a magia, eu li demais Krishnamurti, sabia? E também Allan Watts, e D. T. Suzuki, e isso frequentemente parece um pouco ridículo às pessoas. Mas, dessas coisas, acho que tirei pra meu gasto pessoal pelo menos uma certa tranquilidade.

Você me pergunta: que que eu faço? Não faça, eu digo. Não faça nada, fazendo tudo, acordando todo dia, passando café, arrumando a cama, dando uma volta na quadra, ouvindo um som, alimentando a Pobre. Você tá ansioso e isso é muito pouco religioso. Pasme: acho que você é muito pouco religioso. Mesmo. Você deixou de queimar fumo e foi procurar Deus. Que é isso? Tá substituindo a maconha por Jesusinho? Zézim, vou te falar um lugar-comum desprezível, agora, lá vai: você não vai encontrar caminho nenhum fora de você. E você sabe disso. O caminho é *in*, não *off*. Você não vai encontrá-lo em Deus nem na maconha, nem mudando para Nova York, nem.

Você quer escrever. Certo, mas você *quer* escrever? Ou todo mundo te cobra e você acha que *tem* que escrever? Sei que não é simplório assim, e tem mil coisas outras envolvidas nisso. Mas de repente você pode estar confuso porque fica todo mundo te cobrando, como é que é, e a sua obra? Cadê o romance, quedê a novela, quedê a peça teatral? DANEM-SE, demônios. Zézim, você só tem que escrever se isso vier de dentro pra fora, caso contrário não vai prestar, eu tenho certeza, você poderá enganar a alguns, mas não enganaria a si e, portanto, não preencheria esse oco. Não tem demônio nenhum se interpondo entre você e a máquina. O que tem é uma questão de honestidade básica. Essa perguntinha: você quer mesmo escrever? Isolando as cobranças, você continua querendo? Então vai, remexe fundo, como diz um poeta gaúcho, Gabriel de Britto Velho, "apaga o cigarro no peito/ diz pra ti o que não gostas de ouvir/ diz tudo". Isso é escrever. Tira sangue com as unhas. E não importa a forma, não importa a "função social", nem nada, não importa que, a princípio, seja apenas uma espécie de autoexorcismo. Mas tem que sangrar a-bun-dan-te-men-te. Você não está com medo dessa entrega? Porque dói, dói, dói. É de uma solidão assustadora. A única recompensa é aquilo que Laing diz que é a única coisa que pode nos salvar da loucura, do suicídio, da autoanulação: *um sentimento de glória interior*. Essa expressão é fundamental na minha vida.

Eu conheci razoavelmente bem Clarice Lispector. Ela era infelicíssima, Zézim. A primeira vez que conversamos eu chorei depois a noite inteira, porque ela inteirinha me doía, porque parecia se doer também, de tanta compreensão sangrada de tudo. Te falo nela porque Clarice, pra mim, é o que mais conheço de GRANDIOSO, literariamente falando. E morreu sozinha, sacaneada, desamada, incompreendida, com fama de "meio doida". Porque se entregou completamente ao seu trabalho de criar. Mergulhou na sua própria trip e foi inventando caminhos, na maior solidão. Como Joyce. Como Kafka, louco e só lá em Praga. Como Van Gogh. Como Artaud. Ou Rimbaud.

É esse tipo de criador que você quer ser? Então entregue-se e pague o preço do pato. Que, frequentemente, é muito caro. Ou você quer fazer uma coisa bem-feitinha pra ser lançada com salgadinhos e uísque suspeito numa tarde amena na Cultura, com todo mundo conhecido fazendo a maior festa? Eu acho que não. Eu conheci/conheço muita gente assim. E não dou um tostão por eles todos. A você eu amo. Raramente me engano.

Zézim, remexa na memória, na infância, nos sonhos, nos tesões, nos fracassos, nas mágoas, nos delírios mais alucinados, nas esperanças mais descabidas, na fantasia mais desgalopada, nas vontades mais homicidas, no mais aparentemente inconfessável, nas culpas mais terríveis, nos lirismos mais idiotas, na confusão mais generalizada, no fundo do poço sem fundo do inconsciente: é lá que está o seu texto. Sobretudo, não se angustie procurando-o: ele vem até você, quando você e ele estiverem prontos. Cada um tem seus processos, você precisa entender os seus. De repente, isso que parece ser uma dificuldade enorme pode estar sendo simplesmente o processo de gestação do sub ou do inconsciente.

E ler, ler é alimento de quem escreve. Várias vezes você me disse que não conseguia mais ler. Que não gostava mais de ler. Se não gostar de ler, como vai gostar de escrever? Ou escreva então para destruir o texto, mas alimente-se. Fartamente. Depois vomite. Pra mim, e isso pode ser muito pessoal, escrever é enfiar um dedo na garganta. Depois, claro, você peneira essa gosma, amolda-a, transforma. Pode sair até uma flor. Mas o momento decisivo é o dedo na garganta. E eu acho — e posso estar enganado — que é isso que você não tá conseguindo fazer. Como é que é? Vai ficar com essa náusea seca a vida toda? E não fique esperando que alguém faça isso por você. Ocê sabe, na hora do porre brabo, não há nenhum dedo alheio disposto a entrar na garganta da gente.

Ou então vá fazer análise. Falo sério. Ou natação. Ou dança moderna. Ou macrobiótica radical. Qualquer coisa que te cuide da cabeça ou/e do corpo e, ao mesmo tempo, te distraia dessa obsessão. Até que ela se resolva, no braço ou por si mesma, não importa. Só não quero te ver assim engasgado, meu amigo querido.

Pausa.

Quanto a mim, te falava desses dias na praia. Pois olha, acordava às seis, sete da manhã, ia pra praia, corria uns quatro quilômetros, fazia exercícios, lá pelas dez voltava, ia cozinhar meu arroz. Comia, descansava um pouco, depois sentava e escrevia. Ficava exausto. Fiquei exausto. Passei os dias falando sozinho, mergulhado num texto, consegui arrancá-lo. Era um farrapo que tinha me nascido em setembro, em Sampa. Aí nasceu, sem que eu planejasse. Estava pronto na minha cabeça. Chama-se *Morangos mofados*, vai levar uma epígrafe de Lennon & McCartney, tô aqui com a letra de *Strawberry fields forever* pra traduzir. Zézim, eu acho que tá tão bom. Fiquei completamente cego enquanto escrevia, a personagem (um publicitário, ex-hippie, que cisma que tem câncer na alma, ou uma lesão no cérebro provocada por excessos de drogas, em velhos carnavais, e o sintoma — real — é um persistente gosto de morangos mofados na boca) tomou o freio nos dentes e se recusou a morrer ou a enlouquecer no fim. Tem um fim lindo, positivo, alegre. Eu fiquei besta. O fim se meteu no texto e não admitiu que eu interferisse. Tão estranho. Às vezes penso que, quando escrevo, sou apenas um canal transmissor, digamos assim, entre duas coisas totalmente alheias a mim, não sei se você entende. Um canal transmissor com um certo poder, ou capacidade, seletivo, sei lá. Hoje pela manhã não fui à praia e dei o conto por concluído, já acho que na quarta versão. Mas vou deixá-lo dormir pelo menos um mês, aí releio — porque sempre posso estar enganado, e os meus olhos de agora serem incapazes de verem certas coisas.

Aí tomei notas, muitas notas, pra outras coisas. A cabeça ferve. Que bom, Zézim, que bom, a coisa não morreu, e é só isso que eu quero, vou pedir demissão de todos os empregos pela vida afora quando sentir que isso, a literatura, que é só o que tenho, estiver sendo ameaçada como estava, na *Nova*.

E li. Descobri que ADORO DALTON TREVISAN. Menino, fiquei dando gritos enquanto lia *A faca no coração*, tem uns contos incríveis, e tão absolutamente lapidados, reduzidos ao essencial cintilante, sobretudo um, chamado "Mulher em chamas". Li quase todo o Ivan Ângelo, também gosto muito, principalmente de *O verdadeiro filho da puta*, mas aí o conto-título começou a me dar sono e parei. Mas ele tem um texto, ah se tem. E como. Mas o melhor que li nesses dias não foi ficção. Foi um pequeno artigo de Nirlando Beirão na última *IstoÉ* (do dia 19 de dezembro, please, leia), chamado "O recomeço do sonho". Li várias vezes. Na primeira, chorei de pura emoção — porque ele reabilita todas as vivências que eu tive nesta década. Claro que ele fala de uma geração inteira, mas daí saquei, meu Deus, como sou típico, como sou estereótipo da minha geração. Termina com uma alegria total: reinstaurando o sonho. É lindo demais. É atrevido demais. É novo, sadio. Deu uma luz na minha cabeça, sabe quando a coisa te ilumina? Assim como se ele formulasse o que eu, confusamente, estava apenas tateando. Leia, me diga o que acha. Eu não me segurei e escrevi uma carta a ele dizendo isso. Não sou amigo dele, só conhecido, mas acho que a gente deve dizer.

Escrevendo, eu falo pra caralho, não é?

Aqui em casa tá bom. É sempre um grande astral, não adianta eu criticar. O astral ótimo deles independe da opinião que eu possa ter a respeito, não é fantástico? A casa tá meio em obras, Nair mandou construir uma espécie de jardim de inverno nos fundos, vai ligar com a sala. Hoje estava puta porque o Felipe não vai mais fazer vestibular: foi reprovado novamente no 3º colegial. Minha irmã Cláudia ganhou uma Caloi 10 de Natal do noivo (Jorge, lembra?), e eu me apossei dela e hoje mesmo dei voltas incríveis pelo Menino Deus (?). Márcia tá bonita, mais adultinha, assim com um ar meio da Mila. Zaél cozinhando, hoje faz arroz com passas para o jantar.

Povos outros, nem vi. Soube que *A comunidade* está em cartaz ainda e tenho granas pra receber. Amanhã acho que vou lá.

Tô tão só, Zézim. Tão eu-eu-comigo, porque o meu eu com a família é meio de raspão. Tá bom assim, não tenho mais medo nenhum de nenhuma emoção ou fantasia minha, sabe como? Os dias de solidão total na praia foram principalmente sadios.

Ocê viu a *Nova*? Tá lá o seu Chico, tartamudeante, e uma foto muito engraçada de toda a redação — eu com cara de "não me comprometam, não tenho nada a ver com isso". Dê uma olhada. Falar nisso, Juan passou por aqui, eu tava na praia, falou com Nair por telefone, estava descendo de um ônibus e subindo noutro. Deixou dito que volta dia 3 de janeiro ou fevereiro, Nair não lembra, pra ficar uns dias. Ficará? E nada acontecerá. Uma vez me disseram que eu jamais amaria dum jeito que "desse certo", caso contrário deixaria de escrever. Pode ser. Pequenas magias. Quando terminei *Morangos mofados*, escrevi embaixo, sem querer, "criação é coisa sagrada". É mais ou menos o que diz o Chico no fim daquela matéria. É misterioso, sagrado, maravilhoso.

Zézim, me dê notícias, muitas, e rápido. Eu não pensei que ia sentir tanta falta docê. Não sei quanto tempo ainda fico, mas vou ficando. Quero escrever mais, voltar à praia, fazer os documentos todos. Até pensei: mais adiante, quando já estivesse chegando a hora de eu voltar, você não queria vir? A gente faria o mesmo esquema de novo, voltaríamos juntos. A família te ama perdidamente, hoje pintaram até uns salseirinhos rápidos porque todo mundo queria ler a matéria do Chico ao mesmo tempo.

"*Let me take you down*
cause I'm going to strawberry fields
nothing is real, and nothing to get hung about
strawberry fields forever
strawberry fields forever
strawberry fields forever."

Isso é o que te desejo na nova década. Zézim, vamos lá. Sem últimas esperanças. Temos esperanças novinhas em folha, todos os dias. E nenhuma, fora de viver cada vez mais plenamente, mais confortáveis dentro do que a gente, sem culpa, é. *Let me take you: I'm going to strawberry fields.*

Me conta da Adélia.

E te cuida, por favor, te cuida bem. Qualquer poço mais escuro, disque 0512-33-41-97. Eu posso pelo menos ouvir. Não leve a mal alguma dureza dita. É porque te quero claro. Citando Arantes, pra terminar: "Eu quero te ver com saúde/ sempre de bom humor/ e de boa vontade".

Um beijo do

Caio

P.S. — Abraço pro Nello, pra Ana Matos, e Nino também.

73

MANDAREMOS BRASA
DE TORQUATO NETO PARA
ANA DUARTE
9 SET. 1966

"O poeta desfolha a bandeira/ E a manhã tropical se inicia." Letrista de "Geleia geral", hino do tropicalismo (em parceria com Gilberto Gil), o piauiense Torquato Neto passou pela vida com um brilho feroz que destoa da doçura da carta em que pediu em casamento a artista plástica Ana Duarte — que disse "sim". Depois de viver no exterior, fugindo das perseguições do AI-5, o casal voltou ao país em 1970. Diagnosticado como esquizofrênico, Torquato já estava rompido com a velha turma. Em 10 de novembro de 1972, um dia após completar 28 anos, suicidou-se deixando um filho de dois anos e um bilhete: "Ana é uma SANTA de véu e grinalda com um palhaço empacotado ao lado".

Rio de Janeiro, 9 de setembro

Senhora

Achei engraçado quando li, ontem à noite, no ônibus, a vossa amável carta: pois não é que, sem sabermos, tratamos quase que dos mesmos assuntos, eu na minha e a senhora na vossa? Isso, segundo os entendidos, é muito importante, quer dizer uma grande afinidade, que eu sempre confiei haver entre nós. Desde aquela primeira vez que nos vimos, quando passamos a noite afirmando um para o outro que jamais nos... casaríamos. E, pelo menos eu, desde aquele tempo estava certo de que viria a casar-me com a senhora... embora somente um pouco mais tarde a senhora tenha vindo a pensar nisso. Pois bem: como a senhora, também eu ando ansioso para tornar-me vosso esposo, marido e senhor dentro do mais breve tempo que me for possível. E não trato de outra coisa. Ademais, meu amor é muito grande e não tem complicações, sou apenas egoísta, e dói-me pensar em repartir-vos até com vossa família e vossos amigos. Acho que vou fazer um samba explicando isso. Mais tarde. Agora quero dizer outra vez (nunca é muito) que a senhora é linda e que eu sou feliz como que por vossa causa e culpa. Meus planos a vosso (nosso) respeito são bastante simples: um emprego razoável que me faça ganhar de 200 mil para cima, por mês, um apartamento (pequeno) montado, e então mandaremos brasa. Pelo menos (e espero que a senhora me acredite), não me falta vontade, nem juízo, nem disposição para levar a cabo minha tarefa. Mas a senhora é tão bonita, sabe? Linda! A coisa mais bonita do mundo, minha boneca. Quando a senhora sentir saudade de mim entre 4h e 10h, pode ligar para 25-7890, que conversaremos um pouco. O papel acabou. Quero minha xilo. Respeitosamente vos envio uns 90 beijos enormes.

74

DA CASA AZUL ONDE ESTOU
DE PAULO FREIRE PARA NATHERCIA LACERDA
1967

O fim do ambicioso Plano Nacional de Alfabetização que o educador pernambucano Paulo Freire mal começara a aplicar, com resultados promissores, no governo João Goulart, foi, entre os abortos que o golpe militar de 1964 provocou, um dos mais lamentáveis. O Brasil voltou a patinar na espessa ignorância gerada por um sistema educacional falido — onde patina até hoje — e o autor de *Pedagogia do oprimido*, um dos mais influentes pensadores da educação no século XX, partiu para o exílio. Do Chile, onde vivia em 1967, Freire manteve uma curiosa correspondência com uma prima de nove anos, Nathercia Lacerda, que em 2016 reuniu o material no livro *A casa e o mundo lá fora*.

Querida prima Natercinha,

Recebi sua cartinha. Fiquei muito contente. Elza também ficou. Achei ótimo que você se lembrasse de me escrever. Recebi também uma carta, tão bonita quanto a sua, de Ana Clara. Será muito bom quando um dia você puder vir a Santiago. Então, não só você conhecerá outro pedaço do mundo, como verá outras gentes, que falam outra língua que não é a sua, que têm outros costumes. Mas, sobretudo, você verá a nós e nós a você. E, então, conversaremos sobre muitas coisas e você fará passeios e verá a Cordilheira dos Andes, muito alta, muito bonita. No inverno, ela fica branquinha, como se fosse um grande Papai Noel de barbas bem alvas, imensas e brilhando nos dias de sol. É muito bonito tudo isso. É bonito ver a neve caindo em cima da gente. Caindo em cima das árvores. As árvores vão ficando curvadas e todas branquinhas. Parecem até umas velhinhas, bem velhinhas, que já não podem ficar em pé. Um dia, eu fui ver a neve cair perto da casa azul onde eu moro. Saí de dentro do carro, todo agasalhado, com capote, chapéu, luvas, porque fazia muito frio, e fiquei maravilhado como você fica quando papai e mamãe trazem uma boneca para você. Aí, comecei a ficar todo salpicado de neve. A neve caindo parecia poeira do céu. E eu me senti um menino de novo e quase brinquei de fazer bonecos de neve. É uma coisa boa, Natercinha, que a gente nunca deixa de ser menino. Os homens atrapalham as coisas, complicam tudo. Não sei se você vai entender isso que vou lhe dizer. Mamãe e papai explicam melhor. Cresça, mas nunca deixe morrer em você a Natercinha de hoje, que começa a descobrir o mundo, cheia de curiosidade.

Se os homens não deixassem morrer dentro deles o menino que eles foram se compreenderiam melhor.

Mas eu não quero fazer carta complicada para você. Carta de gente grande. Mas é possível também conversar com menino conversa como esta. Assim eu converso com Joaquim e Lut. Toda vez que eles querem conversar.

Da mesma maneira, toda vez que você queira conversar comigo, me escreva. Você é hoje a mais nova de minhas amigas que me escrevem sempre.

Da casa azul onde estou lhe mandando nesta carta um beijo. E um abraço bem forte para seus pais, a quem quero muito.

Do seu primo

Paulo

75

AMANHÃ RAIARÁ O SOL

DE PAULO FORTES PARA ZILCA

1958

As cartas de amor com que o barítono Paulo Fortes (1923-97), um dos grandes nomes do canto lírico brasileiro, alimentou do Rio de Janeiro o namoro com a jovem Zilca, sua futura esposa, que morava em Belo Horizonte, desafiam o famoso postulado de Fernando Pessoa, que, como Álvaro de Campos, declarou: "Todas as cartas de amor são ridículas". O que Fortes escreve a "Zuca", que ele chamava também de "Oncinha", é de uma singeleza tocante para qualquer pessoa que já tenha cultivado uma relação amorosa à distância em tempos analógicos. Como acaba por reconhecer o próprio Pessoa, "afinal, só as criaturas que nunca escreveram cartas de amor é que são ridículas".

Zuca

Esta carta já devia estar escrita há alguns dias, mas só agora posso redigi-la e, assim mesmo, numa folha de desenho, pois não encontrei, nos guardados do Roberto, uma folha de papel de carta, sequer.

A minha carreira, embora pareça um mar de rosas, exige sacrifícios e abnegação. Inúmeros ensaios precedem a realização de uma récita e, por contrato, sou obrigado a comparecer a todos. Às vezes, o cansaço se apodera de mim de tal maneira que tenho ímpetos de mandar tudo às favas e voltar correndo a Belo Horizonte. Quantas saudades dos passeios à Pampulha, ao Horto... Há uma semana apedrejamos o Rio das Velhas e parece-me que o fizemos há séculos.

Tenho a impressão de que não a vejo há um tempo enorme. Quando estou aí, os dias passam rápidos como um sonho... Aqui, ao contrário, um dia é uma eternidade. A vida é assim mesmo, e a melhor maneira de vivê-la é suportá-la. Não creia que sou um cético, um pessimista ou cousa que o valha. Sou daqueles que acreditam no dia de amanhã. Hoje um manto de tristeza pode cobrir a vida, mas amanhã, certamente, o sol enxugará a terra molhada e a natureza voltará a cantar. Não é melhor pensar assim, Zuca? Concorda? Então por que se julga uma infeliz? A felicidade existe dentro de nós mesmos. Somos nós mesmos que a construímos. Por que você é infeliz? Porque vê? Pensa nos cegos. Porque anda? Recorda os mutilados. Porque ama? E, por acaso, você não é correspondida? Então? Haverá felicidade maior? Você acha que a sua vida é por demais triste. Por quê? Não há razão, Zuca. Aprenda a sentir o cheiro da terra virgem; aprenda a entender o canto dos pássaros; aprenda a decifrar as silhuetas que o luar faz a ramagem agreste desenhar no chão... Quando isso acontecer, você verá que a vida encerra um mundo de poesias que muitos desconhecem.

Você crê que seus sonhos são irrealizáveis, não é verdade? Pois bem! Eu afianço que não são. Os castelos que nós construímos, embora com o pensamento, só desmoronam se os alicerces forem frágeis. Não se esqueça que um manto de tristeza pode, hoje, cobrir a vida, mas amanhã raiará o sol e a natureza cantará. Vamos cantar com ela. Vamos sentir no rosto a brisa amena que beija os roseirais. Vamos adivinhar a música que as cascatas entoam... Vamos correr pelos bosques, despreocupadamente, ignorando a existência dos perversos, dos falsos, dos mentirosos. Vamos viver a vida com que nós sonhamos sem permitir que outros nos acordem.

Acho que já escrevi demais. O coração vai ditando... vou escrevendo... e as saudades aumentando... É horrível ter saudades, não é? Mas... o que se há de fazer? Diga ao Joaquim que eu também sinto muito a falta dele. É uma grande criatura, aquele rapaz. Também ele se julga um infeliz, mas, se Deus quiser, ainda o verei eufórico como um passarinho.

O que você tem feito? Eu, aqui, ando abraçado com a tristeza. O teatro tem me tomado quase todo o tempo, e creio, deverei também cantar em S. Paulo. Porque não nos encontraremos lá? Combine com o Joaquim e vá descansar um pouco na casa do Sr. Luiz. O Quincas, certamente, não achará a ideia de todo má. E você? Peça à sua Mãe consentimento que ela, talvez, concorde. Talvez até vá com você, o que será ótimo. Tenho muita vontade de conhecê-la e a oportunidade é magnífica.

Se for possível, avise-me que faço questão de mandar as passagens.

E, por hoje, é só.

Vou pedir a Mathilde que leve esta carta. Assim, certamente, você a receberá mais depressa. Dê um grande abraço no Quincas, D. Lourdes, Beltrão e família. Diga ao Beltrão que o nosso negócio ainda está de pé. Não me esqueci dele.

Sim ou não? Muito ou pouco?

"NON TI SCORDAR DI ME"!!!

Paulo

Mande-me o que você escreveu porque não tem coragem de dizer, Oncinha.

rá a idéia de todo má.
E Você? Peça à sua Mãe consentimento que ela, talvez, concorde. Talvez até vá com Você, o que será ótimo. Tenho muita vontade de conhecê-la e a oportunidade é magnífica.
Se fôr possível, avise-me que faço questão de mandar as passagens.
E, por hoje, é só.
Vou pedir à Mathilde que leve esta carta. Assim, certamente, Você a receberá mais depressa.
Dê um grande abraço no Quincas, D. Lourdes, Beltrão e família.
Diga ao Beltrão que o nosso negócio ainda está de pé. Não me esqueci dêle.
Sim ou não? Muito ou pouco?

"NON TI SCORDAR DI ME"!!!

Paulo

Mande-me o que Você escreveu porque não tem coragem de dizer, Oncinha.

76

PASSEI PELA VIDA COMO OUTRO QUALQUER

DE OSCAR NIEMEYER PARA JOSÉ APARECIDO DE OLIVEIRA

13 NOV. 1987

O arquiteto Oscar Niemeyer morreu no dia 5 de dezembro de 2012, aos 104 anos de idade. Em retrospecto, tamanha longevidade lança uma luz meio ridícula sobre a grande homenagem que o governador do Distrito Federal, José Aparecido de Oliveira, tinha planejado às vésperas do aniversário de oitenta anos do projetista de Brasília. Mesmo assim, é claro que naquele momento fazia sentido supor que talvez não houvesse outra data redonda na vida do mais influente arquiteto brasileiro da história, o homem responsável por plantar uma monumental visão futurista de concreto armado no Planalto Central. Niemeyer, que havia voltado do exílio poucos anos antes, recusou a homenagem.

Rio de Janeiro, 13 de novembro de 1987.

Prezado amigo
José Aparecido:

Hoje voltei a pensar nas comemorações que você com tanta generosidade vem programando para o meu aniversário e nos amigos que o cercam, colaborando nessa iniciativa.

E resolvi, um pouco tarde infelizmente, tomar uma deliberação e dizer francamente por que delas não vou participar.

Primeiro, é um problema de consciência. Afinal, muitos brasileiros que por maiores feitos as mereciam, não as receberam. Segundo, em corolário, porque não me sinto com direito para tantas honrarias.

Na verdade, meu amigo, passei pela vida como outro homem qualquer. Nada de excepcional. Os mesmos problemas de trabalho e subsistência, de sonhos, tristezas e fantasias.

Se trabalhei muito foi por ter como ofício um trabalho que me atraiu e apaixonou pela vida afora e se o desempenhei a contento foi porque o destino para isso contribuiu.

Não vejo portanto razão válida para tantas homenagens, que agradeço por sabê-las de pura, invariável e recíproca amizade.

Confesso, caro amigo, que meu desejo hoje é passar meu aniversário em completo anonimato. Data que, a meu ver, não deve entusiasmar ninguém.

Um abraço.

Oscar

77

DEUS DEU A FORMA E A GENTE DESFORMA
DE MANOEL DE BARROS
PARA SHEILA MOURA HUE

21 JUL. 1995

Manoel de Barros costuma ser chamado de "poeta pantaneiro", o que é um marcador ao mesmo tempo geográfico e espiritual. Nascido em Cuiabá em 1916 e radicado em Campo Grande (MS) desde os treze anos, começou a publicar na década de 1930 e amadureceu aos poucos um estilo inconfundível em que a linguagem rejeita o intelectualismo para se plasmar à natureza, à oralidade e às experiências simples do dia a dia, com neologismos e grande liberdade gramatical. Ao morrer, em 2014, Manoel de Barros era um tipo de escritor cada vez mais raro: um poeta popular, lido por multidões. Nesta carta endereçada à escritora Sheila Moura Hue, então mestranda em Letras, que lhe enviara um questionário, ele se define a seu modo.

Prezada amiga.

Minha infância é marcada por gestos de peixes, por entes que alçam tipo borboletas e bem-te-vis, por entes que rastejam tipo lesma, lagarto. Meu olho é marcado por árvores, por rios e mais cinco pessoas: meu pai, minha mãe, meu irmão e três vaqueiros. Aprendi até sete anos só coisas que analfabetam. Vi cartilha com oito. Aprendi a soletrar, somar e dividir com nove. Nunca li livros com histórias infantis. Tive que fazer eu mesmo as artices da infância. Até hoje as histórias e estórias não me atraem. O que alimenta meu espírito não é ler. É inventar. Fui criado no mato isolado. Acho que isso me obrigava a ampliar o meu mundo com o imaginário. Inventei meus brinquedos e meu vocabulário. Quando eu não achava a palavra para nomear a coisa, eu modelava ela com as mãos. Meu pai entendia. Minha mãe entendia. Depois fomos desenvolvendo. Em 1931, com catorze anos, um padre no Colégio São José me deu um livro de Antônio Vieira pra ler. Só daí em diante eu gostei de ler. Mas não pelas histórias ou pregações do Vieira, mas pelas frases dele. Depois comecei a ler todos os poetas daqui e de outros lugares. Minha curiosidade intelectual nunca foi por histórias nem por indague sobre a vida e a morte — essas metafísicas. Eu gostava das frases, de preferência as insólitas. Este depoimento acho que não vai prestar pra sua tese. Mas eu tive boa vontade. Eu queria explicar que o menino isolado criou sozinho seu alimento espiritual. Assim que é: o olho vê, a lembrança revê, e a imaginação transvê. Como está na sua pergunta, o que era lido por mim não era livro, era a natureza, eram gestos de peixes etc. Até hoje tenho esse armazenamento de infância que uso para transfazer a natureza. Deus deu a forma e a gente desforma. Acho que não respondi nenhuma pergunta sua. Falei sobre elas no fundo, no que me pareceu essencial. Se não lhe servirem essas palavras, cara amiga, perdoa. Ando em uma fase muito ruim de saúde. Quem sabe de outra vez. Um abraço fraterno do Manoel de Barros.

78

PAGA-SE BEM
DE LUIZ SCHWARCZ PARA
JOÃO BAPTISTA DA COSTA AGUIAR
1985

Falecido em 2017 aos 68 anos, João Baptista da Costa Aguiar foi um dos maiores designers gráficos do Brasil, atuando por mais de quatro décadas na criação de capas, livros, cartazes e logotipos. É dele a criação da identidade visual da Companhia das Letras — e também o palpite certeiro para a escolha do nome da casa editorial que seria aberta em 1986. "'Companhia de Letras' é bom, mas 'Companhia das Letras' é muito melhor, porque o logo pode ser uma caravela", disse na época. Neste telegrama, Luiz Schwarcz, então editor na Brasiliense, faz uma espirituosa intimação ao artista, que não vinha dando as caras nos últimos tempos.

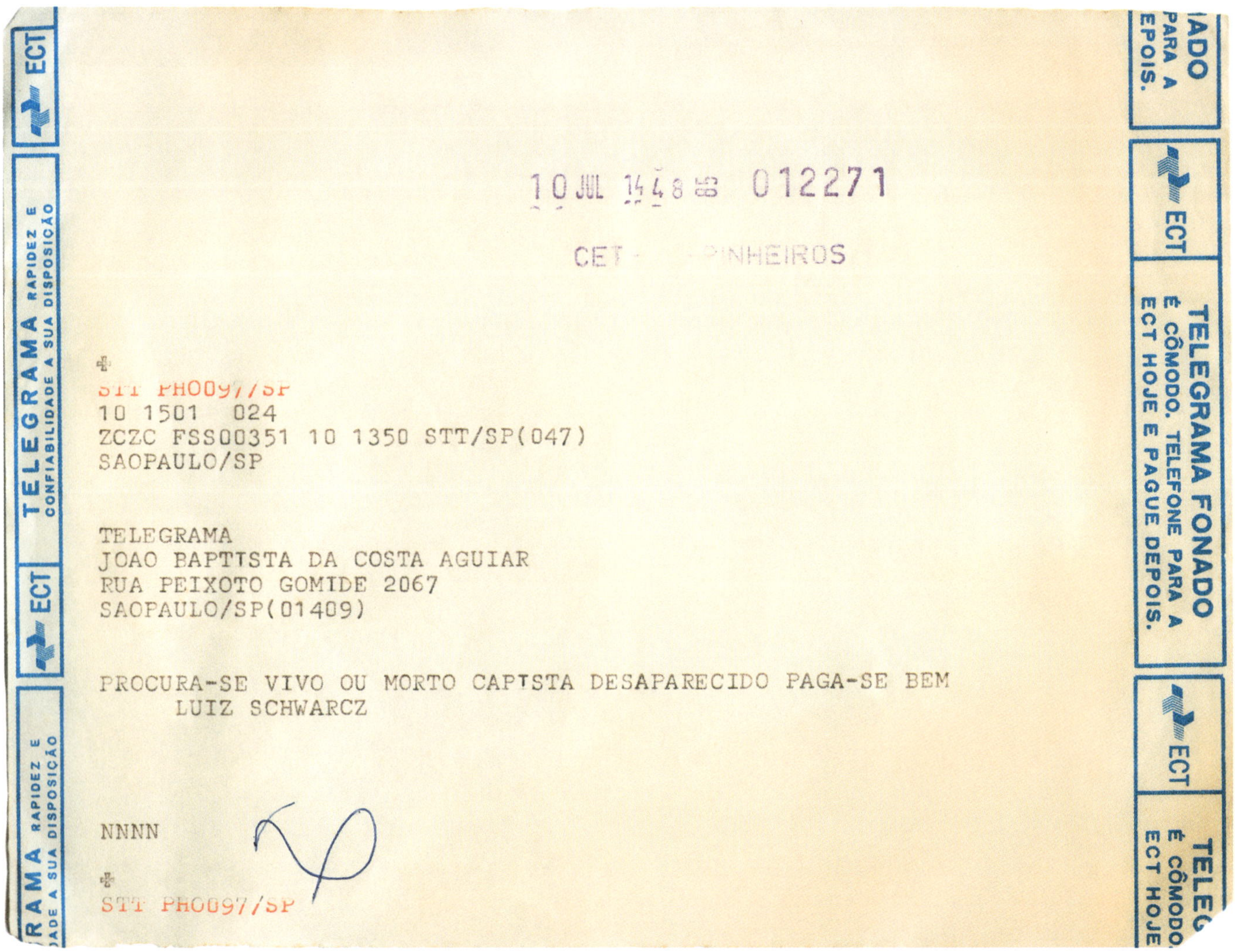
TELEGRAMA RAPIDEZ E CONFIABILIDADE A SUA DISPOSIÇÃO — ECT

TELEGRAMA FONADO É CÔMODO. TELEFONE PARA A ECT HOJE E PAGUE DEPOIS. — ECT

10 JUL 1448 85 012271

CET - PINHEIROS

STT PH0097/SP
10 1501 024
ZCZC FSS00351 10 1350 STT/SP(047)
SAOPAULO/SP

TELEGRAMA
JOAO BAPTTSTA DA COSTA AGUIAR
RUA PEIXOTO GOMIDE 2067
SAOPAULO/SP(01409)

PROCURA-SE VIVO OU MORTO CAPTSTA DESAPARECIDO PAGA-SE BEM
LUIZ SCHWARCZ

NNNN

STT PH0097/SP

79

QUANDO VÃO ACORDAR NESTE PAÍS?

DE CLÁUDIO BARBOSA BRAGA PARA A SEÇÃO DE CARTAS DO JORNAL *O GLOBO*

26 DEZ. 2010

Quando é que os industriais deste país vão acordar e descobrir que estamos em pleno século XXI e que o(a) brasileiro(a) cresceu e engordou, como no mundo inteiro. É urgente a necessidade de se fabricar calçados/chinelos maiores que o nº 44; ternos/blazers maiores que o nº 50; calças/bermudas maiores que o nº 46; camisas acima do nº 5; t-shirts/camisetas acima do GG etc. Hoje, qualquer menino de quinze anos calça e veste acima dos números disponíveis nas lojas. E aí? Como fazer? Comprar onde?

Cláudio Barbosa Braga, Rio

As seções dedicadas pelos jornais às cartas dos leitores ainda estão vivas, mas perderam a importância que tinham no tempo em que a comunicação de massa era de mão única, do emissor para o receptor, como um raro canal de expressão pública acessível ao chamado "cidadão comum". Tudo isso mudou com a revolução digital e as caixas de comentários, que facultam ao leitor a manifestação imediata — e muitas vezes impensada ou fútil, beirando a simples interjeição. Na inflação de opiniões da internet, as cartas passaram a chegar aos jornais também por e-mail. Mesmo assim, ainda há as que conseguem resgatar a relevância dos tempos pré-digitais, como este curioso desabafo.

80

O BICHO HOMEM É MUITO PRETENSIOSO
DO GATO DE NISE DA SILVEIRA PARA A GATA DE MARCO LUCCHESI
27 JUL. 1994

A alagoana Nise da Silveira (1905-99) dedicou sua vida a combater os tratamentos desumanos da psiquiatria tradicional. Discípula do suíço Carl Jung, obteve reconhecimento internacional ao explorar as possibilidades terapêuticas da expressão artística. Em 1952, fundou no Rio de Janeiro o Museu de Imagens do Inconsciente, dedicado às obras de pacientes esquizofrênicos. Estudou também os benefícios emocionais trazidos pelo convívio com animais domésticos, tema de seu livro *Gatos, a emoção de lidar*, de 1998. Em seus últimos anos de vida manteve correspondência com o escritor carioca Marco Lucchesi. Nesta carta, escreve em nome de seu gato Leo para Beatrice, gata de Lucchesi.

Leo escreve a Beatrice,

Fiquei feliz de saber que você se aconchega no colo de Marco enquanto ele estuda, escreve. Você logo descobriu que estava junto a um poeta. Numa relação estreita com o poeta amigo você o levará a descobrir coisas extraordinárias, estou certo.

Sei que uma verdadeira relação de amor de um ser humano com o ser gato é arte muito difícil. Sutilíssima arte. Por telecomunicação você já me disse que está confiante. Longas experiências da espécie gato já lhe ensinaram que as decepções, duras decepções, não são raras. O bicho homem é muito pretensioso, julga-se superior a todos os seus irmãos que vivem neste planeta. Nós, os gatos, sem dúvida, somos seres superiores a todos os habitantes da Terra.

O homem nunca alcançará a capacidade elegante de saltar de grandes alturas, coisa que nós fazemos tão facilmente. Nem o dom de ver as notas musicais tomarem lindos contornos, segundo o privilegiado Stravínski descobriu: enquanto ele compunha, seu amigo gato saltava para brincar com as notas. O mesmo aconteceu a outros músicos, mas eles não sabem o que está acontecendo. Tão longe estão de uma profunda relação com o gato, enquanto este tenta desvendar-lhes segredos inutilmente. Os poetas são mais afins com o gato, que o diga Baudelaire. Por isso estou contente que você esteja junto de Marco. Mas não fique satisfeita apenas com a proximidade. Sei que ele não é arrogante como o comum dos humanos. Você poderá suavemente transmitir-lhe muitas sutilezas. Alimentos, vagas carícias são totalmente insuficientes. Diga-lhe que gatos são muito misteriosos. Seus olhos lindos alcançarão esferas astrais, que jamais os homens alcançarão, enquanto estiverem prisioneiros nas suas espessas vendas corporais.

Nise pede-lhe para você dizer a Marco que ela está esperando o livro com o maior interesse.

Beatrice — um beijo
Leo
27/7/94

Remetente: *Leo da Silveira*

CRÉDITO DOS TEXTOS E DAS IMAGENS

Agradecemos aos remetentes, destinatários, responsáveis por espólios e editoras pela permissão de reproduzir os textos e imagens deste volume. Embora todos os esforços tenham sido feitos para entrar em contato com os detentores de direitos, nem sempre isso foi possível. Teremos prazer em creditar as fontes, caso se manifestem.

1. IMAGENS: Rene Burri/ Magnum Photos/ Fotoarena (retrato). NEIVA, Ivany C. *Brasília em 51 cartas*. Brasília: Edição da autora, 2011, pp. 55-6 (carta).
2. TEXTO: Bilhete exposto no Memorial da Resistência Mossoroense (Mossoró, RN). IMAGEM: Benjamin Abrahão Botto (1890-1938).
3. Acervo pessoal de Maurício Valladares.
4. TEXTO: CASSOTTI, Marsilio. *A biografia íntima de Leopoldina: A imperatriz que conseguiu a independência do Brasil*. São Paulo: Planeta, 2015, p. 183. IMAGEM: Tallandier/ Rue des Archives/ Latinstock.
5. TEXTO: SADI, Andréia. "Leia a íntegra da carta enviada pelo vice Michel Temer a Dilma", *G1*, 7 dez. 2015. Disponível em: <http://g1.globo.com/politica/noticia/2015/12/leia--integra-da-carta-enviada-pelo-vice-michel-temer-dilma.html>. Acesso em: 15 set. 2017. IMAGEM: Ed Ferreira/ Estadão Conteúdo.
6. TEXTO: VON BINZER, Ina. "Rio de Janeiro, 24 de dezembro de 1881. De noite" [carta de Ulla von Eck a Grete]. In: ____. *Os meus romanos: Alegrias e tristezas de uma educadora alemã no Brasil*. Trad. de Alice Rossi e Luisita da Gama Cerqueira. 7. ed. Rio de Janeiro; São Paulo: Paz e Terra, 2017. IMAGEM: Abraham Louis Buvelot e Louis Auguste Moreaux/ Coleção Martha e Erico Stickel/ Acervo Instituto Moreira Salles.
7. TEXTO: ALVES, Débora Bendocchi. "Cartas de imigrantes como fonte para o historiador: Rio de Janeiro – Turíngia (1852-1853)". *Revista Brasileira de História*. São Paulo, v. 23, n. 45, pp. 155-84, 2003. IMAGEM: Carl Friedrich Philipp von Martius (a partir de Johann Jacob Steinmann)/ Coleção Martha e Erico Stickel/ Acervo Instituto Moreira Salles.
8. TEXTO: *Antologia da carta no Brasil: Me escreva tão logo possa*. Org. de Marcos Antonio de Moraes. São Paulo: Moderna, 2005, pp. 67-75. IMAGEM: Acervo da Fundação Biblioteca Nacional. Reprodução de Chico Cerchiaro.
9. The Norwegian Nobel Committee Archives, the Norwegian Nobel Institute, Oslo.
10. Acervo pessoal de Noel Villas-Bôas.
11. TEXTO: MARIA, Julio. *Elis Regina: Nada será como antes*. São Paulo: Master Books, 2015, pp. 181-2. IMAGEM: Folhapress/ Folhapress.
12. TEXTO: NETO, Lira. "Uma carta de Maysa para Carlos Alberto", 16 fev. 2007. Disponível em: <http://www.liraneto.com/2007/02/uma-carta-de-maysa-para-carlos-alberto.html>. Acesso em: 6 set. 2017. IMAGEM: Jorge Butsuem/ Abril Comunicações S.A.
13. TEXTO: SARTHOU, Carlos. *Relíquias da cidade do Rio de Janeiro*. Rio de Janeiro: Gráfica Olímpica Editora, 1961, pp. 111-2. IMAGEM: Fundação Maria Luisa e Oscar Americano.
14. TEXTO: *NELSON Freire*. Direção: João Moreira Salles. Rio de Janeiro: VideoFilmes, 2003. IMAGEM: Folhapress/ Folhapress.
15. TEXTO: BIAL, Pedro. *Roberto Marinho*. Rio de Janeiro: Jorge Zahar, 2005, pp. 357-9. IMAGEM: José Santos/ Agência O Globo.
16. Arquivo do Instituto de Estudos Brasileiros da USP — Fundo Mário de Andrade. Documento: MA-C-CAL577.
17. TEXTO: SABINO, Fernando; ANDRADE, Mário de. *Cartas a um jovem escritor e suas respostas*. Rio de Janeiro: Record, 2003, pp. 20-6. IMAGEM: Folhapress/ Folhapress.
18. TEXTO: CARVALHO, Hermínio Bello de. *Cartas cariocas para Mário de Andrade*. Rio de Janeiro: Leviatã Publicações, 1994, pp. 53-5. IMAGEM: Publius Vergilius/ Folhapress.
19. TEXTO: © VM Empreendimentos Artísticos, VM Cultural. *Achados*. Org. de Caique Botkay. Rio de Janeiro: Nova Fronteira, 2002, p. 39. IMAGEM: Rubens Seixas/ Agência O Globo.
20. TEXTO: *Achados*. Org. de Caique Botkay. Rio de Janeiro: Nova Fronteira, 2002, pp. 40-1. IMAGEM: Rubens Seixas/ Agência O Globo.
21. TEXTO: Facebook de Mallu Magalhães. Disponível em: <https://www.facebook.com/mallumagalhaes>. Acesso em: 12 maio 2015. IMAGEM: Diego Baravelli/ Fotoarena.
22. LEMINSKI, Paulo; BONVICINO, Régis. *Envie meu dicionário: Cartas e alguma crítica*. Org. de Régis Bonvicino. São Paulo: Ed. 34, 1999, pp. 157-8. Cortesia da editora.
23. TEXTO: CESAR, Ana Cristina. *Ana C.: Correspondência incompleta*. Org. de Armando Freitas Filho e Heloisa Buarque de Hollanda. Rio de Janeiro: Aeroplano, 1999. IMAGEM: Acervo Ana Cristina Cesar/ Instituto Moreira Salles.
24. TEXTO: © Associação Cultural "O Mundo de Lygia Clark". IMAGEM: Projeto HO/ © César e Claudio Oiticica.
25. Acervo da Fundação Biblioteca Nacional.
26. TEXTO: *DIÁRIO da Bahia*, Salvador, 11 de agosto de 1865. IMAGEM: Sem crédito.
27. TEXTO: "A carta de Pêro Vaz de Caminha", *Público*, 5 mar. 2014. Disponível em: <https://www.publico.pt/2014/03/05/culturaipsilon/noticia/a-carta-de-pero-vaz--de-caminha-1627013>. Acesso em: 15 set. 2017. IMAGEM: Gavetas, Gav. 8, mç. 2, no 8/ PT/TT/GAV/8/2/8. Imagem cedida pelo Arquivo Nacional Torre do Tombo.
28. TEXTO: VIEIRA, António. *Obras completas de António Vieira: Cartas*. Vol. 14. Org. de Novais Teixeira, Rio de Janeiro: W.M. Jackson Editores, 1949. pp. 164-7. IMAGEM: *Padre Antônio Vieira pregando aos índios do Brasil*. Litografia colorida de C. Legrand. AHU (Arquivo Histórico Ultramarino).
29. TEXTO: *AUTOS de Devassa da Inconfidência Mineira*. Vol. 8. Brasília; Belo Horizonte: Câmara dos Deputados/ Imprensa Oficial de Minas Gerais, 1977. IMAGEM: Everett Historical/ Shutterstock.
30. TEXTO: *AUTOS de Devassa da Inconfidência Mineira*. Vol. 1. Brasília; Belo Horizonte: Câmara dos Deputados/ Imprensa Oficial de Minas Gerais, 1976, pp. 91-5. IMAGEM: Sem crédito.
31. TEXTO: *Cartas de Pedro I à Marquesa de Santos*. Org. de Alberto Rangel. Rio de Janeiro: Nova Fronteira, 1984, pp. 516-7. IMAGEM: Autor desconhecido.
32. TEXTO: OLIVEIRA, Jocy de. *Diálogo com cartas*. São Paulo: Sesi-SP Editora, 2014, pp. 152-3. IMAGEM: Estadão Conteúdo.
33. TEXTO: RAMOS, Graciliano. *Cartas de amor a Heloísa*. Rio de Janeiro: Record, 1996, pp. 29-30. IMAGEM: Arquivo do Instituto de Estudos Brasileiros USP — Fundo Graciliano Ramos, código do documento: GR-F13-090.
34. TEXTO: *Cartas do coração: Uma antologia do amor*. Org. de Elisabeth Orsini. Rio de Janeiro: Rocco, 1999, p. 41. IMAGEM: Arquivo/ ABL.

35. TEXTO: TÉRCIO, Jason. *Órfão da tempestade: A vida de Carlinhos Oliveira e da sua geração, entre o terror e o êxtase*. Rio de Janeiro: Objetiva, 1999, pp. 257-8. IMAGEM: Sidney Corrallo/ Estadão Conteúdo.
36. Arquivo Público Mineiro.
37. Acervo pessoal de Cristovão Tezza.
38. TEXTO: Arquivo-Museu de Literatura Brasileira/ Fundação Casa Rui Barbosa. IMAGEM: Chico Albuquerque/ Convênio Museu da Imagem e do Som — SP/ Instituto Moreira Salles.
39. TEXTO: © Herdeiros de Clarice Lispector, 1942. LISPECTOR, Clarice. *Correspondência*. Rio de Janeiro: Rocco, 2002, pp. 33-4. IMAGEM: Fotógrafo não identificado/ Acervo Clarice Lispector/ Instituto Moreira Salles.
40. TEXTO: *Anos tormentosos — Luiz Carlos Prestes: Correspondência da prisão (1936-1945)*. Vol. 3. Org. de Anita Leocadia e Lygia Prestes. Rio de Janeiro: Paz e Terra/Arquivo Público do Estado do Rio de Janeiro, 2000. IMAGEM: Acervo pessoal de Daniel Aarão Reis.
41. Arquivo Nacional.
42. Acervo pessoal de Hildegard Angel.
43. TEXTO: *Achados*. Org. de Caique Botkay. Rio de Janeiro: Nova Fronteira, 2002, pp. 35-7. IMAGEM: Inked Pixels/ Shutterstock.
44. TEXTO: Darwin Correspondence Project/ Cambridge University Library. IMAGEM: Bettmann/ Contributor/ Getty Images.
45. Coleção Glórias, especialista em documentos raros.
46. TEXTO: Carta exposta na Casa Stefan Zweig (Petrópolis, RJ). IMAGEM: adoc-photos/ Contributor/ Getty Images.
47. TEXTO: BISHOP, Elizabeth. *Uma arte: As cartas de Elizabeth Bishop*. São Paulo: Companhia das Letras, 1995, pp. 235-7. IMAGEM: Olga Popova/ Shutterstock.
48. TEXTO: AZEVEDO, Aluísio. *O touro negro*. São Paulo: Livraria Martins Editora, 1961, pp. 124-7. IMAGEM: Arquivo/ ABL.
49. © Iberê Camargo, Fundação Iberê Camargo. TEXTO: CAMARGO, Iberê; CARNEIRO, Mário. *Correspondência*. Rio de Janeiro: Casa da Palavra/ Centro de Arte Hélio Oiticica/ RioArte, 1999, pp. 51-2. IMAGEM: Fundação Iberê Camargo.
50. TEXTO: ANDRADE, Mário de; AMARAL, Tarsila do. *Correspondência*. Org. de Aracy do Amaral. São Paulo: Edusp, 1999, pp. 68-70. IMAGEM: Retrato de Mário de Andrade por Tarsila do Amaral, pastel sobre papel, 47,7 × 36 cm, 1992. Coleção Mário de Andrade. Coleção de Artes Visuais do Instituto de Estudos Brasileiros – USP. Reprodução de Rômulo Fialdini.
51. TEXTO: ANDRADE, Mário de, AMARAL, Tarsila do. *Correspondência*. Org. de Aracy do Amaral. São Paulo: Edusp, 1999, pp. 78-80. IMAGEM: Retrato de Mário de Andrade por Tarsila do Amaral, pastel sobre papel, 47,7 × 36 cm, 1992. Coleção Mário de Andrade. Coleção de Artes Visuais do Instituto de Estudos Brasileiros – USP. Reprodução de Rômulo Fialdini.
52. Acervo Zélia Gattai/ Fundação Casa de Jorge Amado.
53. Acervo Zélia Gattai/ Fundação Casa de Jorge Amado
54. Coleção Glórias, especialista em documentos raros.
55. TEXTO: ROCHA, Glauber. *Cartas ao mundo*. Org. de Ivana Bentes. São Paulo: Companhia das Letras, 1997, pp. 78-80. IMAGEM: Plínio Salgado/ Estadão Conteúdo.
56. TEXTO: GUERRA, Fernanda. "Matheus Nachtergaele escreve carta para Ariano Suassuna", *Diário de Pernambuco*, 23 jul. 2014. Disponível em: <http://www.diariodepernambuco.com.br/app/noticia/viver/2014/07/23/internas_viver,517808/matheus-nachtergaele-escreve-carta-para-ariano-suassuna.shtml>. Acesso em: 6 set. 2017. IMAGEM: Iara Morselli/ Estadão Conteúdo.
57. TEXTO: RAMOS, Francisco Régis Lopes. *Papel passado: Cartas entre os devotos e o Padre Cícero*. Fortaleza: Instituto Frei Tito de Alencar, 2011, p. 200. IMAGEM: Acervo Renato Casimiro e Daniel Walker.
58. DRUMOND, Cosme Degenar. *Alberto Santos Dumont: Novas revelações*. São Paulo: Editora de Cultura, 2009, p. 245.
59. TEXTO: BARRETO, Lima. *Correspondência*. Vol. 2. São Paulo: Brasiliense, 1956, pp. 228-9. IMAGEM: Acervo Iconographia.
60. Coleção Glórias, especialista em documentos raros.
61. Acervo de Paulo José da Costa.
62. CPDOC/ Fundação Getulio Vargas.
63. CPDOC/ Fundação Getulio Vargas.
64. TEXTO: Arquivo Histórico do Museu Imperial. IMAGEM: Felix Nadar (1820-1910), MMP.
65. *Correspondências italianas*. Org. de Gaspare Nello Vetro. Rio de Janeiro: Cátedra/ Instituto Nacional do Livro/ Fundação Nacional Pró-Memória, 1982, pp. 317-8. IMAGEM: Acervo da Fundação Biblioteca Nacional.
66. TEXTO: *Correspondência de Cabral com Bandeira e Drummond*. Org. de Flora Süssekind. Rio de Janeiro: Nova Fronteira/ Casa de Rui Barbosa, 2001. IMAGEM: Acervo da Fundação Casa de Rui Barbosa/ Arquivo Museu de Literatura Brasileira.
67. TEXTO: VERHAALEN, Marion. *Camargo Guarnieri: Expressões de uma vida*. São Paulo: Edusp, 2001, p. 45-7. IMAGEM: Arquivo do Instituto de Estudos Brasileiros USP — Fundo Camargo Guarnieri, código do documento: CG–F001-006.
68. TEXTO: ASSIS, Machado de; NABUCO, Joaquim. *Correspondência*. Org. de Graça Aranha. Rio de Janeiro: Academia Brasileira de Letras/ Topbooks, 2003, pp. 126-7. IMAGEM: Arquivo Joaquim Nabuco. Acervo Fundação Joaquim Nabuco — Ministério da Educação.
69. Imagem "BR RJCOC OC-COR-PES" — Acervo da Casa de Oswaldo Cruz, Departamento de Arquivo e Documentação.
70. TEXTO: JESUS, Madre Maria José de. *A voz do silêncio: Correspondência*. São Paulo: Edições Loyola, 1992, pp. 81-2. IMAGEM: Acervo da Fundação Biblioteca Nacional.
71. TEXTO: "Um amigo especial". Disponível em: <http://verabrant.com.br/1/artigos/DOIS%20CARLOS%20QUERIDOS%20-%20Vera%20Brant.htm>. Acesso em: 6 set. 2018. IMAGEM: Acervo da Fundação Casa de Rui Barbosa/ Arquivo Museu de Literatura Brasileira.
72. TEXTO: ABREU, Caio Fernando. *Cartas*. Org. de Italo Moriconi. Rio de Janeiro: Aeroplano, 2002, pp. 464-71. IMAGEM: Nem De Tal/ Estadão Conteúdo.
73. TEXTO: Acervo da família/ *Cartas do coração: Uma antologia do amor*. Org. de Elisabeth Orsini. Rio de Janeiro: Rocco, 1999, pp. 45-6. IMAGEM: Acervo Artístico Torquato Neto.
74. TEXTO: LACERDA, Nathercia. *A casa e o mundo lá fora: Cartas de Paulo Freire para Nathercinha*. Org. de Cristina Laclette Porto e Denise Sampaio Gusmão. Rio de Janeiro: Zit Editora, 2016. IMAGEM: Sergio Tomisaki/ Folhapress.
75. TEXTO: Acervo da família/ *Cartas do coração: Uma antologia do amor*. Org. de Elisabeth Orsini. Rio de Janeiro: Rocco, 1999, pp. 42-4. IMAGEM: Acervo pessoal de Zilca Fortes.
76. TEXTO: NÉRI, Felipe; NANINI, Lucas. "Em carta de 1987, Niemeyer recusa festa de aniversário de 80 anos". *G1*, 6 dez. 2012. Disponível em: <http://g1.globo.com/distrito-federal/noticia/2012/12/em-carta-de-1987-niemeyer-recusa-festa-de-aniversario-de-80-anos.html>. Acesso em: 6 set. 2017. IMAGEM: melnikof/ Shutterstock.
77. TEXTO: *República das Letras — De Gonçalves Dias a Ana Cristina Cesar: Cartas de escritores brasileiros*. Org. de Silviano Santiago. Rio de Janeiro: XI Bienal do Livro do Rio de Janeiro, 2003, pp. 218-9. IMAGEM: Stefan Hess.
78. Acervo pessoal de Luiz Schwarcz.
79. TEXTO: Carta do leitor. *O Globo*, 26 dez. 2010. IMAGEM: Vereshchagin Dmitry/ Shutterstock.
80. TEXTO: LUCCHESI, Marco. *Viagem a Florença: Cartas de Nise da Silveira a Marco Lucchesi*. Rio de Janeiro: Rocco, 2003, pp. 89-90. IMAGEM: Jonas Cunha/ Estadão Conteúdo.

Esta obra foi composta em Sabon e Fakt
por Raul Loureiro e impressa em ofsete
pela Geográfica sobre papel Alta Alvura
da Suzano S.A. para a Editora Schwarcz
em abril de 2022